Diritto urbanistico e delle opere pubbliche

IUSTITIAM COLIMUS

Diritto urbanistico e delle opere pubbliche

a cura di

Anna Simonati

QUINTA EDIZIONE

Giappichelli

VIA PO, 21 - TEL. 011-81.53.111

http://www.giappichelli.it

ISBN/EAN 979-12-211-0582-7
ISBN/EAN 979-12-211-5581-5 (ebook - pdf)

G. Giappichelli Editore

Questo libro è stato stampato su carta certificata, riciclabile al 100%

Stampa: Rotolito S.p.A. - Pioltello (MI)

INDICE

pag.

CAPITOLO II
LA PIANIFICAZIONE URBANISTICA

di *Fulvio Cortese*

CAPITOLO III
L'ATTIVITÀ EDILIZIA

di *Antonio Cassatella*

pag.

Parte Seconda
LE OPERE PUBBLICHE

Capitolo IV
LE OPERE PUBBLICHE: NOZIONI FONDAMENTALI

di *Silvia Pellizzari*

Capitolo V
LA REALIZZAZIONE DELL'OPERA PUBBLICA

di *Christian Ferrazzi*

PREFAZIONE

di *Anna Simonati*

1. Questo piccolo manuale di diritto urbanistico e delle opere pubbliche è ormai giunto alla sua quinta edizione. La nuova versione del volume si pone nel solco di una tradizione, che si è via via arricchita non solo alla luce dell'esperienza didattica e professionale dei suoi autori, ma anche dei riscontri raccolti presso i docenti e gli studenti che lo hanno utilizzato, in Facoltà universitarie giuridiche e non giuridiche. Come sempre, l'obiettivo è di offrire a chi si avvicina per la prima volta a queste materie uno strumento di inquadramento e di studio dei principali argomenti. Il testo aspira a ricostruire in maniera agile e chiara, e in qualche passaggio anche volutamente schematica, la disciplina giuridica di questi importanti settori di intervento pubblico e a costituire così una base sistematica per approfondimenti che potranno essere poi condotti su materiali diversi, come testi normativi, sentenze, atti della prassi amministrativa.

L'urbanistica e il diritto delle opere pubbliche costituiscono materie di grande rilievo pratico e al tempo stesso campi molto proficui di approfondimento applicativo dei profili teorici del diritto amministrativo, come dimostra la lunga storia di studi che le interessa. Il tratto che le collega principalmente è il fatto di interessare entrambe, in modo pieno e immediato, il territorio.

Il territorio è lo spazio nel quale si svolge la vita delle persone. Esso è oggetto di disciplina giuridica diretta, nel senso che il diritto lo regola direttamente come bene da usare, proteggere e valorizzare, ma anche indiretta, essendo il territorio la sede sulla quale trova necessaria collocazione la maggior parte delle attività umane, a loro volta disciplinate dal diritto.

Così, per un verso, il territorio è di per sé un bene giuridico. Dal diritto esso viene protetto nella sua integrità e salubrità. Il diritto gli conferisce un valore e stabilisce per esempio che possa essere oggetto di negozi giuridici (compravendita, locazione) o di provvedimenti amministrativi (espropriazione), di diritti privati (di proprietà, di usufrutto, ecc.) o pubblici (può far parte del demanio statale o comunale), nonché di regimi d'uso particolari.

Per altro verso è sul territorio che devono trovare posto le funzioni della vita. Su di esso sono collocate le case di abitazione, gli insediamenti produttivi, i campi da coltivare, le infrastrutture di servizio, le strade di comunicazione e così via. Sebbene si stiano sviluppando attività che non hanno più una precisa collocazione territoriale o addirittura ne trascendono – pensiamo ai molteplici e variegati ambiti applicativi delle teconologie informatiche, fino alle sfide più recenti connesse all'utilizzo dell'intelligenza artificiale –, nondimeno anche l'esercizio dell'attività più immateriale richiede di regola un minimo di strutture di base (per esempio le stazioni di emittenza delle onde radio o elettromagnetiche, gli uffici che ospitano i terminali della rete) e quindi di una sede territoriale. La disciplina giuridica di tutte le attività a collocazione territoriale, anche se di volta in volta orientata alla cura della finalità propria dell'attività di settore, finisce per investire anche il regime del territorio. Le politiche di sviluppo dell'edilizia residenziale, di trasformazione dei modelli di produzione, di potenziamento delle reti infrastrutturali – solo per fare esempi significativi, ma il discorso potrebbe riferirsi, con maggiore o minore intensità, pressoché a tutti i campi dell'intervento pubblico – hanno come ambito di riferimento il territorio, sicché la loro regolazione finisce per incidere indirettamente sull'assetto urbanistico.

2. Molte disposizioni giuridiche si occupano dunque del territorio, del suo uso, del governo delle sue trasformazioni, della sua protezione.

Delle discipline che lo riguardano direttamente, alcune hanno conosciuto negli ultimi decenni sviluppi straordinari. Pensiamo al diritto dell'ambiente in tutti i suoi vari rami – dalla protezione del suolo e del sottosuolo alla conservazione di zone ambientalmente pregiate – che è venuto così fortemente sviluppandosi anche sulla base di normative sovranazionali (come quelle che hanno imposto i procedimenti di valutazione di impatto ambientale o il vincolo dei biotopi) ed è recentemente sfociato nella riforma degli artt. 9 e 41 Cost. Pensiamo, poi, alla disciplina dei beni culturali e del paesaggio, alla disciplina dei rifiuti e così via. Si tratta di regolazioni orientate alla tutela di valori e interessi fondamentali direttamente legati al territorio.

A loro volta anche le regole settoriali sulle attività rilevanti territorialmente presentano grande estensione e complessità. Si pensi alla disciplina dell'agricoltura o degli insediamenti produttivi o commerciali, alla localizzazione delle stazioni radio per la telefonia mobile, all'edilizia scolastica e universitaria, o, per restare all'altra materia che ci occupa, alle opere pubbliche.

Non solo. I due livelli – quello delle norme "di sistema" e quello delle previsioni settoriali – si sovrappongono e si intersecano a più riprese, generando intrecci a geometria variabile, in cui più attori (fra cui emergono il legislatore nazionale e quelli regionali e provinciali, nonché gli enti locali dotati di competenze amministrative sia normative sia di natura pianificatoria e provvedimentale) giocano un ruolo fondamentale.

In questo sistema complesso, il diritto urbanistico presenta una sua peculiare e in qualche misura decisiva centralità. La scelta urbanistica precede logicamente e integra in sé tutte le altre scelte pubbliche direttamente o indirettamente relative all'uso del territorio. Queste ultime, come visto, possono riguardare la collocazione su di esso delle funzioni che richiedono una necessaria sistemazione territoriale, come la residenza, la produzione industriale, l'agricoltura, le infrastrutture, e così via. O possono riguardare direttamente le sorti di parti del territorio in ragione di loro caratteristiche di particolare interesse pubblico. Così è per le aree di interesse paesaggistico o le zone di tutela ambientale o storico-artistica. Ma è solo nel momento della decisione urbanistica che tutti gli interessi comunque connessi all'uso o alla conservazione del territorio vengono (devono essere) considerati insieme. Dalla loro valutazione contestuale e dalla scelta delle prevalenze da assegnare e dei contemperamenti da operare emerge l'assetto che i pubblici poteri competenti conferiscono al territorio. Si tratta dunque di una scelta che tiene conto della pluralità dei numerosi interessi in gioco, pubblici e privati, e delle complessive esigenze della collettività insediata su di esso.

Con l'urbanistica la materia delle opere pubbliche presenta evidenti profili di connessione. Le opere pubbliche si collocano sul territorio e ne condizionano lo sviluppo. Le scelte relative alla loro localizzazione dovrebbero concorrere con tutte le altre di cui si è appena detto nella definizione della scelta urbanistica generale. Ciò non toglie che, nella realtà, spesso la decisione relativa all'opera pubblica preceda la scelta urbanistica e quindi inevitabilmente la condizioni; si tratta, però, di una disfunzione risultante dallo sviluppo a tratti caotico del sistema, non priva di criticità.

La disciplina delle opere pubbliche presenta peraltro anche profili autonomi. Accanto al momento programmatorio e localizzativo, più collegato alla pianificazione urbanistica e al governo del territorio, infatti, si collocano le fasi dirette alla concreta realizzazione dell'opera come l'espropriazione dei terreni necessari e, soprattutto, l'affidamento dei lavori agli operatori privati, e quindi al mercato. Su questo si innestano la disciplina dei contratti pubblici e le particolari regole, molto influenzate dal diritto dell'Unione europea, per la scelta del contraente. Proprio su questi profili si sono concentrate le variazioni legislative più significative degli anni recenti, che hanno trovato la manifestazione più dirompente nell'entrata in vigore del d.lgs. n. 36/2023, con cui l'ordinamento italiano ha dato fra l'altro attuazione agli impegni assunti con l'Unione europea all'interno del Piano Nazionale di Ripresa e Resilienza (PNRR).

3. Urbanistica, edilizia e opere pubbliche sono materie fortemente regolate. Molte norme, statali, regionali, comunali e talora – per esempio per quanto riguarda le opere pubbliche o l'ambiente – anche europee, disciplinano numerose attività amministrative, e le attività private che si esplicano in questi ambiti sono a loro volta normalmente soggette a regime amministrativo.

L'ordinamento affida all'amministrazione una grande quantità di compiti, da svolgere per lo più mediante l'esercizio di poteri autoritativi: dalla pianificazione di direttiva a quella generale ad altra, via via sempre più dettagliata, di carattere attuativo, attraverso piani e altri atti normativi (regolamenti, programmi, ecc.); dalla preventiva autorizzazione al controllo minuto di tutte le trasformazioni, tendenzialmente anche le più modeste; dalla repressione degli abusi alle sanzioni, secondo meccanismi complessi che vanno dall'obbligo del ripristino a quello del pagamento di somme di denaro, alle vere e proprie sanzioni penali. A sua volta, anche la realizzazione di un'opera pubblica costituisce il punto di approdo di un lungo percorso amministrativo che parte dall'individuazione delle aree per il loro sedime, alla progettazione, all'espropriazione, all'affidamento dei lavori, e infine alla loro esecuzione.

A questo dato di complessità per così dire quantitativo dei due settori considerati si affiancano fattori di complessità qualitativi, connessi alla struttura delle materie.

L'urbanistica ha subìto nel tempo un'evoluzione che ne ha determinato un'estensione di significato e di ambito di riferimento. Da una prima fase in cui tendeva a risolversi nella disciplina dello sviluppo della città (così era intesa nella prima applicazione della l. n. 1150/1942), si è giunti, passando per una seconda fase nella quale la sua portata ha cominciato a ritenersi estesa alla disciplina anche del territorio extraurbano, alla fase attuale nella quale, anche a seguito della riforma costituzionale del 2001, l'urbanistica viene considerata nella sostanza coincidente con il più vasto ambito del governo del territorio.

Il primo e più evidente elemento di complessità è costituito dalla pluralità dei livelli di governo. Su uno stesso territorio incidono infatti più sistemi di regolazione e di pianificazione e vari enti pubblici (e le diverse collettività che essi esprimono) intervengono sia nella disciplina della materia che nella pianificazione del territorio.

Nel governo del territorio abbiamo così innanzitutto una disciplina legislativa assunta in concorrenza da Stato e Regioni, sulla base di un criterio di riparto alquanto complesso e incerto. Oltre all'incertezza connessa all'assenza di una chiara codificazione dei principi della materia, emerge un ulteriore profilo di difficoltà rispetto all'esigenza di tracciare il confine tra governo del territorio e una serie di materie di competenza legislativa nazionale. Ancora, non si può prescindere dai limiti alla potestà regionale segnati dal diritto privato (rilevante in tema di proprietà) e dal diritto penale (rilevante per il sistema degli abusi).

Quanto all'attività amministrativa di governo del territorio, e in particolare alla sua principale manifestazione, ossia la pianificazione territoriale e urbanistica, è complessa la relazione fra i suoi livelli: regionale, provinciale o comunque altrimenti intermedia, comunale, metropolitana. Sopravvive, poi, una tendenziale sovrapposizione fra atti normativi e atti amministrativi, nonostante l'annoso dibattito circa la natura giuridica dei piani regolatori generali sia oggi risolto con la constatazione del carattere composito e plurale – a sua volta quindi complesso – della normativa di piano.

Ancora, vanno evidenziate, come visto, la pluralità e la varietà degli interessi oggetto delle valutazioni che convergono nella pianificazione urbanistico-territoriale. Il pianificatore è tenuto a considerare e contemperare fra loro tutti gli interessi che richiedono localizzazione sul territorio; è tenuto poi a confrontarsi con il diritto di proprietà dei privati e con le loro aspettative all'uso più proficuo dei loro terreni. Inoltre l'interesse primario della scelta discrezionale urbanistica, ossia l'obiettivo dell'uso ottimale del territorio, è a sua volta quanto mai incerto e sfuggente, oltre che, per sua natura, oggetto di dirette interferenze ad opera di altri diversi interessi pubblici (paesaggio, ambiente ed ecosistema, tutela del suolo, opere pubbliche, beni culturali, beni pubblici a destinazione particolare, cave, e via dicendo). È evidente, dunque, l'intrinseca e insuperabile complessità dei relativi apprezzamenti.

Sono queste le principali ragioni che da sempre stanno alla base della complessa procedimentalizzazione delle scelte urbanistiche. Essa da un lato tende a compensare la fortissima discrezionalità che spetta all'amministrazione in assenza di un criterio oggettivo predefinito; dall'altro è diretta a contemperare la molteplicità degli interessi in gioco, che sono sia gli interessi pubblici differenziati che coesistono con l'interesse al miglior uso del territorio, sia gli interessi privati, fra i quali spiccano tutti quelli connessi con il diritto di proprietà.

Un elemento che si aggiunge a questo quadro è poi costituito dalla particolare delicatezza dell'oggetto dell'intervento pubblico nella materia: il territorio è un bene finito, su di esso devono trovare spazio le esigenze di oggi ma anche quelle delle generazioni future. Le trasformazioni del territorio che l'urbanistica e l'edilizia governano e controllano inoltre sono di regola irreversibili. Questa caratteristica giustifica sia la regolamentazione minuta degli interventi, che l'esigenza di controlli attenti, sia ancora l'importanza del momento sanzionatorio in funzione di garanzia dell'effettività della disciplina. Essa suggerisce inoltre particolare cautela nella deregolamentazione, nella liberalizzazione e nella semplificazione delle attività private nel settore.

Tutti questi elementi di fattuale complessità del fenomeno si rispecchiano sul piano della legislazione e dell'attività dell'amministrazione nella materia. La legislazione è notoriamente sterminata e alquanto stratificata, essa comprende una molteplicità di fonti di rango diverso che si sono susseguite nel tempo senza significativi interventi di razionalizzazione nell'urbanistica. Solo nel campo dell'edilizia il legislatore è intervenuto in maniera sistematica, quantomeno a livello statale, con l'approvazione nel 2001 del testo unico dell'edilizia. L'attività amministrativa è a sua volta ovviamente interessata, sia sotto il profilo organizzativo che sotto quello procedimentale, dalla vastità e complessità del quadro degli interessi in gioco, dai diversi livelli di riferimento, dalla loro quantità e dalla loro forza.

Anche la materia delle opere pubbliche, sebbene risulti più linearmente definibile fin dalla individuazione del suo ambito, presenta elementi di indubbia complessità quando si passi a considerare l'articolazione del processo di programmazione del sistema delle opere pubbliche e di realizzazione di ciascuna opera, il quale, come detto, si sviluppa a sua volta in una molteplicità di fase e sottofasi, rette da discipline giuridiche differenti e alquanto disomogenee.

La trattazione che segue cerca di riordinare questa complessità.

La prima parte, dedicata al diritto urbanistico, affronta separatamente le tematiche, da un lato, della definizione dell'ambito dell'urbanistica – individuandone i principi e delimitandolo rispetto alle vicine materie di confine –, e della ricostruzione di come le varie funzioni pubbliche in materia sono distribuite fra i vari livelli di governo (Cap. I), dall'altro dell'illustrazione del sistema della pianificazione urbanistica (Cap. II) e dell'attività edilizia (Cap. III).

La seconda parte, dedicata alle opere pubbliche, ne individua dapprima la nozione e delinea l'assetto delle competenze su di esse (Cap. IV), segue quindi linearmente le tappe del processo di realizzazione dell'opera, esaminando le fasi della localizzazione, dell'espropriazione e dell'esecuzione (Cap. V) e soffermandosi infine più da vicino sulle modalità di affidamento dei lavori (Cap. VI).

Questa quinta edizione ripropone l'impostazione originaria e la integra con alcuni approfondimenti, svolti alla luce dell'evoluzione dottrinale e giurisprudenziale, e con alcuni aggiornamenti che registrano le principali riforme normative intervenute nell'ambito del governo del territorio e delle opere pubbliche.

Trento, dicembre 2023

Parte Prima

L'URBANISTICA E L'EDILIZIA

CAPITOLO I

URBANISTICA, EDILIZIA E GOVERNO DEL TERRITORIO: NOZIONI E PRINCIPI

di *Anna Simonati*

1. Urbanistica, edilizia e diritto urbanistico

L'**urbanistica** è la disciplina che si occupa dell'assetto del territorio con l'obbiettivo di ottimizzarne l'utilizzo. Essa individua le destinazioni e le modalità d'uso delle diverse aree e le armonizza fra loro, tenendo conto delle situazioni già sedimentate e delle prospettive di sviluppo. Dunque, l'urbanistica si propone soprattutto di creare delle sinergie in vista del soddisfacimento dei vari interessi pubblici e privati che devono trovare collocazione sul territorio, promuovendone un assetto ordinato.

La Corte costituzionale, quando si è occupata di urbanistica, ha parlato di una «*funzione ordinatrice, ai fini della reciproca compatibilità, degli usi e delle trasformazioni del suolo nella dimensione spaziale considerata e nei tempi ordinatori previsti*» (n. 151/1986; v. anche nn. 183/1987 e 382/1999).

La nozione giuridica di urbanistica è più ampia di quella accolta nel linguaggio comune, in cui spesso ci si riferisce all'urbanistica per indicare lo studio del funzionamento e dello sviluppo delle città. Per il diritto, l'urbanistica si occupa della gestione dell'intero territorio, urbano ed extraurbano, nonché della programmazione e della pianificazione delle modifiche del territorio.

L'**edilizia**, invece, si occupa delle trasformazioni permanenti del territorio e in particolare delle condizioni alle quali le trasformazioni ammesse dalla normativa e dalla pianificazione urbanistica possano legittimamente concretizzarsi. L'edilizia, dunque, è connessa alla realizzazione di manufatti stabili, destinati a soddisfare interessi di natura abitativa o commerciale e produttiva.

La Corte costituzionale in un primo tempo accolse una definizione di urbanistica piuttosto vicina a quella propria del linguaggio comune. In una sentenza del 1972, per esempio, la Corte affermava che l'urbanistica riguardava l'«*assetto e l'incremento edilizio dei centri abitati*» e negava che nel concetto potesse rientrare «*l'assetto dell'intero territorio*» (n. 141/1972). Solo dieci anni più tardi, però, la stessa Corte affermava che «*l'urbanistica comprende tutto ciò che concerne l'uso dell'intero territorio (e non solo degli aggregati urbani) ai fini della localizzazione e tipizzazione degli insediamenti di ogni genere con le relative infrastrutture*» (n. 239/1982).

La storia dell'urbanistica costituisce un processo lungo e complesso, che qui non può essere descritto, neanche per sommi capi. È bene tenere presente che in questo percorso il diritto ha svolto un ruolo centrale e alquanto peculiare.

Lo sviluppo dei centri urbani si è compiuto per molti secoli seguendo il mutare dei modelli culturali e dei comportamenti radicati presso le diverse popolazioni.

Con la rivoluzione industriale la concentrazione demografica attorno ai grandi centri urbani si è intensificata al punto da creare un vero e proprio allarme sociale. Si è alterato il naturale succedersi delle generazioni, in base al quale per secoli le nuove generazioni avevano semplicemente occupato gli spazi di quelle che le avevano precedute. I rapidi progressi tecnologici in ogni settore dell'attività umana e le loro conseguenze sulle condizioni di vita della popolazione hanno indotto per la prima volta il potere pubblico ad occuparsi del governo del territorio, la cui gestione in precedenza si era svolta sostanzialmente in via di fatto, in assenza di una disciplina sistematica.

Con l'urbanizzazione e l'intervento regolativo pubblico nasce il **diritto urbanistico**, costituito dall'insieme delle norme che regolano la pianificazione e l'utilizzazione del territorio, in vista del suo razionale sfruttamento. Esso si sviluppa, nel corso del tempo, secondo quelle linee discontinue che, almeno nel nostro Paese, lo caratterizzano tutt'oggi.

Benché costituisca una branca specifica del diritto amministrativo, il diritto urbanistico si colloca in una posizione "intermedia", che lo rende materia di confine fra diversi campi giuridici, dal diritto costituzionale al diritto privato. L'allocazione dei poteri pubblici che riguardano l'urbanistica investe direttamente il diritto costituzionale, mentre l'idoneità delle previsioni urbanistiche a incidere sensibilmente sui diritti dei singoli, fra i quali prima di tutto il diritto di proprietà, lo portano per questa parte a interferire con il diritto privato.

2. L'urbanistica nella Costituzione e il rapporto con il governo del territorio

Nella sua formulazione originaria, la Costituzione menzionava testualmente l'urbanistica all'art. 117, quale materia di competenza regionale concorrente con quella dello Stato.

Come è noto, nel sistema di riparto delle competenze legislative successivo alla riforma del 2001, le Regioni sono titolari della competenza ad emanare leggi in via residuale in tutte le materie che non siano espressamente riservate in via esclusiva allo Stato *ex* art. 117, c. 2, Cost., nonché nelle materie che rientrino nell'ambito della potestà concorrente *ex* art. 117, c. 3, Cost. (ove la normativa regionale deve rispettare i principi fondamentali determinati nella legislazione statale). Oggi la materia resta di competenza legislativa concorrente, ma la Costituzione utilizza l'espressione "**governo del territorio**".

Il legislatore, dunque, ha scelto una locuzione più ampia di quella di cui si era avvalso precedentemente, che sembra comprendere fra l'altro sia l'edilizia che l'urbanistica. La Corte costituzionale ha affermato che certamente «*la parola "urbanistica" non compare nel nuovo testo dell'art. 117, ma ciò non autorizza a ritenere che la relativa materia non sia più ricompresa nell'elenco del terzo comma: essa fa parte del "governo del territorio"*» (n. 303/2003).

La Costituzione non si occupa del governo del territorio solo nell'art. 117 per ripartire la relativa competenza legislativa fra Stato e Regioni, ma anche, sia pure indirettamente, negli artt. 41 e 42.

Nell'art. 41 (modificato da ultimo con l. cost. 11 febbraio 2022, n. 1) è previsto che l'iniziativa economica privata, pur essendo libera, non possa svolgersi in contrasto con l'utilità sociale o in modo da danneggiare la salute, l'ambiente, la sicurezza, la libertà e la dignità umana; inoltre, la legge determina i programmi e controlli opportuni affinché l'attività di iniziativa economica sia indirizzata e coordinata a fini sociali e ambientali. Nell'art. 42, si stabilisce che l'ordinamento tutela la proprietà privata ma al contempo ne garantisce la funzione sociale. Il nesso con il governo del territorio è evidente se si considera che l'ottimale sfruttamento del suolo necessariamente richiede l'indirizzo e la vigilanza da parte delle autorità pubbliche sull'attività dei proprietari di immobili e dei privati imprenditori.

Comunque, se è vero che frequentemente il diritto urbanistico ha avuto ad oggetto gli interventi pubblici di disciplina e pianificazione dell'uso della proprietà, è anche vero che – da sempre, ma con particolare evidenza negli ultimi decenni – tale profilo non è esaustivo.

Al contrario, poiché l'urbanistica punta a guidare lo sviluppo ottimale del territorio, in modo che questo possa assumere un assetto ordinato e tale da assicurare la convivenza sociale e le libertà individuali, essa trova fondamento anche negli artt. 2 e 3, c. 2, Cost., che obbligano la Repubblica a garantire i diritti inviolabili dei singoli e a promuovere un modello di società civile basato su valori di uguaglianza e solidarietà.

Il governo del territorio nelle tendenze legislative

La tendenza del legislatore va nel senso dell'accoglimento di una nozione ampia di "governo del territorio", che si configura sempre più non tanto come una materia vera e propria quanto come un ambito concettuale all'interno del quale ricadono varie materie.

Nel corso della XVII Legislatura, sono stati presentati due disegni di legge di portata generale.

All'art. 1, c. 2, della proposta di legge n. 478 (Principi fondamentali per il governo del territorio), presentata il 22 marzo 2013 presso la Camera dei deputati, si definisce il governo del territorio come l'insieme «*delle attività conoscitive, valutative, regolative, di programmazione, di localizzazione e di attuazione degli interventi, nonché di vigilanza e di controllo, volte a perseguire la tutela e la valorizzazione del territorio, la disciplina degli usi e delle trasformazioni dello stesso e la mobilità in relazione a obiettivi di sviluppo del territorio*». Si precisa, inoltre, che il governo del territorio «*comprende altresì l'urbanistica, l'edilizia, l'insieme dei programmi infrastrutturali, la difesa del suolo, la tutela del paesaggio e delle bellezze naturali, nonché la cura degli interessi pubblici funzionalmente collegati a tali materie*». Benché non perfettamente coincidente nel dettaglio, è altrettanto ampio l'orientamento seguito nella proposta di legge n. 872 (Principi fondamentali per il governo del territorio. Delega al Governo in materia di fiscalità urbanistica e immobiliare), depositata, anch'essa presso la Camera dei deputati, il 2 maggio 2013. In base ai cc. 2 e 4 dell'art. 1, il governo del territorio «*consiste nell'insieme coordinato delle attività conoscitive, regolatorie, programmatorie, valutative e attuative, nonché di vigilanza e di controllo degli interventi di trasformazione e di uso del territorio, allo scopo di perseguire: la tutela e la valorizzazione del patrimonio ambientale, culturale e paesaggistico e del territorio rurale; l'utilizzo sostenibile delle risorse non rinnovabili e la tutela della biodiversità; la riduzione del consumo di suolo non urbanizzato; il rapporto coerente tra localizzazione delle funzioni, sistema della mobilità e infrastrutture tecnologiche ed energetiche, in relazione alle risorse economiche e finanziarie attivate dai soggetti pubblici e privati*». Il governo del territorio, inoltre, «*comprende l'urbanistica, l'edilizia, nonché, per le parti riguardanti gli aspetti connessi alla programmazione e alla pianificazione del territorio, la difesa del suolo, l'espropriazione e l'edilizia sociale*».

Durante la XVIII Legislatura, sono stati presentati altri due disegni di legge di portata generale, che si prefiggono soprattutto di codificare i principi generali del governo del territorio (v. *infra*). Si tratta delle proposte n. 1044 (Disposizioni per la corretta pianificazione del territorio, per il conseguente contenimento del consumo di suolo, per l'incentivazione del riuso edilizio ed urbanistico, nonché delega al Governo in materia di recupero delle aree urbane degradate), depositata presso il Senato il 6 febbraio 2019, e n. 1529 (Disposizioni per la pianificazione del territorio, la rigenerazione urbana, il contenimento del consumo del suolo e il riuso edilizio e urbanistico, nonché delega al Governo in materia di riqualificazione delle aree urbane), depositata presso la Camera dei Deputati il 19 gennaio 2019. È significativo che tra le definizioni concettuali ivi proposte manchi il riferimento espresso alla nozione di governo del territorio. È possibile che la *ratio* di questa scelta sia riposta nella convinzione che si tratti di una nozione ormai talmente sedimentata nel diritto "vivente" da non richiedere ulteriori precisazioni normative.

Infine, nel corso della XIX legislatura, il 20 febbraio 2023 è stato presentato alla Camera dei deputati il progetto di legge n. 283 (Principi fondamentali e norme generali in materia di governo del territorio). La continuità con alcuni dei progetti presentati precedentemente è evidente. Si stabilisce che il governo del territorio «*riguarda l'insieme delle attività conoscitive, valutative, di regolazione, di programmazione, di pianificazione, di localizzazione e di attuazione degli interventi sul territorio, finalizzati a perseguirne la tutela e la valorizzazione, la disciplina degli usi, delle trasformazioni degli immobili e della mobilità in relazione agli obiettivi di sviluppo sostenibile, nonché le attività di vigilanza e di controllo*». Inoltre, si precisa che il governo del territorio «*comprende altresì l'urbanistica, l'edilizia, i programmi infrastrutturali, la difesa del suolo, la salvaguardia idrogeologica, la normativa antisismica, la pianificazione della mobilità nonché la cura degli interessi pubblici funzionalmente collegati a tali materie*».

3. La tutela dell'ambiente, dei beni culturali e del paesaggio

L'oggetto dell'urbanistica può facilmente sovrapporsi a quello di altre materie di intervento pubblico e in particolare a quelle più strettamente legate al territorio, come per esempio il paesaggio, l'ambiente, l'agricoltura. Definire l'ambito proprio di ciascuna materia e i reciproci confini è importante perché l'ordinamento può riservare ad esse regimi differenziati, per esempio dal punto di vista del soggetto competente a disciplinarle o da quello delle conseguenze della violazione della loro disciplina.

La Costituzione menziona alcune di queste materie che, pur non rientrando nel governo del territorio, gli sono limitrofe e, di conseguenza, con esso possono interferire. Si tratta della tutela dell'ambiente, dei beni culturali e del paesaggio.

La **tutela dell'ambiente e dei beni culturali**, ai sensi dell'art. 117, c. 2, lett. *s*), Cost., è di competenza legislativa **esclusiva** dello Stato, mentre la **valorizzazione dei beni culturali e ambientali** rientra nella competenza legislativa **concorrente** di Stato e Regioni.

L'art. 117 non si occupa espressamente della tutela del **paesaggio**, ma l'art. 9 Cost. la annovera – oggi, in seguito alla riforma operata con l. cost. n. 1/2022, insieme alla salvaguardia della biodiversità e degli ecosistemi (anche nell'interesse delle generazioni future) – fra i compiti della Repubblica. Ciò significa che tutti i soggetti che compongono la Repubblica, fra cui le Regioni, sono chiamati a concorrere alla protezione del paesaggio e dell'ambiente. Anche la Corte costituzionale da tempo ritiene che la tutela del paesaggio rappresenti nel nostro ordinamento un "valore etico-culturale", che comporta l'instaurazione di rapporti di reciproca collaborazione fra Stato e Regioni (per esempio, n. 341/1996). Il Codice dei beni culturali e del paesaggio (d.lgs. n. 42/2004) identifica i beni paesaggistici in quanto espressione dei «*valori storici, culturali, naturali, morfologici ed estetici del territorio*».

Il rapporto fra governo del territorio (materia di competenza legislativa concorrente fra Stato e Regioni) e tutela dell'ambiente e dei beni culturali (materie di competenza esclusiva dello Stato) è particolarmente problematico. Infatti, poiché il governo del territorio comporta l'ottimizzazione degli usi del territorio, esso può intersecarsi con la cura di interessi settoriali, come quello alla protezione dell'ambiente e del patrimonio culturale.

Del resto, la riserva allo Stato del potere legislativo in materia di tutela dell'ambiente e dei beni culturali non preclude alle Regioni qualsiasi intervento in questi settori. L'art. 9 Cost., come visto, impone la collaborazione di tutti i livelli istituzionali. Pertanto, le Regioni possono legiferare, nell'esercizio della loro competenza in materia di governo del territorio, anche su aspetti che riguardano la difesa dell'ambiente e del patrimonio culturale. In concreto, le leggi regionali che si occupano di governo del territorio sulla base dell'art. 117 Cost. possono dettare previsioni inerenti ad aspetti connessi con la tutela dell'ambiente e dei beni culturali, purché la finalità complessivamente perseguita dalla legge sia quella di garantire l'uso ottimale del territorio.

La tutela dell'ambiente e dei beni culturali, la protezione del paesaggio e il governo del territorio, quindi, possono anche concernere lo stesso oggetto ed esplicarsi nel medesimo ambito spaziale, ma si distinguono reciprocamente in quanto sono correlati a distinti interessi pubblici e puntano alla realizzazione di diversi obbiettivi. La tutela dell'ambiente si propone soprattutto di garantire la salute e la qualità della vita dei cittadini, a maggior ragione dopo la riforma costituzionale del 2022 (che, peraltro, ha ulteriormente attribuito alla legge dello Stato il compito di disciplinare forme e modi di tutela degli animali, con ciò assicurando una protezione onnicomprensiva al contesto naturale). La tutela dei beni culturali è finalizzata all'individuazione del patrimonio culturale per garantirne la protezione e la conservazione in vista della fruizione da parte della collettività; la protezione del paesaggio punta alla salvaguardia dei valori relativi all'identità complessiva di un determinato contesto. Il governo del territorio ha come obbiettivo la corretta gestione delle trasformazioni urbanistiche ed edilizie del suolo per assicurarne l'uso ottimale.

Il criterio teleologico e le sue implicazioni nella giurisprudenza costituzionale

Il problema della corretta delimitazione della competenza legislativa regionale in materia di governo del territorio è stato affrontato dalla Corte costituzionale con riferimento alla questione della localizzazione di nuovi luoghi di culto. La Consulta ha censurato la disposizione della legge regionale lombarda, che subordinava l'insediamento delle strutture all'approvazione in un apposito Piano per le attrezzature religiose. Secondo la Corte, tale previsione differenziava il regime applicabile a questa particolare tipologia di opera non per garantire l'ordinato sviluppo del territorio, bensì, surrettiziamente, per ostacolare l'esercizio del diritto inviolabile alla libertà religiosa, di cui all'art. 19 Cost. Ciò poteva desumersi agevolmente dalla mancata considerazione, in vista della richiesta approvazione, dell'impatto urbanistico concretamente prodotto dall'opera. Ne derivava, pertanto, un'irragionevole compressione della libertà religiosa, a cui non corrispondeva il perseguimento di alcun reale interesse pubblico al buon governo del territorio (n. 254/2019; v. anche n. 67/2017, n. 63/2016 e n. 52/2016).

Dunque, la previsione della competenza statale esclusiva per la tutela dell'ambiente e dei beni culturali non vieta alle Regioni di emanare leggi suscettibili di incidere in questo campo, ove esso presenti dei profili di interferenza con il governo del territorio. Invece, le Regioni non potrebbero esercitare la loro competenza legislativa in materia di governo del territorio per modificare o abrogare norme statali finalizzate alla protezione dell'ambiente o del patrimonio culturale, eliminando o rendendo meno efficaci gli strumenti di salvaguardia previsti a livello nazionale. Un passo ulteriore nella determinazione dei compiti dello Stato e delle Regioni è stato effettuato nel d.lgs. n. 152/2006 (c.d. "Codice dell'ambiente"). Il codice, all'art. 3 *bis*, c. 1, si pone espressamente come normativa di principio; inoltre, all'art. 3 *quinquies*, c. 2, ammette la possibilità che le Regioni e le Province autonome di Trento e Bolzano introducano forme di tutela giuridica dell'ambiente più restrittive di quelle assunte a livello statale, purché ciò sia richiesto da situazioni particolari esistenti sul loro territorio e non comporti discriminazioni arbitrarie. Di regola, restano, invece, inammissibili deroghe *in pejus* rispetto alla disciplina statale (in proposito, anche Corte cost., nn. 367/2007, 12/2009, 272/2009 e, più recentemente, n. 163/2023).

Governo del territorio, tutela dell'ambiente e dei beni culturali: l'orientamento della Corte costituzionale

Già da molti anni la Corte costituzionale riconosce allo Stato il potere-dovere di legiferare a tutela di interessi nazionali prevalenti, come la protezione della natura (n. 223/1984) e dell'ambiente (n. 239/1982). Dopo la riforma costituzionale del 2001, tale potere è codificato nell'art. 117 Cost.

Per la Corte la tutela dell'ambiente costituisce una sorta di "macromateria" e configura «*una competenza del legislatore statale idonea ad investire tutte le materie rispetto alle quali il legislatore stesso deve poter porre le norme necessarie per assicurare a tutti, sull'intero territorio nazionale, il godimento di prestazioni garantite*» (n. 282/2002). Peraltro, ciò «*non esclude la sussistenza, in capo alle Regioni, di competenze legislative su materie (governo del territorio, salute, ecc.) per le quali quel valore costituzionale assume rilievo*» (nn. 536/2002, 189/2021).

Occupandosi della questione di costituzionalità di una legge regionale posta espressamente a salvaguardia dell'ambiente e del paesaggio, la Corte ha affermato che, in materia di tutela dell'ambiente, lo Stato ha il potere di dettare *standard* di protezione uniformi validi in tutte le Regioni (n. 307/2003), ma le Regioni possono emanare leggi in materia di governo del territorio che, nel rispetto dei parametri nazionali, integrino la disciplina dello Stato e la adattino alle esigenze locali in vista dell'uso ottimale del territorio. Dunque, al legislatore regionale è vietato solo derogare alle disposizioni nazionali di tutela paesaggistica che pongono obblighi o divieti, che sono configurabili come previsioni di tutela in senso stretto (nn. 178/2018, 86/2019, 240/2020, 141/2021, 229/2022).

Ancora, in materia di tutela dell'ambiente, la Consulta ha avuto modo di ribadire che la disciplina statale funge da limite invalicabile anche rispetto alla potestà legislativa primaria nel campo dell'urbanistica delle Regioni a statuto speciale e delle Province autonome di Trento e Bolzano (n. 232/2017).

In un'altra occasione, la Corte costituzionale ha ritenuto legittima una legge regionale che attribuiva alla pianificazione urbanistica, tra l'altro, il compito di individuare gli interventi e gli usi ammissibili nel territorio occupato da beni culturali. La Corte sottolinea che, nonostante la tutela dei beni culturali rientri nella competenza legislativa esclusiva dello Stato, le Regioni, esercitando la loro competenza legislativa concorrente in materia di governo del territorio, hanno il potere di stabilire che i piani urbanistici predispongano dei meccanismi di protezione del patrimonio culturale. Naturalmente, così facendo, le Regioni devono dettare una normativa aggiuntiva e non sostitutiva di quella statale (n. 232/2005).

Comunque, i legislatori regionali, nell'esercizio delle loro competenze in materia di governo del territorio, devono prevedere adeguate forme di partecipazione al procedimento di pianificazione da parte degli organi ministeriali, affinché questi garantiscano la tutela degli interessi nazionali (Corte cost. n. 125/2021).

4. Il sistema delle competenze nell'ambito del governo del territorio

4.1. L'attività legislativa

Come si è accennato, la riforma del titolo V della parte II della Costituzione non ha inciso profondamente sulla ripartizione delle competenze legislative in materia urbanistica ed edilizia. Come prima del 2001, anche oggi, in base all'art. 117 Cost., il governo del territorio rientra fra le materie di competenza concorrente fra Stato e Regioni (a statuto ordinario), nelle quali al primo è riservata la determinazione dei **principi fondamentali**.

Ciò significa che le Regioni **a statuto ordinario** possono emanare leggi in materia di governo del territorio rispettando alcuni limiti. Si tratta, in primo luogo, del cosiddetto limite del **territorio**, in base al quale la normativa prodotta dalla Regione è destinata a operare solo entro i confini del suo territorio, del necessario rispetto della **Costituzione** nonché degli obblighi derivanti dal **diritto dell'Unione europea** e dal **diritto internazionale**. Inoltre, le Regioni devono rispettare il limite costituito dai **principi fondamentali della materia** individuati dal legislatore nazionale. Questi principi possono essere contenuti in un'apposita legge (detta anche legge "cornice") o possono essere desunti dall'insieme della normativa statale nella materia, come si vedrà.

Le Regioni **a statuto speciale** (Friuli-Venezia Giulia, Sardegna, Sicilia, Trentino-Alto Adige, Valle d'Aosta) e le **Province autonome** di Trento e Bolzano godono di autonomia maggiore, poiché sono dotate di competenza legislativa esclusiva in materia urbanistica. Anch'esse devono comunque rispettare la **Costituzione** e i **principi generali dell'ordinamento**, i vincoli derivanti dall'**ordinamento comunitario** e dagli obblighi di **diritto internazionale** (art. 117, c. 1, Cost.). Tuttavia, possono discostarsi dai principi generali della materia che emergono dalla disciplina nazionale (per esempio, Corte cost. n. 46/2014).

Il ruolo del diritto comunitario nell'urbanistica: l'esempio della vas

Nel campo del diritto urbanistico, l'impatto dell'ordinamento dell'Unione europea normalmente non assume primario rilievo. Naturalmente, però, il progressivo arricchimento degli obbiettivi dell'Unione, a partire dall'approvazione del Trattato di Maastricht del 1992 in poi, consente interventi per così dire "trasversali" – per esempio, in vista della coesione economica e territoriale e del contrasto all'esclusione sociale delle fasce più deboli della popolazione – che possono riguardare aspetti non estranei al governo del territorio in senso ampio.

Va segnalata, in particolare, la direttiva n. 42/2001 (a cui si è poi affiancata la direttiva n. 92/2011, modificata dalla successiva direttiva n. 52/2014), che ha determinato l'introduzione nell'ordinamento italiano della valutazione ambientale strategica (vas), attualmente disciplinata nel "Codice dell'ambiente" (art. 4 ss.). Si tratta di una procedura che richiede lo svolgimento di consultazioni, verifiche, valutazioni e attività di monitoraggio, al fine di garantire che gli effetti sull'ambiente e sul patrimonio culturale che derivano dall'attuazione di piani e programmi di intervento sul territorio siano presi in considerazione durante la loro elaborazione. La relativa disciplina ha subito svariati aggiustamenti, da ultimo nel 2023. In proposito, da tempo la Corte costituzionale ribadisce che la normativa statale sull'assoggettabilità a vas degli interventi rientra nell'ambito della tutela dell'ambiente; pertanto, si tratta di materia di competenza legislativa esclusiva statale e le relative disposizioni costituiscono punto di equilibrio inderogabile da parte delle Regioni (nn. 125/2021, 245/2018, 114/2017, 2019/2015, 117/2015, 197/2014, 58/2013).

L'individuazione dei principi generali della materia, che vincolano le Regioni a statuto ordinario, è abbastanza agevole nell'ambito dell'edilizia. Il d.p.r. n. 380/2001 (t.u. edilizia), infatti, detta una disciplina organica contenente i principi fondamentali e generali del settore. Il t.u., dunque, funge da legge "cornice" dello Stato e vincola i legislatori regionali. La giurisprudenza ha ritenuto in primo luogo che, per quanto concerne lo svolgimento di **attività edilizia in assenza di pianificazione**, la previsione (v. art. 9 t.u. edilizia) che autorizza l'emanazione esclusivamente di norme regionali più restrittive di quelle nazionali corrisponda a un principio generale (Corte cost. n. 68/2018). Inoltre, si è riconosciuto di fatto valore di principio all'art. 12 t.u. edilizia, che delimita l'efficacia temporale di istituti di per sé eccezionali quali le **misure di salvaguardia ordinarie** (su cui v. *infra*, Cap. II; così Corte cost. nn. 102/2013 e 147/2023). La Corte costituzionale, poi, riconduce ai principi fondamentali del governo del territorio le disposizioni legislative relative ai **titoli abilitativi per gli interventi edilizi** (Corte cost. nn. 303/2003, 49/2016, 231/2016, 2/2021, 245/2021, 217/2022, 147/2023) e le norme nazionali che definiscono le **varie categorie di interventi edilizi** (Corte cost. nn. 309/2011, 171/2012; 231/2016, 282/2016, 68/2018).

Altri principi generali dell'edilizia sono desunti a livello sistematico. Per esempio, già si è segnalata l'importanza della necessità di garantire un valore primario dell'ordinamento come la **tutela del patrimonio paesaggistico**, consacrato nell'art. 9 Cost. Inoltre, la giurisprudenza amministrativa costantemente richiama il tradizionale **principio di salvaguardia**, in base al quale le trasformazioni del territorio normalmente devono trovare legittimazione in una preventiva valutazione amministrativa circa la tipologia e la consistenza delle variazioni compatibili con l'interesse pubblico e non è consentita alcuna trasformazione immobiliare se il potere pubblico non ha previamente stabilito quali trasformazioni siano compatibili con gli interessi della collettività (recentemente, Corte cost. n. 17/2023; v. anche *infra*, Cap. II). Ne consegue il dovere della p.a. di svolgere, prima di assumere le proprie determinazioni, un'adeguata istruttoria per verificare la coerenza con l'interesse pubblico dell'intervento che il singolo intende realizzare e di motivare adeguatamente le scelte infine effettuate (cfr. *infra*, Cap. III). Tali criteri hanno trovato applicazione nella giurisprudenza della Corte costituzionale, che ha censurato, per violazione della competenza statale in materia di protezione civile a tutela dell'incolumità pubblica, la scelta del legislatore regionale ad autonomia speciale (in particolare, della Regione siciliana) di ammettere l'instaurazione di lavori edilizi in zona sismica in assenza di preventiva autorizzazione scritta del competente ufficio tecnico regionale (Corte cost. n. 68/2018; similmente n. 232/2017 e n. 60/2017; più recentemente, è coerente anche n. 164/2023). Inoltre, secondo la Consulta spetta esclusivamente al legislatore nazionale individuare le eccezioni al principio (oggi espresso nell'art. 31, cc. 3-6, d.p.r. n. 380/2001, su cui cfr. *infra*, Cap. III) per cui la sanzione per l'inottemperanza da parte dei privati all'ordine di demolizione di un immobile deve consistere di regola nella sua distruzione coattiva (n. 140/2018).

L'individuazione dei principi generali in materia urbanistica è, invece, più complessa. Da tempo, infatti, si auspica l'emanazione di una legge "cornice" dello Stato. Ad oggi, tuttavia, un intervento di questo tipo non è ancora stato operato. Il testo fondamentale contenente la disciplina della materia è costituito dalla l. n. 1150/1942 (la cosiddetta "**legge urbanistica**"), che è stata modificata ed integrata varie volte ed è stata via via affiancata da una serie di leggi settoriali.

In assenza di una vera e propria legge "cornice" dello Stato in materia urbanistica, i principi vanno desunti dunque dal complesso del quadro normativo statale. Ciò è previsto espressamente dall'art. 1, c. 3, l. n. 131/2003, in base al quale «*nelle materie appartenenti alla legislazione concorrente, le Regioni esercitano la potestà legislativa nell'ambito dei principi fondamentali espressamente determinati dallo Stato o, in difetto, quali desumibili dalle leggi statali vigenti*».

Anche la Corte costituzionale ha stabilito che l'eventuale mancata indicazione espressa di principi specifici da parte dello Stato non può determinare la paralisi dell'attività legislativa delle Regioni. Pertanto, in assenza di una legge "cornice" nazionale, le Regioni devono legiferare alla luce dei principi generali risultanti dal complesso della normativa statale in vigore (n. 120/2005). La Corte ha sottolineato, poi, che non bisogna dare per scontato che una previsione statale espressamente definita come norma di principio assuma realmente tale rilevanza e sia dunque in grado di vincolare i legislatori regionali. È sempre necessario, invece, interpretare la norma per verificare se in concreto essa ponga realmente un principio generale (per esempio, nn. 482/1995 e, più recentemente, 50/2005).

Le norme di principio statali, poi, non possono limitarsi a contenere indicazioni di portata talmente ampia da configurarsi, di fatto, come clausole vuote, prive di reale valenza operativa. Al contrario, esse devono recare indicazioni sostanziali idonee a indirizzare gli interventi normativi di dettaglio svolti dalle Regioni, in modo che questi, pur valorizzando le specificità locali, siano coerenti con l'intento di realizzare l'interesse della collettività nazionale.

Per quanto riguarda il governo del territorio, spetta allo Stato, per esempio, indicare i requisiti fondamentali delle **varie tipologie di strumenti urbanistici**, mentre le Regioni possono dettare la normativa di dettaglio e disciplinare, fra l'altro, i profili procedimentali. In questa prospettiva, la Corte costituzionale ha affermato che le Regioni possono disciplinare il procedimento per la formazione di un determinato tipo di piano urbanistico, previsto dalla legge dello Stato come strumento uniforme di governo del territorio per la realizzazione di determinati obbiettivi corrispondenti all'interesse generale (n. 408/1995). Tuttavia, con riferimento alla semplificazione procedurale, la Corte ha ritenuto che le leggi regionali non possano eliminare l'obbligo per i Comuni di trasmettere alla

Regione i piani urbanistici attuativi di quelli regionali dopo la loro approvazione. Tale adempimento, infatti, corrisponde a una norma nazionale di principio correlata alla salvaguardia del ruolo di coordinamento dell'ente regionale rispetto alle scelte pianificatorie effettuate a livello comunale (n. 272/2013). Più in generale, i legislatori regionali non possono comprimere l'autonomia comunale in materia di pianificazione territoriale fino a neutralizzarla (Corte cost. nn. 179/2019, 119/2020, 202/2021, 70/2023). Tutte le Regioni, sia a statuto ordinario sia a statuto speciale, hanno legiferato in materia urbanistica. Spesso le leggi regionali non si sostituiscono completamente alla normativa nazionale, bensì si limitano a sostituirne o integrarne singole parti. Per esempio, ciò si è verificato, come si vedrà più avanti (v. *infra*, Cap. II), relativamente alla struttura della pianificazione urbanistica: lo schema basato sulla gerarchia fra atti di pianificazione emanati da enti di diverso livello, contenuto nella legge urbanistica, è stato infatti ampiamente superato dalle leggi regionali, che attualmente assegnano i compiti più significativi in materia di pianificazione urbanistica ai Comuni, autori dei piani regolatori generali.

In prospettiva evolutiva, anche la dottrina ha tentato di individuare i principi generali del governo del territorio che dovrebbero rientrare in una legge "cornice" dello Stato di auspicabile futura emanazione. Si parla del cosiddetto principio di **perequazione**, in base al quale tutti i privati dovrebbero trovarsi nella medesima situazione giuridica a fronte delle scelte pianificatorie, senza che la collocazione geografica e le caratteristiche intrinseche del suolo di cui sono titolari incida in modo eccessivamente invasivo sulla possibilità di esercitare le facoltà insite nel loro diritto di proprietà. Un altro principio importante, su cui il legislatore nazionale dovrebbe soffermarsi, rappresenta un corollario dei parametri di rango costituzionale e consiste nel necessario **coordinamento fra i diversi interessi pubblici connessi alla gestione del territorio**, che dovrebbe essere assicurato mediante la predisposizione di meccanismi procedimentali tali da garantire il confronto fra i vari livelli istituzionali e la risoluzione preventiva dei potenziali conflitti fra loro. Parallelamente, si propone di valorizzare maggiormente il ruolo della pianificazione. Precisamente, la piena e inderogabile **compatibilità con i piani urbanistico-territoriali** dovrebbe rappresentare il presupposto per qualsiasi trasformazione territoriale suscettibile di incidere sensibilmente sui valori basilari radicati nell'ordinamento, quali la tutela dell'ambiente e della salubrità dei luoghi e lo sviluppo socio-economico della collettività. Ferma la competenza comunale per la pianificazione attuativa, poi, la pianificazione generale dovrebbe essere svolta evitando impostazioni eccessivamente parcellizzate e seguendo preferibilmente, invece, una prospettiva di area vasta (tendenzialmente, di dimensioni provinciali), il che consentirebbe di assumere una visione globale e agevolerebbe l'assunzione di scelte strategiche (per esempio, in ordine alla localizzazione delle opere pubbliche) nell'ottica dello sviluppo razionale del territorio globalmente inteso. Nella stessa logica di razionalizzazione (e, nel contempo, a presidio della certezza del diritto), la dottrina suggerisce la contrazione della tipologia dei piani e ritiene che opportunamente il legislatore nazionale potrebbe porre un principio generale per imporre l'**unicità e l'onnicomprensività della pianificazione urbanistico-territoriale**, in contrasto con la frammentazione che contraddistingue la situazione attuale (v. *infra*, Cap. II). Ovviamente, una svolta di questo tipo dovrebbe essere compensata dalla valorizzazione, anche e soprattutto sul piano normativo, dei moduli partecipativi procedimentali che permettono non solo alle istituzioni titolari del potere amministrativo ma anche alle popolazioni direttamente interessate di acquisire le informazioni relative al contenuto degli atti di governo territoriale prima della loro emanazione e di esprimere il proprio punto di vista sul merito delle scelte pianificatorie. Infine, è evidente che alcuni principi valevoli anche nel settore del governo del territorio derivano dalla legislazione nazionale relativa a materie su cui lo Stato ha potestà esclusiva (v. *supra*, par. 3 e *infra*, par. 4.2), come la tutela dell'ambiente e la disciplina della proprietà immobiliare (che, evidentemente, condiziona vari settori, dalla pianificazione urbanistico-territoriale, su cui v. *infra*, Cap. II, alla quantificazione dell'indennità di esproprio, su cui v. *infra*, Cap. V).

Le tendenze legislative

Alcuni disegni di legge presentati nel corso della XVII Legislatura erano rivolti alla codificazione dei principi generali in materia di governo del territorio. Particolarmente interessante risulta, in proposito, la (già richiamata: v. *supra*) proposta di legge n. 872 (Principi fondamentali per il governo del territorio. Delega al Governo in materia di fiscalità urbanistica e immobiliare), depositata il 2 maggio 2013 presso la Camera dei deputati. Dopo aver indicato il principio di pianificazione come «*elemento fondante del governo del territorio*», vi erano enumerati i principi generali che dovrebbero guidare l'attività di pianificazione. Si tratta, in primo luogo, della *sostenibilità*, intesa come vincolo alla conservazione delle risorse naturali e dei beni culturali, alla riduzione del consumo di suolo non ancora urbanizzato e al perseguimento della qualità economica e sociale della trasformazione del territorio; in tale contesto, assicurare la *tutela* e la *sicurezza* del patrimonio paesaggistico rappresenta una vera e proprio priorità. Il principio di *contenimento del consu-*

mo dei suoli è espressamente menzionato anche nella proposta di legge n. 1128, presentata presso la Camera dei deputati il 3 giugno 2013. Il disegno di legge n. 872, però, si poneva in prospettiva più ampia. Al fine di garantire l'efficacia, l'efficienza e l'economicità dell'azione amministrativa esso richiamava anche i principi di cui all'art. 118 Cost.: *sussidiarietà* orizzontale e verticale (in particolare, in vista della promozione di misure di coordinamento e concertazione fra livelli istituzionali), *adeguatezza*, *differenziazione*. Grande attenzione era riservata alla *trasparenza* e alla *partecipazione* dei privati nell'assunzione delle scelte relative al governo del territorio; meno "tradizionale" appariva il riferimento all'*equità*, che impone il rispetto di parametri di uguaglianza e parità nell'accesso «*ai vantaggi offerti dal sistema antropico e naturale*», con particolare riferimento all'utilizzo di risorse non rinnovabili. Infine, si precisava che le trasformazioni del territorio devono essere conformi al principio di *legalità*, sia rispetto alla normativa vigente, sia rispetto agli strumenti urbanistici. Ancora più incisivo risulta il disegno di legge n. 2297 (Disposizioni concernenti il governo del territorio, l'uso razionale del suolo, la rigenerazione urbana e l'edilizia residenziale sociale. Deleghe al Governo per la definizione delle dotazioni territoriali essenziali e per il riordino e la semplificazione delle disposizioni legislative e regolamentari in materia edilizia). Nel progetto, presentato in Senato il 23 marzo 2016, la prospettiva assunta era decisamente onnicomprensiva; oltre ai principi già menzionati, erano richiamati l'attenzione per lo sviluppo socio-economico e l'uso razionale del suolo, nonché l'intento di soddisfare «*le esigenze connesse all'abitare*». Suscita attenzione, inoltre, il riferimento alla «*leale collaborazione tra pubbliche amministrazioni e tra queste ultime e i privati nella definizione e nell'attuazione degli strumenti di pianificazione, nella semplificazione degli strumenti medesimi e non aggravamento dei procedimenti*» (art. 1). Molto interessante, poi, è l'obiettivo di assicurare l'effettività del governo del territorio e il suo coordinamento con le altre politiche pubbliche suscettibili di incidere sul territorio. Quest'ultimo, infine, era definito come «*bene primario della comunità di carattere unitario e indivisibile, che contribuisce allo sviluppo economico e sociale della nazione*». È evidente, dunque, la tendenza a codificare il raccordo fra i principi del governo del territorio e l'interesse della collettività globalmente inteso.

Nel corso della XVIII Legislatura, come pure si è già ricordato (*supra*, par. 2), ai fini della codificazione dei principi del governo del territorio sono stati presentati i disegni di legge n. 1044, presso il Senato della Repubblica, e n. 1529, presso la Camera dei deputati. Fatta eccezione per alcune minuscole differenze strutturali, il contenuto dei due atti sostanzialmente coincide. Fra i principi del governo del territorio (che sono ricondotti ai livelli essenziali delle prestazioni, da garantire sull'intero territorio nazionale ex art. 117 Cost.), sono menzionati – oltre, naturalmente, al rispetto della programmazione da parte della legislazione statale – il rigore scientifico e tecnico, la trasparenza e il *favor* per la partecipazione degli interessati e della cittadinanza in genere ai procedimenti di pianificazione, nonché la durata temporalmente limitata dei vincoli alla proprietà privata e l'equo indennizzo per i provvedimenti espropriativi. Più innovativa è la previsione della necessaria esistenza di piani territoriali ai vari livelli istituzionali e (soprattutto) dell'obbligo per quelli di rango inferiore di rispettare quelli gerarchicamente superiori. Nell'ambito del contenuto dei piani, si evidenzia la rilevanza della promozione del risparmio di suolo allo stato naturale, in particolare mediante il recupero dell'esistente e l'attivazione di meccanismi di premialità di varia natura a vantaggio dei privati che rinuncino allo sfruttamento edilizio dei terreni di loro proprietà. Inoltre, benché sia tendenzialmente ribadita la fondamentale rilevanza della preventiva valutazione ambientale strategica, ove normativamente richiesta, tale passaggio è indicato come una tappa evitabile per gli interventi consistenti in massima parte in meccanismi di riuso. È poi disposta la delega al Governo per la disciplina del recupero delle aree urbane degradate. Infine, entrambi i disegni di legge contengono una disposizione assai interessante, volta a rafforzare la portata vincolante del principio di risparmio del suolo: si tratta della possibilità che, entro un anno dall'eventuale entrata in vigore della nuova legge, gli aventi titolo richiedano «*al comune l'annullamento di previsioni edilizie che comportano l'edificabilità di suolo naturale o seminaturale*», ove i Comuni «*possono negare l'annullamento solo nel caso di rilevanza strategica della previsione, ai fini dell'attuazione del piano regolatore generale, oppure nel caso in cui la mancata attuazione della previsione di cui si richiede la cancellazione comporti la frammentazione del tessuto urbano, attuale o previsto*» (art. 5, c. 5, proposta di legge n. 1529 e, in maniera quasi del tutto sovrapponibile, art. 5, c. 5, proposta di legge n. 1044).

Il d.d.l. n. 283/2023, presentato (come si è detto *supra*) nel corso della XIX legislatura, propone due elenchi di principi: una prima lista ricomprende i principi a cui la legge intende dare immediata attuazione; segue una seconda lista di principi che sono comunque indicati come basilari, soprattutto a livello teleologico. Nel primo elenco compaiono sussidiarietà, adeguatezza, leale collaborazione interistituzionale, sostenibilità (ambientale, economica e sociale), concertazione, partecipazione, pari opportunità nella negoziazione, perequazione e semplificazione, efficacia, efficienza, economicità e imparzialità dell'azione amministrativa. Nel secondo elenco, sono menzionati il contenimento del consumo di suolo, la rigenerazione urbana e territoriale, la concertazione istituzionale, la pianificazione, la compensazione urbanistica, la garanzia dei servizi pubblici essenziali, il contrasto agli usi del territorio incompatibili con la tutela del patrimonio paesaggistico, ambientale e culturale, il controllo dell'attività edilizia. Le singole disposizioni sono poi preordinate ad assicurare la concreta operatività dei vari principi; particolare attenzione è riservata al coordinamento fra livelli pianificatori, alla rigenerazione e alla collaborazione fra istituzioni e con i privati. Non a caso, nel corso della medesima legislatura, alla rigenerazione urbana e al risparmio sono stati specificamente dedicati anche i d.d.l. S. 911 del 18 ottobre 2023, S. 896 del 28 settembre 2023, C. 1179 del 26 maggio 2023.

4.2. La riserva allo Stato in materia civile e penale

L'art. 117 Cost. riserva alla potestà legislativa esclusiva dello Stato **l'ordinamento civile e penale.** Questo elemento incide sull'ampiezza del potere legislativo delle Regioni in materia di governo del territorio, che interseca ambiti di diritto penale (si pensi, per esempio, agli abusi edilizi) e di diritto privato (si pensi, per esempio, ai rapporti fra proprietari).

Per quanto riguarda il primo profilo, alle leggi regionali è vietato, operando nella materia di governo del territorio, incidere sulla disciplina di diritto penale dettata a livello nazionale (Corte cost. nn. 179/1986, 1029/1988, 18/1991). La legge regionale può precisare i presupposti per l'applicazione delle leggi dello Stato che prevedono reati in campo urbanistico-edilizio ed eventualmente emanare norme attuative.

Reati e ruolo delle Regioni: la posizione della Corte costituzionale

Secondo l'art. 31 della l. statale n. 47/1985, la sanatoria penale degli abusi edilizi poteva essere applicata agli edifici ultimati entro il 1° ottobre 1983. In base alla legge, la costruzione era ultimata se era stato eseguito il rustico ed era stata completata la copertura. Una legge della Regione Sicilia ammetteva a fruire della sanatoria penale degli abusi edilizi coloro che, entro il primo ottobre 1983, avevano completato la copertura e la struttura portante dell'edificio, ma non anche il rustico.

La Corte costituzionale ha dichiarato l'illegittimità della legge regionale, che non si limitava a interpretare estensivamente o a specificare la disciplina statale, ma rendeva applicabile la sanatoria a ipotesi per le quali la norma dello Stato la escludeva. La Corte ha affermato che la possibilità di escludere l'esistenza di un reato in presenza di circostanze del tutto eccezionali è riservata allo Stato. La previsione dei comportamenti penalmente sanzionati e l'esclusione di singole fattispecie dall'ambito di quelle vietate in casi del tutto peculiari, infatti, richiedono una visione generale dell'interesse pubblico che solo il legislatore statale, e non anche quello regionale (ancorché dotato di autonomia speciale: n. 232/2017), può avere (n. 487/1989; v. anche n. 225/2012).

La Consulta ha ulteriormente precisato i confini entro i quali i legislatori regionali possono lambire, nell'esercizio della loro competenza concorrente in materia di governo del territorio, questioni di diritto penale. Precisamente, con riferimento al procedimento preordinato all'estinzione dei reati edilizi di cui agli artt. 36, c. 2, e 45, c. 3, d.p.r. n. 380/2001, si è chiarito che i legislatori regionali possono quantificare liberamente l'ammontare dell'oblazione richiesta al privato. Ciò, infatti, ha a che fare con un elemento del procedimento amministrativo attivabile compatibilmente con la disciplina statale di principio, che prevede, ai fini dell'estinzione del reato, la corresponsione di una somma di denaro, ma non ne determina in alcun modo l'entità. Risulta invece illegittima, in quanto irragionevole, l'equiparazione da parte del legislatore regionale della somma richiesta per la sanatoria degli interventi realizzati in attuazione di titolo edilizio poi annullato e di quelli realizzati in violazione o in assenza di titolo (n. 2/2019).

Il divieto per le Regioni di legiferare in materia di ordinamento civile, comporta che non possano essere disciplinati con legge regionali, per esempio, i profili civilistici del diritto di proprietà, quali i fatti attributivi della proprietà o le facoltà che ineriscono al diritto, o i rapporti fra privati, come quelli che interessano proprietari confinanti o che discendono da contratti.

Il confine fra diritto pubblico e diritto privato nella materia urbanistica non è sempre facile da definire. Si noti per esempio che alcune norme "sostanzialmente urbanistiche" sono reperibili all'interno di fonti statali di diritto privato. Gli artt. 869 ss. c.c. regolano, fra l'altro, i rapporti fra proprietari e fanno espressamente riferimento alle prescrizioni dei piani urbanistici e dei regolamenti edilizi comunali (v. *infra*, par. 6).

D'altra parte, al fine di garantire l'utilizzo ottimale del suolo, è necessario tenere conto delle peculiarità locali. Solo il legislatore regionale, radicato sul territorio, è in grado di cogliere pienamente questi aspetti. Dunque, fermo restando il divieto per le Regioni di legiferare nel campo del diritto privato, in particolare disciplinando i rapporti fra gli individui, si riconosce il loro potere di regolare alcuni profili della proprietà, al fine di assicurarne la funzione sociale come prevede la Costituzione, nell'ambito delle materie di loro competenza. Per esempio, la Corte costituzionale ha considerato legittima la legge regionale che, intervenendo in campo urbanistico ed edilizio, vietava ai Comuni di rilasciare concessioni edilizie fino all'approvazione dei piani regolatori generali, relativamente ai terreni compresi in aree determinate che richiedevano misure protettive particolari (n. 379/1994; anche nn. 391/1989, 164/2000 e 190/2001).

4.3. Le funzioni amministrative

Abbiamo visto come è ripartita la potestà legislativa in materia di governo del territorio. Dobbiamo occuparci ora delle funzioni amministrative. Prima della riforma del 2001, l'art. 118 Cost. esprimeva il c.d. principio del "parallelismo", in base al quale le funzioni amministrative nelle varie materie spettavano all'ente titolare, in quelle materie, del potere legislativo. Pertanto, le funzioni amministrative in materia urbanistica spettavano alle Regioni in quanto titolari, nella materia, della potestà legislativa. Peraltro la Costituzione prevedeva che le funzioni stesse fossero "normalmente" esercitate dalle Regioni tramite gli enti locali. E così è sempre stato in particolare per l'urbanistica, materia nella quale i poteri amministrativi sono sempre stati svolti congiuntamente dai vari enti radicati sul territorio, con un importante coinvolgimento di Province, Comuni e di altri enti locali, come le Comunità montane.

Adottando un nuovo criterio di allocazione delle funzioni amministrative, l'art. 118 Cost., riformato nel 2001, le attribuisce ai **Comuni**, «*salvo che, per assicurarne l'esercizio unitario, siano conferite a Province, città metropolitane, Regioni e Stato, sulla base dei principi di* **sussidiarietà, differenziazione** *e* **adeguatezza**». L'art. 118 al c. 2, precisa, poi, che Comuni, Province e Città metropolitane sono titolari, oltre che delle funzioni amministrative "proprie" (cioè di quelle attribuite, con legge nazionale o regionale, a tutti gli enti dello stesso tipo globalmente e senza distinzioni), di quelle "conferite" a singoli enti, con legge statale o regionale, in base a valutazioni della specificità delle singole realtà locali (e, dunque, in applicazione prevalentemente del principio di differenziazione). In questo quadro generale, almeno un cenno merita il c. 4 dell'art. 118, in base al quale gli enti territoriali «*favoriscono l'autonoma iniziativa dei cittadini, singoli o associati, per lo svolgimento di attività di interesse generale, sulla base del principio di sussidiarietà*»: pertanto, la cooperazione fra le istituzioni e i privati, in sede di pianificazione e gestione del territorio, trova piena e crescente legittimazione nell'ordinamento (v. anche *infra*, Cap. II). Quanto all'esercizio delle funzioni amministrative in senso proprio, in materia di governo del territorio esse sono ripartite ai vari livelli istituzionali.

Alcune funzioni sono attribuite allo **Stato**, a cui spetta la determinazione delle linee fondamentali dell'assetto del territorio nazionale. In particolare, si tratta della tutela dell'ambiente, della difesa idrogeologica del suolo e delle funzioni di trasformazione del territorio (soprattutto relativamente alla collocazione delle reti infrastrutturali e delle opere pubbliche di interesse nazionale, nonché all'organizzazione delle aree urbane globalmente intese, ivi compresi la prevenzione e la repressione degli abusi edilizi e il recupero urbanistico). Inoltre, evidentemente, rientra fra i poteri dello Stato il compito di gestire i rapporti con gli organismi internazionali ed europei in materia di politiche urbane e di indirizzo dell'assetto territoriale.

Spettano alle **Regioni**, tra le altre, le funzioni relative all'approvazione di vari atti di pianificazione urbanistica, alla fissazione dei termini per la predisposizione dei piani particolareggiati, all'approvazione dei regolamenti edilizi e dei programmi di fabbricazione (v. anche *infra*, Cap. II). Le leggi regionali, però, hanno inciso in modo significativo su questo schema e hanno trasferito, in tutto o in parte, molti dei poteri ora indicati ad altri enti, soprattutto ai Comuni. Oggi, dunque, alle Regioni compete tendenzialmente l'emanazione della pianificazione relativa al loro territorio, l'approvazione degli atti urbanistico-edilizi dei Comuni (piani regolatori generali, piani attuativi, regolamenti edilizi), nonché l'assunzione di iniziative concrete in contrasto dell'abusivismo edilizio (quali la sospensione e la demolizione delle opere illegittime), in caso di inerzia dei Comuni.

Le **Province** (fatta eccezione, naturalmente, per le Province autonome di Trento e Bolzano, che sono dotate di autonomia speciale) sono chiamate principalmente alla redazione e all'approvazione del piano territoriale di coordinamento (piano di indirizzo, *ex* art. 20, d.lgs. n. 267/2000, t.u. enti locali).

I veri protagonisti dell'attività amministrativa in ambito urbanistico ed edilizio sono, invece, i **Comuni**, i quali (per limitarsi ad enumerare le funzioni di maggiore importanza): adottano i piani regolatori generali e i piani particolareggiati di esecuzione, nonché i regolamenti edilizi; approvano i piani di lottizzazione e stipulano con i privati la relativa convenzione di lottizzazione (fermo restando che i due atti sono distinti e giuridicamente autonomi, come ha ribadito di recente Corte cost. n. 249/2022; v. *infra*, Cap. II e Cap. III); vigilano sulla legittimità dell'attività edilizia, anche mediante il rilascio dei permessi di costruire e l'accettazione della segnalazione certificata di inizio attività (s.c.i.a.: v. *infra*, Cap. III), e, in caso di infrazioni alla normativa vigente, applicano le sanzioni previste (v. *infra*, Cap. III).

Dunque, i Comuni dettano il nucleo fondamentale delle regole urbanistiche applicabili nell'ambito del loro territorio, anche se sono tenuti a rispettare, naturalmente, le fonti normative di produzione statale e regionale. La primaria importanza del loro ruolo deriva direttamente dall'art. 118 Cost. ed è espressione del cosiddetto **principio autonomistico** (art. 5 Cost.), che vieta tanto al legislatore statale quanto a quelli regionali di privare i Comuni dei loro poteri. La Corte costituzionale ha precisato, infatti, che le leggi regionali possono delimitare i confini del potere di pianificazione spettante ai Comuni (per esempio, valutando, in considerazione dell'interesse pubblico, se sia preferibile che alcune scelte di natura pianificatoria si svolgano al livello sovracomunale), ma non potrebbero comunque spogliarli completamente del loro ruolo (n. 378/2000).

Le competenze amministrative sono suddivise fra gli organi del Comune.

Il **consiglio** di regola emana le prescrizioni in materia urbanistica ed è chiamato ad esprimere la volontà dell'ente nei procedimenti coinvolgenti più autorità in cui sia prevista la partecipazione del Comune (v. anche *infra*, Cap. II e Cap. III).

La **giunta** è per lo più priva di significative competenze in campo urbanistico, ma spesso è chiamata a "fare propri" con apposite delibere i progetti di piano in procinto di essere adottati e di frequente è coinvolta nella conclusione di accordi (per esempio, in sede di lottizzazione) con i privati.

Le funzioni amministrative comunali in campo urbanistico un tempo attribuite al sindaco oggi sono svolte in gran parte dai **dirigenti** (v. anche *infra*, Cap. III).

Infine, un cenno merita la **commissione edilizia**. Si tratta di un organo collegiale tecnico-professionale, costituito da un numero di componenti variabile a seconda delle dimensioni del Comune. In passato, la commissione assumeva un ruolo di grande rilievo. Oggi, l'art. 4, c. 2, t.u. edilizia si limita a richiamare la possibilità per i Comuni di prevederne l'istituzione (che, dunque, attualmente è meramente facoltativa) e le attribuisce compiti di natura consultiva, per lo più rispetto al rilascio di titoli edilizi o all'adozione di atti di pianificazione.

Allo **Sportello unico per l'edilizia** – eventualmente costituito anche in forma associata fra più Comuni – spetta il compito di curare i rapporti fra il privato che intende effettuare un intervento edilizio, l'amministrazione comunale e le altre amministrazioni eventualmente coinvolte (v. *infra*, Cap. III).

Gli sviluppi normativi: il ruolo delle Città metropolitane

La l. 7 aprile 2014, n. 56, che ha regolato l'attività delle Città metropolitane, non sembra aver inciso in modo particolarmente significativo sull'assetto delle competenze in materia di governo del territorio. La «*cura dello sviluppo strategico del territorio metropolitano*» rientra fra le finalità istituzionali generali della Città metropolitana, che è tenuta ad adottare e aggiornare annualmente il piano strategico triennale del territorio metropolitano, con funzioni di indirizzo per l'ente stesso e per i Comuni che in esso confluiscono. Spetta, poi, allo statuto regolare le modalità dell'azione di governo del territorio, anche con riferimento al coordinamento complessivo. Inoltre, la Città metropolitana emana la pianificazione territoriale generale, mentre le Province sono titolari del potere di emanare piani territoriali di coordinamento, curano lo sviluppo strategico del territorio di loro competenza e gestiscono l'edilizia scolastica. Nell'ambito dell'esercizio delle funzioni in materia di mobilità e viabilità, infine, le Città metropolitane assicurano la coerenza della pianificazione urbanistica comunale in ambito metropolitano (v. *infra*, Cap. II).

5. Le fonti del diritto urbanistico e il ruolo della pianificazione

Si è visto che la disciplina statale di riferimento in ambito urbanistico è tuttora costituita dalla legge urbanistica del 1942, come sensibilmente integrata e modificata negli anni successivi alla sua entrata in vigore. Ad essa si sono aggiunte, a livello statale, una serie di leggi che sono intervenute a disciplinare aspetti specifici.

Per quanto riguarda l'edilizia, si è accennato al fatto che la disciplina generale è contenuta nel t.u. edilizia.

Alcune disposizioni rilevanti sono contenute, poi, nel d.p.r. n. 327/2001 (t.u. delle disposizioni legislative e regolamentari in materia di espropriazione per pubblica utilità), in vigore dal 2003.

Inoltre, il quadro normativo è composto dalle leggi regionali.

La "legge-ponte" e la "legge Bucalossi"

Le leggi successive al 1942 hanno inciso in vario modo sui contenuti originari della legge urbanistica. Gli interventi sono troppo numerosi per poter essere ricordati in modo esaustivo. Ad alcuni si farà riferimento nel corso della trattazione.

Qui basterà segnalare che gli interventi normativi di portata generale più significativi sono la l. n. 765/1967 (c.d. "legge-ponte"), che ha determinato un'accelerazione nei tempi di formazione dei piani urbanistici e ha posto il divieto espresso di edificazione nei Comuni sprovvisti di pianificazione urbanistica, e la l. n. 10/1977 (c.d. "legge Bucalossi") che, fra l'altro, ha trasformato la licenza edilizia prevista come titolo legittimante all'edificazione in concessione a titolo oneroso.

A queste leggi di portata generale si è aggiunta via via un'ampia legislazione settoriale relativa a varie tematiche: dall'introduzione di una serie di piani urbanistici speciali alla disciplina dell'abusivismo edilizio e dei condoni.

Come si vedrà meglio più avanti, alle leggi dello Stato e delle Regioni si affiancano i regolamenti edilizi emanati dai Comuni al fine di regolare la concreta realizzazione degli edifici nel rispetto della normativa e della pianificazione urbanistica.

Per completare il quadro delle regole operanti nel campo dell'urbanistica, è necessario tenere presente che molte indicazioni vincolanti relative all'uso del territorio sono contenute negli atti di pianificazione (soprattutto nel piano regolatore generale emanato dal Comune). Dei contenuti e dei caratteri dei principali piani urbanistici si parlerà più avanti (v. *infra*, Cap. II).

Qui è sufficiente segnalare che il piano non è un atto normativo in senso stretto come le leggi e i regolamenti, ma si contraddistingue per la natura mista: esso è costituito sia da prescrizioni puntuali, sia da norme generali e astratte. Si tratta comunque di un atto amministrativo che indirizza l'uso del suolo da parte dei singoli proprietari, consentendo solo le trasformazioni immobiliari compatibili con gli interessi pubblici. In questo senso, esso produce effetti vincolanti e concorre a "governare" il territorio.

Il ruolo della pianificazione, però, si è notevolmente modificato nel corso del tempo. Nella legge urbanistica del 1942, infatti, si delinea, nel contesto degli atti precettivi di natura pianificatoria, un modello "gerarchico" a tre livelli, formalmente tuttora vigente. Il primo livello corrisponde al piano territoriale di coordinamento, il secondo al piano regolatore comunale, il terzo alla pianificazione attuativa. Ciascun piano deve rispettare, oltre alla normativa vigente, il contenuto dei piani di livello superiore. In concreto, tuttavia, l'evoluzione della pianificazione è frastagliata nel tempo e poggia sull'individuazione degli interessi pubblici prevalenti nel momento storico attuale. Essa, pertanto, richiede continui aggiornamenti, determinati dalla necessità di adattamento alle esigenze di gestione del territorio correlate alle singole realtà locali. Di conseguenza, il sistema della pianificazione utilizzato in realtà si è via via significativamente discostato da quello predisposto dal legislatore del 1942 e sempre più spesso si è previsto che i conflitti fra atti di pianificazione urbanistica di contenuto diverso fossero risolti secondo un criterio cronologico di prevalenza, per cui, in linea di massima, l'atto successivo prevale su quello precedente.

Anche la Corte costituzionale ha riconosciuto la legittimità delle numerose previsioni che autorizzano gli strumenti urbanistici settoriali a discostarsi dal contenuto di quelli generali precedenti. Per esempio, ha riconosciuto legittima una legge regionale che consentiva proprio a un piano urbanistico di settore di discostarsi dalla pianificazione generale. Ha sottolineato che fra i principi fondamentali della disciplina nazionale non c'è alcuna regola che vieti ai piani settoriali di modificare quelli previsti nella legge urbanistica dello Stato, e che, anzi, varie leggi dello Stato hanno previsto questa possibilità. Pertanto, è corretto ritenere che dall'ordinamento emerga il principio opposto, per cui i piani "speciali" possono modificare quelli generali (già n. 408/1995).

6. Le fonti regolamentari e il regolamento edilizio comunale

La normativa in materia di urbanistica e di edilizia è contenuta sia in leggi, sia in **regolamenti.** Questi ultimi sono atti subordinati alle leggi nel sistema delle fonti del diritto. Ai sensi del c. 6 dell'art. 117 Cost., lo Stato può produrre regolamenti solo nelle materie di competenza legislativa esclusiva. Pertanto, poiché il governo del territorio è materia di competenza legislativa concorrente fra Stato e Regioni, il potere di emanare regolamenti in questo campo spetta normalmente alle Regioni. Inoltre, i regolamenti in materia di urbanistica ed edilizia possono essere emanati anche da altri enti, poiché lo stesso c. 6 dell'art. 117 Cost. attribuisce una specifica potestà regolamentare a Comuni, Province e Città metropolitane per l'organizzazione e lo svolgimento dei compiti loro attribuiti. Questi enti, dunque, possono disciplinare in via autonoma una serie di attività, che sono sottoposte anche alla legge urbanistica dello Stato per quanto riguarda la fissazione dei principi fondamentali, nonché alle varie leggi regionali per quanto riguarda la disciplina di dettaglio.

Fra i regolamenti prodotti dal Comune, da sempre è particolarmente importante il **regolamento edilizio** (v. anche *infra*, Cap. II). Si tratta di un atto normativo di rango secondario, dotato dei caratteri della generalità e dell'astrattezza. L'art. 2 t.u. edilizia chiarisce che il regolamento edilizio è espressione dell'autonomia statutaria e normativa del Comune e disciplina l'attività edilizia.

In base al successivo art. 4, esso contiene «*la disciplina delle modalità costruttive, con particolare riguardo al rispetto delle normative tecnico-estetiche, igienico-sanitarie, di sicurezza e vivibilità degli immobili*». Ciò significa che esso stabilisce fra l'altro, nell'ambito delle **modalità costruttive**, le altezze minime e massime degli edifici, la formazione e l'ampiezza dei cortili, l'aspetto dei fabbricati, la collocazione dei numeri civici. Fra le **norme igienico-sanitarie** sono comprese, per esempio, le disposizioni sulle intercapedini e le distanze fra gli edifici (di cui peraltro attualmente si occupa anche l'art. 2 *bis* t.u. edilizia). Le **norme di vivibilità e di sicurezza degli immobili** comprendono varie previsioni, idonee a garantire l'incolumità pubblica e privata e un ambiente di vita complessivamente salubre. Inoltre, qualora il Comune intenda istituire la commissione edilizia come organo consultivo, nel regolamento edilizio sono indicati gli interventi sottoposti al suo parere preventivo.

Oggi la rilevanza del regolamento urbanistico comunale è minore di un tempo. Gran parte dei suoi contenuti, infatti, sono progressivamente stati trasfusi nelle norme tecniche di attuazione del piano regolatore. Il regolamento, tuttavia, mantiene tuttora un ruolo ben definito e distinto rispetto a quello tipico della pianificazione urbanistica, la quale si occupa della fissazione degli indici dello sfruttamento edilizio ammesso nelle diverse zone del territorio comunale (v. *infra*, Cap. II). Inoltre, nuovo impulso all'istituto è stato conferito dal c. 1 *sexies* dell'art. 4 t.u. edilizia (uscito indenne anche dalla riforma del 2020), in cui è previsto il coinvolgimento di tutti i livelli territoriali (Stato, Regioni ed autonomie locali) in vista della predisposizione, in attuazione del principio di leale collaborazione, di uno schema di regolamento edilizio-tipo, al fine di guidare l'intervento normativo dei Comuni, in particolare con riferimento all'indicazione dei requisiti di sicurezza e risparmio energetico degli edifici. A fronte dell'impugnazione da parte della Regione Puglia per violazione dell'art. 117 Cost. sulla ripartizione di competenze legislativa, la previsione sull'emanazione dello schema di regolamento-tipo è stata ritenute legittima dalla Consulta, in quanto espressione di un principio fondamentale di carattere procedurale. Precisamente, si è individuata l'esigenza di semplificare la struttura dei regolamenti edilizi predisponendo criteri uniformi a livello nazionale, nell'ambito dei quali le singole Regioni mantengono comunque un importante ruolo di raccordo con gli enti locali di riferimento. La Corte ha evidenziato, in primo luogo, che lo schema di regolamento edilizio-tipo non invade in alcun modo la competenza legislativa regionale, poiché si tratta di un atto totalmente privo di contenuti normativi innovativi rispetto al quadro della disciplina edilizia vigente. Ha sottolineato, inoltre, come il principio di autonomia sia salvaguardato sia dalla previsione della necessità di raggiungere un accordo sul contenuto dello schema di regolamento edilizio-tipo con gli enti territoriali coinvolti in sede di Conferenza unificata, sia dalla permanenza del potere dei Comuni di adattare lo schema alle specifiche esigenze (Corte cost. n. 125/2017).

Le norme del regolamento edilizio si applicano anche nei **rapporti fra privati**. La conseguenza che deriva dalla loro violazione cambia a seconda del loro rapporto con le disposizioni del codice civile (v. anche *infra*, Cap. III, par. 2).

Alcune previsioni del regolamento edilizio riguardano argomenti disciplinati anche nel codice civile e quindi ne integrano il contenuto. Si tratta principalmente delle norme attinenti alle **distanze** fra edifici vicini. A tali previsioni si applica l'art. 872 c.c. Pertanto, il privato che intende far valere la violazione di queste previsioni può scegliere lo strumento di tutela che ritiene più adatto alle sue esigenze. Infatti, può rivolgersi al giudice per ottenere, alternativamente, o la **riduzione in pristino** (cioè la ricostituzione della situazione di fatto precedente alla trasgressione), oppure il **risarcimento del danno subito**.

Altre norme non integrano il codice civile. Si tratta, per esempio, di quelle che riguardano l'altezza massima degli edifici in relazione alla larghezza delle strade, l'estetica delle costruzioni, l'ampiezza dei cortili e la salvaguardia dell'igiene. Chi si ritiene leso dalla loro violazione può ottenere solo il **risarcimento del danno** sofferto, mentre non può chiedere la riduzione *in pristino*.

Infatti, in base all'art. 871, c. 1, c.c., «*le regole da osservarsi nelle costruzioni sono stabilite dalla legge speciale e dai regolamenti edilizi comunali*». In base all'art 872, c. 2, poi, «*colui che per effetto della violazione ha subito danno deve esserne risarcito, salva la facoltà di chiedere la riduzione in pristino quando si tratta della violazione delle norme*» sulle distanze fra le costruzioni. Infine, l'art. 873 c.c. riguarda le distanze minime fra edifici vicini e prevede che «*le costruzioni sui fondi finitimi, se non sono unite o aderenti, devono essere tenute a distanza non minore di tre metri*»; esso precisa, poi, che «*nei regolamenti locali può essere stabilita una distanza maggiore*».

In ogni caso, è sempre possibile rivolgersi al **giudice amministrativo** per chiedergli l'**annullamento** del provvedimento, eventualmente emanato dal Comune, che abbia consentito al vicino di costruire in violazione del regolamento edilizio.

Norme sulle distanze e riduzione *in pristino*

La Corte di cassazione ha chiarito che la nozione di "costruzione" comprende qualsiasi opera non completamente interrata avente i caratteri della solidità e dell'immobilizzazione rispetto al suolo (Cass. civ., sez. II, n. 8365/2020). In questi termini, si pone anche la giurisprudenza amministrativa: per esempio, recentemente, Cons. Stato, sez. II, n. 3329/2020, per cui la nozione di costruzione si configura in presenza di opere preordinate a soddisfare esigenze non precarie, che comportino la trasformazione urbanistico-edilizia del territorio e la perdurante modifica dello stato dei luoghi. Pertanto, le norme sulle distanze fra le costruzioni si applicano a chi abbia realizzato qualsiasi manufatto privo di funzione meramente decorativa, non completamente interrato e stabilmente infisso nel suolo – anche mediante appoggio, incorporazione e collegamento a un corpo di fabbrica preesistente o contestualmente realizzato – senza che rilevino il livello di posa e di elevazione, i caratteri dello sviluppo volumetrico esterno, il materiale impiegato (Cass. civ., sez. I, n. 24794/2019, Cass. civ., sez. VI, n. 2660/2023). Inoltre, in caso di demolizione con ricostruzione e conseguente aumento di volumetria (ove ciò sia consentito dal t.u. edilizia), il manufatto deve di regola rispettare le distanze preesistenti (Cass. civ., sez. II, n. 12751/2023). Peraltro, ai fini dell'applicazione delle norme sulle distanze fra gli edifici, la Cassazione ha precisato che non può essere ordinata la demolizione di opere che, pur essendo illegittime al momento della loro realizzazione, siano invece legittime alla stregua delle norme vigenti; in questo caso, resta salvo, ove ne ricorrano le condizioni, solo il diritto al risarcimento del danno prodottosi dal momento dell'intervento edilizio al momento dell'entrata in vigore della nuova disciplina (Cass. civ., sez. II, ord. n. 28041/2023). Infine, la giurisprudenza amministrativa precisa che, nelle cause in cui il ricorrente lamenti l'illegittimità del titolo edilizio rilasciato ad altri per violazione delle regole sulle distanze fra gli edifici, non rileva solo la distanza fra l'immobile del ricorrente e quello confinante, ma anche la distanza da un edificio terzo, allorché con l'annullamento del titolo edilizio possa derivare un effetto ripristinatorio concretamente utile per il ricorrente; in questa ipotesi, però, la *vicinitas* fra i fondi non è sufficiente, dovendo il ricorrente fornire anche la prova di un pregiudizio sofferto (Cons. Stato, sez. II, n. 738/2023).

Il **procedimento di formazione** del regolamento edilizio inizia con la preparazione del progetto da parte della giunta comunale. Il progetto viene esaminato e approvato dal consiglio. La relativa delibera viene dapprima pubblicata all'albo pretorio del Comune e successivamente inviata alla Regione per l'approvazione, che avviene con atto del presidente regionale, previa delibera della giunta.

Di regola, l'approvazione regionale deve intervenire entro un anno dal deposito, salva la possibilità che le singole leggi regionali prevedano modalità e tempistica differenti. In sede di approvazione, la Regione può inserire unilateralmente le modifiche ritenute strettamente indispensabili, in vista della razionale sistemazione delle opere e degli impianti di interesse nazionale, della tutela del paesaggio (con particolare riferimento alla salvaguardia dei complessi storici, monumentali, ambientali e archeologici), dell'osservanza degli standard urbanistici (su cui v. *infra*, Cap. II).

Un avviso dell'avvenuta approvazione del regolamento viene poi pubblicato nell'albo pretorio e presso la segreteria comunale sono depositati l'atto approvato e gli annessi elaborati tecnici, affinché chiunque possa visionarli. Oggi, poi, di regola la pubblicazione degli atti di governo del territorio deve avvenire anche sul sito *web* dell'amministrazione.

Le norme di contenuto generale e astratto contenute nel regolamento edilizio non possono essere direttamente impugnate. Possono essere autonomamente impugnate, invece, le disposizioni del regolamento che ledono direttamente l'interesse dei privati. Inoltre, possono essere impugnati i provvedimenti attuativi del regolamento, che hanno destinatari determinati e li danneggiano individualmente. È possibile, però, che il vizio del provvedimento attuativo del regolamento edilizio derivi proprio dall'illegittimità della norma regolamentare a cui dà esecuzione. In questo caso, il privato può impugnare il provvedimento insieme al regolamento edilizio che ne rappresenta il presupposto e ne ha determinato il vizio.

L'impugnazione del regolamento edilizio

I giudici amministrativi sono molto rigorosi nel vagliare l'ammissibilità dell'impugnazione diretta delle norme dei regolamenti edilizi comunali (recentemente, a fronte di un sedimentato orientamento pregresso, Cons. Stato, sez. VI, n. 8053/2023; Cons. Stato, sez. IV, n. 678/2022 e Cons. Stato, sez. II, n. 5298/2019) e la ritengono sussistere solo se la regola impugnata è davvero immediatamente lesiva di posizioni giuridiche individuali (Cons. Stato, sez. VI, n. 6463/2010; Cons. Stato, sez. III, n. 1955/2014), come dimostra questo esempio.

L'Enel impugna una norma del regolamento edilizio comunale nella parte in cui si stabilisce che per le reti di distribuzione dell'energia elettrica debbano essere realizzate delle condutture sotterranee. Il ricorso è giudicato inammissibile per carenza di un interesse attuale dell'Enel. Secondo il giudice, le prescrizioni del regolamento edilizio che disciplinano le modalità di realizzazione di un'opera, rivolgendosi alla generalità dei consociati, non sono immediatamente lesive e non vi è quindi interesse alla loro impugnazione. Esse diventano lesive, e dunque direttamente impugnabili, solo nel momento in cui ricevano concreta applicazione e determinino l'emanazione di un provvedimento di diniego (di autorizzazione, permesso, concessione o nulla-osta) o di un atto interdittivo (ordinanza di sospensione lavori, ordinanza di demolizione) (Tar Lombardia, Milano, sez. II, n. 1117/2008). Enel dunque dovrà provocare con una propria istanza un provvedimento di diniego. Impugnando quest'ultimo potrà, contestualmente, impugnare la norma regolamentare.

Bibliografia essenziale

S. AMOROSINO, *Governo del territorio. Scenari economici ed innovazioni amministrative*, Jovene, Napoli, 2016; C. BEVILACQUA-F. SALVIA-N. GULLO, *Manuale di diritto urbanistico*, Cedam, Padova, 2021; M.A. CABIDDU (a cura di), *Diritto del governo del territorio*, Giappichelli, Torino, 2020; M.G. DELLA SCALA-S. SANTANGELO (a cura di), *Diritto all'abitare e questione abitativa. Tra edilizia residenziale pubblica e housing sociale*, Giappichelli, Torino, 2023; R. FERRARA-F.G. FERRARI, *Commentario breve alle leggi in materia di edilizia e urbanistica*, Cedam, Padova, 2019; E. FERRARI-P.L. PORTALURI-E. STICCHI DAMIANI (a cura di), *Poteri regionali ed urbanistica comunale*, Giuffrè, Milano, 2005; R. GIOVAGNOLI-S. MORELLI, *Urbanistica e governo del territorio*,

Giuffrè, Milano, 2014; V. ITALIA (a cura di), *Regolamento unico edilizio*, Giuffrè, Milano, 2017; P. LOMBARDI, *Il governo del territorio tra politica e amministrazione*, Giuffrè, Milano, 2012; G.C. MENGOLI, *Manuale di diritto urbanistico*, Giuffrè, Milano, 2014; S. MORO, *Il governo del territorio e le situazioni proprietarie. Alla (continua) ricerca del nucleo essenziale*, Giappichelli, Torino, 2017; G. PAGLIARI, *Manuale di diritto urbanistico*, Giuffrè, Milano, 2019; G. PERULLI, *Governare il territorio*, Giappichelli, Torino, 2017; A. POLICE-M.R. SPASIANO (a cura di), *Manuale di governo del territorio*, Giappichelli, Torino, 2018; F.G. SCOCA-P. STELLA RICHTER-P. URBANI, *Trattato di diritto del territorio*, Giappichelli, Torino, 2018; P. STELLA RICHTER, *I principi del diritto urbanistico*, Giuffrè, Milano, 2018; P. STELLA RICHTER, *Diritto urbanistico. Manuale breve*, Giuffrè, Milano, 2022; P. STELLA RICHTER, *Dizionario giuridico di urbanistica ed edilizia*, Giuffrè, Milano, 2020; P. URBANI, *Istituzioni, economia, territorio. Il gioco delle responsabilità nelle politiche di sviluppo*, Giappichelli, Torino, 2020; P. URBANI-S. CIVITARESE MATTEUCCI, *Diritto urbanistico. Organizzazione e rapporti*, Giappichelli, Torino, 2023.

CAPITOLO II

LA PIANIFICAZIONE URBANISTICA

di *Fulvio Cortese*

1. Premessa: il principio di salvaguardia e la pianificazione urbanistica

Uno dei cardini sui quali si regge tutto il diritto urbanistico italiano è rappresentato dal **principio generale di salvaguardia**. Come si è accennato, esso si traduce nell'idea per la quale non è possibile procedere ad alcuna trasformazione stabile del territorio senza che i pubblici poteri abbiano previamente compiuto la propria valutazione sulla tipologia e consistenza degli interventi previsti e sulla loro compatibilità con gli interessi pubblici (*supra*, Cap. I).

Si tratta di un'esigenza, assai naturale, di bilanciamento tra la possibilità, riconosciuta a ciascuno, di esercitare la facoltà di costruire che, a certe condizioni, si ritiene inerisca al diritto di proprietà immobiliare (*ius aedificandi*) e la necessità che questa attività non rechi danno all'ordinato sviluppo del territorio e al soddisfacimento dei bisogni essenziali della collettività. Il potere pubblico di compiere simile bilanciamento è previsto dalla Costituzione (v. soprattutto l'art. 42, c. 2): essa dispone che la proprietà privata «*è riconosciuta e garantita dalla legge*»; ma stabilisce anche che la legge possa determinarne «*i limiti*», allo scopo di «*assicurarne la funzione sociale*».

Per questo è attribuita alla pubblica amministrazione, e in primo luogo ai Comuni, la **potestà di pianificazione urbanistica**, ossia la potestà di svolgere un'attività finalizzata alla predeterminazione concreta, sul territorio, dei limiti dell'attività edilizia e dei criteri in base ai quali essa può svilupparsi in conformità agli interessi pubblici di volta in volta rilevanti.

Nonostante il quadro così riassunto possa sembrare chiaro, si deve rammentare che l'affermazione generalizzata del principio di salvaguardia costituisce un'acquisizione relativamente recente, in quanto risale soltanto alla l. n. 765/1967 (**c.d. "legge-ponte"**): con essa il legislatore ha fissato per la prima volta un divieto espresso di edificazione per tutti i territori dei Comuni che fossero sprovvisti di un piano urbanistico (in particolare, di un piano regolatore generale o di un programma di fabbricazione).

Prima di quel momento, la naturale esigenza di salvaguardia del territorio si considerava assicurata esclusivamente per quelle parti o per quei singoli immobili che fossero oggetto di una specifica disciplina vincolistica, a causa del loro particolare valore storico, artistico o estetico.

Inoltre, è opportuno avvertire sin d'ora che la pur segnalata generalizzazione del principio di salvaguardia non impedisce che, eccezionalmente, si possano riscontrare ancor oggi ambiti o porzioni di territorio sprovvisti di pianificazione.

In questi casi la legge statale (cfr. il d.p.r. n. 380/2001, "t.u. edilizia", art. 9) obbliga a rispettare comunque determinati **standard urbanistici generali**, di carattere inderogabile e definiti usualmente anche quali standard *ope legis*, come se si trattasse di una forma di *pianificazione suppletiva e fittizia*. In particolare, mentre sono sempre ammessi gli interventi edilizi di manutenzione ordinaria, e nella maggior parte dei casi anche di manutenzione straordinaria e di restauro e risanamento conservativo (purché «*riguardino singole unità immobiliari o parti di esse*»), sono viceversa limitati, e in modo molto restrittivo, tutti gli interventi di nuova edificazione (non consentiti nei centri abitati; possibili, invece, fuori dai centri abitati, ma soltanto «*nel limite della densità massima fondiaria di 0,03 metri cubi per metro quadro*», ovvero, se a destinazione produttiva, solo con una superficie coperta che non superi «*un decimo dell'area di proprietà*»). Le Regioni, peraltro, possono prescrivere limiti ancor più restrittivi e, in ogni caso, è sempre necessario che siano rispettate le norme fissate dalla disciplina in materia di beni culturali e paesaggio.

Indipendentemente da queste precisazioni, la potestà di pianificazione urbanistica assume un valore fondamentale, tanto da poter essere descritta, almeno da un punto di vista astratto, come **un vero e proprio sistema**.

Si dice tradizionalmente che la pianificazione urbanistica ha carattere squisitamente **pluralistico**, **gerarchico** e **gradualistico**, con ciò intendendosi che:

a) esistono molteplici figure di piano, a seconda della dimensione del territorio a cui si riferiscono, dell'autorità amministrativa da cui promanano, e anche della specificità degli interessi da soddisfare;

b) esiste, tra piani, un rapporto tendenzialmente gerarchico, per il quale le previsioni del piano di maggiore dimensione territoriale prevalgono su quelle dei piani di dimensione minore;

c) esiste, nella sequenza gerarchica, una sorta di progressiva graduazione delle previsioni, da quelle più generali del piano di area più vasta a quelle più specifiche del piano di dimensioni minori.

Oggi questi caratteri, un tempo considerati normali, risultano invece tendenzialmente recessivi: come si vedrà, i modelli di piano variano ampiamente da Regione a Regione; i contenuti di ciascun tipo di piano sono fissati meno rigidamente; previsioni di piani minori possono derogare, in presenza di determinate condizioni, a quelle dei piani maggiori.

In ogni caso, stando al modello originale dell'importantissima "legge urbanistica", n. 1150/1942 – che, pur ripetutamente modificata, costituisce ancora la cornice principale della materia – il sistema della pianificazione urbanistica si articola su tre distinti livelli:

1. **la pianificazione di direttiva o di coordinamento** (il modello è costituito dai piani territoriali di coordinamento di livello regionale), che ha durata indeterminata e formula direttive molto generali sulle più significative destinazioni d'uso del territorio o sulla localizzazione delle opere pubbliche che costituiscano grandi infrastrutture di interesse nazionale;
2. **la pianificazione generale** (il modello è il piano regolatore generale; altri piani generali di livello comunale sono il programma di fabbricazione, ormai superato, e i piani intercomunali), che parimenti vale a tempo indeterminato e ha il compito, davvero centrale, di disciplinare in maniera completa il territorio di riferimento nell'osservanza delle direttive poste dal livello superiore;
3. **la pianificazione attuativa** (ne sono esempi le molteplici figure di piano attuativo/esecutivo della pianificazione generale: ad esempio, il piano particolareggiato e il piano di lottizzazione), che ha il compito di specificare e rendere concretamente operative le prescrizioni poste dalla pianificazione generale.

Il carattere rigido e schematico di questo sistema non corrisponde, tuttavia, alla complessità della realtà pratica, come si è sviluppata sulla base della legislazione regionale.

Parlando di leggi regionali, non ci si riferisce soltanto al fatto che nelle Regioni a statuto speciale e nelle Province autonome di Trento e Bolzano il sistema è regolato spesso in modo originale. Nella Provincia autonoma di Trento, ad esempio, la pianificazione di coordinamento è operata a livello provinciale (piano urbanistico provinciale), mentre ad un livello immediatamente superiore a quello dei Comuni è prevista la competenza di apposite Comunità di valle (piano territoriale di comunità: v. ll. prov. Trento n. 11/2008 e n. 15/2015).

Anche le Regioni ordinarie hanno disciplinato la pianificazione urbanistica nel loro ambito, sia dando ai piani tradizionali nomi diversi (ad esempio, i piani territoriali di coordinamento sono stati talvolta ridefiniti come piani urbanistici regionali, o come schemi di assetto territoriale, oppure, ancora, come piani comprensoriali), sia articolando differentemente il sistema di pianificazione.

In particolare esse hanno **superato il principio dell'obbligatorietà dell'articolazione in tre livelli** e altresì **allentato i legami gerarchici** tra piani. Le discipline regionali ammettono così deroghe, sia pur parziali e circostanziate, del livello superiore da parte del piano inferiore; prevedono, per talune fattispecie, che gli stessi piani di coordinamento abbiano carattere direttamente vincolante, con la conseguenza che le loro prescrizioni non esprimono più soltanto direttive destinate agli organi della pianificazione generale, ma anche precetti capaci di "colpire" immediatamente la sfera giuridica dei soggetti privati; contemplano una nuova articolazione dei piani regolatori.

Oltre a disciplinare con legge i propri sistemi pianificatori, le Regioni sono divenute presto titolari di **nuovi poteri di pianificazione**, come ad esempio quelli in materia paesaggistica, i cui contenuti devono essere inderogabilmente rispettati dalla pianificazione urbanistica vera e propria, per la prevalenza degli interessi pubblici di cui essi sono espressione. Spesso la pianificazione urbanistica regionale di coordinamento è addirittura fusa con la pianificazione paesaggistico-ambientale in un unico piano regionale. Non di rado, poi, questi piani sono approvati con legge regionale.

La scarsa tenuta dell'originario modello "a piramide" (o "a cascata" o "a cannocchiale") del sistema di pianificazione urbanistica è testimoniata anche da ulteriori fattori.

A) Il primo è dato dall'introduzione di **nuove figure di piano**, questa volta da parte del legislatore statale, che fin dalle origini e poi, a poco a poco sempre più frequentemente, ha previsto forme speciali e concorrenti di pianificazione attuativa (dai piani di ricostruzione ai piani per l'edilizia residenziale pubblica; dai piani di recupero del patrimonio edilizio esistente ai programmi integrati di intervento e ai piani per gli insediamenti produttivi, solo per fare degli esempi).

La possibilità di ricorrere a queste nuove ipotesi pianificatorie, spesso incentivata dal particolare regime riservato ad esse dal legislatore e dalla previsione di spazi e vantaggi notevoli per la partecipazione dei privati, ha alquanto ridimensionato l'uso dei piani attuativi classici, costituiti dal piano particolareggiato e dal piano di lottizzazione.

Il legislatore statale non ha soltanto alterato il disegno della pianificazione attuativa. Le riforme delle autonomie locali hanno spinto il Parlamento nazionale dapprima ad attribuire alle Province specifiche funzioni pianificatorie (attraverso il piano territoriale di coordinamento provinciale, con contenuti propri e diversi dal piano territoriale di coordinamento di spettanza regionale), quindi a prevedere, per le Comunità montane e, più recentemente, anche per le Città metropolitane, potestà pianificatorie su larga scala (v. quanto stabilito dalla l. n. 56/2014, che tra l'altro affida alle Città metropolitane – concepite come «*enti territoriali di area vasta*» – l'ampia funzione di «*cura dello sviluppo strategico del territorio metropolitano*» e, più in particolare, il compito di adottare e aggiornare un «*piano strategico triennale del territorio metropolitano*», nonché di occuparsi della «*pianificazione territoriale generale (...), anche fissando vincoli e obiettivi all'attività e all'esercizio delle funzioni dei Comuni compresi nel territorio metropolitano*»: cfr. artt. 1, c. 2 e 44, lett. *a*), e *b*). Oltre a ciò, il legislatore statale, nel contesto delle politiche volte a diminuire le fonti della spesa pubblica e a rendere più efficiente lo svolgimento, su area vasta, di talune funzioni definite come fondamentali, ha obbligato molti Comuni (quelli di piccola dimensione: «I comuni con popolazione fino a 5.000 abitanti, ovvero fino a 3.000 abitanti se appartengono o sono appartenuti a comunità montane») ad esercitare in forma associata anche la funzione di pianificazione urbanistica (v. d.l. n. 78/2010, conv. in l. n. 122/2010, art. 14, c. 27 e 28; si tratta di un assetto che, in sostanza, rilancia lo strumento della pianificazione intercomunale).

B) Il secondo indice, poi, è rappresentato dalla stessa variabilità degli strumenti della pianificazione generale e della relativa disciplina procedimentale, che hanno formato oggetto di **diffuse sperimentazioni**.

Esse hanno riguardato innanzitutto l'articolazione delle diverse fasi della programmazione territoriale, per esempio con l'introduzione di un nuovo "piano strutturale", da adottare preliminarmente all'adozione di un piano regolatore propriamente detto (e spesso definito in termini di "piano operativo", con contenuti assimilabili a quelli di un piano particolareggiato, sul quale v. *infra*, par. 5). Si dà, così, luogo a una pianificazione "a due stadi", nella quale il piano strutturale si occupa di definire, per così dire, la vocazione urbanistica delle aree soggette ad espansione, per le quali, in seguito, il piano operativo è destinato a stabilire i concreti limiti di edificabilità (v. anche *infra*, par. 4).

Le sperimentazioni hanno interessato anche la possibilità di variare in maniera semplificata le previsioni della pianificazione generale: si pensi, per tutte, alla legislazione relativa alla realizzazione delle opere pubbliche, in base alla quale l'approvazione del progetto costituisce "variante" al piano regolatore generale. Ma si pensi anche all'intreccio tra la disciplina della valutazione ambientale strategica (vas) e quei procedimenti di pianificazione urbanistica che possano avere un impatto rilevante in tale materia.

Il livello della pianificazione generale a sua volta si è gradualmente arricchito di ipotesi o di variazioni disciplinari decisamente eterogenee, spesso articolandosi in sotto-livelli, oppure in alcuni casi affrancandosi dal diretto controllo regionale a favore del riconoscimento di un'apposita competenza provinciale.

C) Il terzo fattore – che costituisce anche un sintomo dell'inadeguatezza del sistema piramidale tradizionale a corrispondere alla forte richiesta di flessibilità che la crescita dei centri urbani ha via via manifestato – consiste nella frequente previsione di ipotesi di c.d. "**urbanistica contrattata**".

Il legislatore ha ammesso che i soggetti privati interessati a uno specifico assetto territoriale possano negoziare direttamente con l'autorità amministrativa determinate modalità attuative della pianificazione generale (talvolta anche in difformità con gli originari contenuti del piano di livello superiore), oppure i contenuti della stessa pianificazione generale, mediante momenti di vera e sostanziale co-pianificazione (e valorizzando a tale scopo l'istituto generale dell'accordo di programma).

È vero che la pianificazione attuativa ha sempre comportato un margine più o meno ampio di consensualità: anche il piano di lottizzazione, infatti, presuppone un accordo tra il Comune e i proprietari delle aree edificabili interessate dal piano circa il concreto assetto urbanistico-edilizio delle aree stesse e la ripartizione effettiva dei costi di realizzazione delle opere necessarie alla loro urbanizzazione.

Tuttavia, gli sviluppi segnalati – anche quelli relativi alla sperimentazione di forme di pianificazione "a due stadi" – hanno comportato un vero e proprio cambiamento di orizzonte, per il quale la consensualità non è più criterio eccezionale: essa, piuttosto, viene rappresentata come un metodo funzionale a una migliore condivisione della scelta pianificatoria (anche a regime), oltre che a una trasparente ed efficiente emersione delle relazioni e degli interessi (potenzialmente anche speculativi) coinvolti nella scelta. Non è mancato, del resto, in certa legislazione regionale, il tentativo di introdurre anche elementi di competizione progettuale, prevedendo, in particolare, la possibilità, per i Comuni, di attivare un concorso pubblico al fine di scegliere le soluzioni di nuova urbanizzazione o di riqualificazione che siano più idonee a realizzare gli obiettivi definiti nel c.d. "piano strutturale".

D) Il quarto dato da prendere in considerazione si risolve nell'acquisita consapevolezza del legislatore, sia statale sia regionale, ma anche delle amministrazioni, soprattutto comunali, in merito alla intrinseca **complessità di tutte le politiche pubbliche**. La politica urbanistica, in particolare, proprio perché rivolta alla disciplina del territorio come terminale ultimo di tutte le azioni della collettività, diventa sempre e comunque un ineludibile punto di incontro e di confronto, e quindi anche di stimolo o supporto concreto, se non decisivo, per la promozione effettiva di finalità ulteriori.

Questa acquisizione ha avuto senz'altro ricadute positive. Essa ha infatti comportato non solo l'istituzione di nuovi e più complessi livelli di pianificazione o di programmazione (l'esempio tipico è rappresentato dalla c.d. "pianificazione strategica"), bensì anche una diversa e innovativa articolazione dei procedimenti di formazione dei piani (in senso maggiormente partecipato e aperto, nei confronti dei privati ma anche di tutte le amministrazioni pubbliche virtualmente interessate).

Allo stesso tempo, però, specie negli anni più recenti, questa stessa consapevolezza, da un lato, ha più volte indotto il legislatore a "far leva" sulla multifunzionalità delle scelte urbanistiche, per incentivare i privati a tenere comportamenti ritenuti utili per tutta la collettività, contribuendo, così, e sensibilmente, al tendenziale allentamento del valore precettivo dei piani.

Si pensi, ad esempio, alle diverse forme di premialità edilizia che sono state via via introdotte dal legislatore statale (a ben vedere già dalla l. n. 244/2007), e che si sono risolte, il più delle volte, nel consentire la possibilità di introdurre deroghe alla disciplina urbanistica di piano e di attribuire contestualmente pacchetti di capacità edificatoria aggiuntiva in presenza di interventi costruttivi finalizzati a migliorare la qualità architettonica, l'efficienza energetica o l'uso delle fonti rinnovabili (è stata esemplare, sul punto, la vicenda dei cc.dd. "piani casa", che dal 2009 in poi sono stati periodicamente e ripetutamente posti al centro delle politiche di molti Governi, anche come forme di sostegno a specifici settori imprenditoriali a fronte delle emergenze della crisi economica).

Ma si pensi anche alla diffusione delle politiche di "rigenerazione urbana", con ciò alludendosi alla moltiplicazione delle iniziative, avallate sia pur in vario modo dalla legislazione regionale, finalizzate a favorire un nuovo uso di spazi urbani o di beni esistenti mediante formule collaborative tra soggetti pubblici e soggetti privati. Si tratta di politiche che sono sinergiche sia alla lotta contro il "consumo di suolo", sia alla riattivazione di determinati luoghi o immobili per il raggiungimento di scopi socialmente rilevanti; politiche che, come tali, comportano una certa flessibilità del rapporto tra pianificazione generale e pianificazione attuativa.

Da un altro punto di vista, l'integrazione tra politiche di attivazione responsabile dei cittadini, o anche di sussidiarietà orizzontale vera e propria, e pianificazione urbanistica non si è rivelata facile, perché le prime tendono spesso a entrare materialmente in conflitto con le seconde.

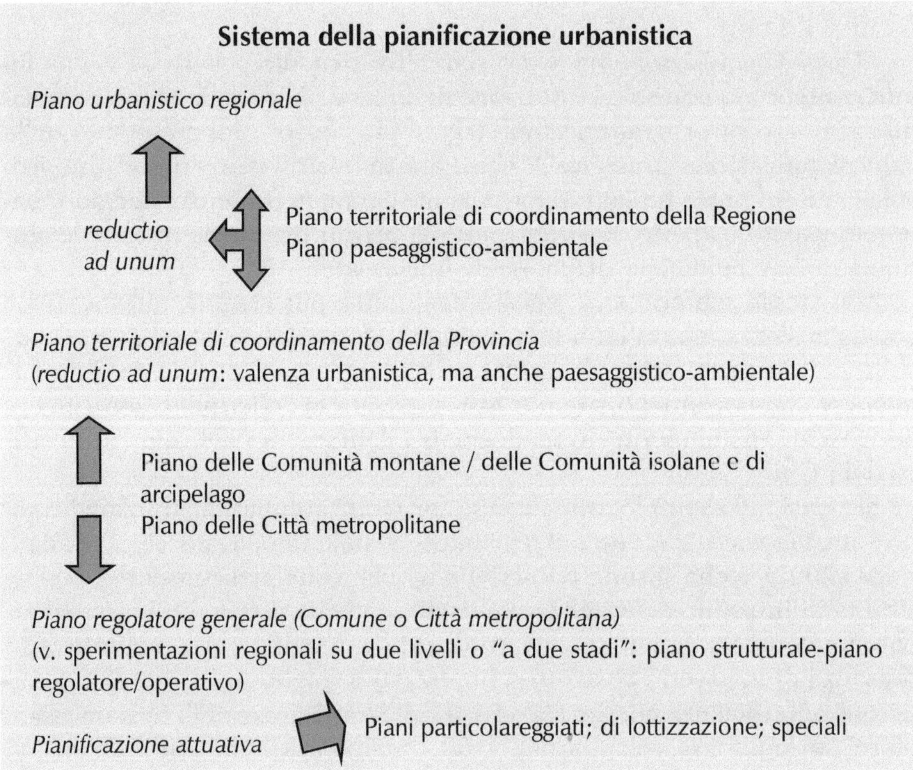

2. La pianificazione generale: contenuti, limiti ed effetti

La pianificazione generale – tradizionalmente imputata ai Comuni – costituisce il nucleo portante di tutto il sistema della pianificazione urbanistica. Essa si trova al centro delle sequenze dei diversi piani urbanistici di vario livello e traduce la normativa urbanistica e le direttive amministrative di provenienza regionale o provinciale in prescrizioni immediatamente e direttamente operative per la condizione degli immobili collocati nel territorio.

Come anticipato nel paragrafo precedente, non si può dire che sia realisticamente vigente, su tutto il territorio italiano, un modello omogeneo di piano urbanistico comunale: le competenze regionali hanno dato luogo a formule molto differenziate sia per contenuto che per procedimento. È possibile, tuttavia, definire alcuni essenziali profili caratterizzanti, tipici, in particolare, del **piano regolatore generale**, come prototipo collocato nel cuore della piramide della pianificazione urbanistica sin dalla "legge urbanistica" del 1942.

Non è un caso che tutte le normative regionali tendano a considerare l'istituto di origine statale come il modello su cui plasmare il proprio strumento urbanistico di livello comunale. Come si è precisato (v. *supra*, Cap. I, par. 4.1), la legislazione statale stabilisce i principi fondamentali cui la materia del "governo del territorio", di competenza concorrente delle Regioni ordinarie, deve necessariamente adeguarsi (art. 117, c. 3, Cost.). La possibilità, quindi, di definire in un unico contesto le *invarianti* della pianificazione generale e di identificarle in alcuni aspetti – contenuto, limiti ed effetti – della disciplina statale del piano regolatore generale non costituisce soltanto un espediente descrittivo, ma risponde anche a una logica normativa ben precisa.

Quanto al contenuto, è pacifico, innanzitutto, che il piano regolatore generale (d'ora in poi PRG) debba riferirsi alla **totalità del territorio** comunale. La ragione sta nella funzione propria della pianificazione urbanistica, che è quella di assegnare alle aree la loro destinazione. A questo fine però il piano non le considera frazionatamente, ma in una visione integrata, per cui la destinazione di ciascuna area ha senso e si comprende solo nella sua interazione con la destinazione di tutte le altre. Per questo motivo, non è possibile non considerare l'intero territorio comunale e tutte le funzioni e i bisogni che sul quel territorio devono trovare collocazione.

Ciò che il pianificatore può fare, invece, è conferire differente intensità alle diverse prescrizioni contenute nel PRG. Il consiglio comunale, organo competente a livello comunale, può così definire con maggiore o minore dettaglio la destinazione urbanistica e i parametri edificatori del territorio anche soltanto con riguardo a certe singole porzioni, escludendo quindi per esse la necessità del successivo ricorso alla pianificazione attuativa.

Il contenuto classico del PRG si articola in tre diverse operazioni: la zonizzazione, accompagnata dalle cc.dd. "norme tecniche di attuazione" (d'ora in poi NTA); la localizzazione; la ricognizione preliminare di aree soggette a forme speciali di tutela (per ragioni storico-artistiche o paesaggistico-ambientali; o in vista di una successiva pianificazione di attuazione speciale, che richieda la delimitazione di determinati beni o spazi della parte urbanizzata del territorio: è il caso della preventiva ricognizione del patrimonio urbanistico-edilizio oggetto di un successivo piano di recupero).

La **zonizzazione** è senza dubbio l'elemento portante del PRG. Con essa il territorio è suddiviso in zone omogenee (a loro volta contrassegnate con lettere: ad esempio, A: *centro storico*, B: *zona di completamento*, C: *zona di espansione*, D: *zona di servizi*, E: *zona agricola*, F: *zona destinata ad attrezzature e impianti aventi interesse generale*). Per ciascuna zona, che può essere ulteriormente articolata con una sotto-definizione (B1, B2, ecc.), è prevista un'apposita destinazione d'uso (ad esempio, residenziale o agricola), il cui regime è indicato nelle NTA, che prescrivono, zona per zona, gli standard plano-volumetrici e le tipologie costruttive.

È la zonizzazione, quindi, con la sua finalità razionalizzante, a condizionare fortemente e in modo assai preciso l'esercizio dello *ius aedificandi* del soggetto privato. A seconda del luogo in cui il suo immobile è collocato, il proprietario potrà capire i limiti effettivi delle sue capacità costruttive, e cioè, per esempio, se potrà costruire o meno, se potrà realizzare una casa di abitazione ovvero un magazzino commerciale, ed eventualmente di quali dimensioni e con quali caratteristiche costruttive, oppure, ancora, se potrà utilizzare il bene soltanto quale verde privato anziché quale parcheggio e via dicendo.

Nell'attività di zonizzazione il Comune gode di un ampio potere discrezionale. La distribuzione delle zone e la definizione del loro regime ad opera delle NTA è il risultato della ponderazione dei diversi, molteplici e tendenzialmente innumerevoli interessi, pubblici e privati, che devono trovare collocazione sul territorio. Su di esso, infatti, devono trovare posto: le case di abitazione e tutte le strutture necessarie per la vita civile, ivi compresi chiese o altri edifici di culto, scuole e ospedali; gli insediamenti produttivi; le reti infrastrutturali pubbliche, il verde pubblico, privato, agricolo, ecc.

Molti di questi oggetti corrispondono a interessi pubblici settoriali (così è, per esempio, per l'agricoltura, lo sviluppo economico, l'industria, l'edilizia residenziale pubblica e privata...). Scopo del piano urbanistico, però, non è di perseguire, massimizzandolo, uno o l'altro di questi interessi, la cui cura specifica è affidata di regola a una certa autorità amministrativa. Scopo precipuo del piano (e dunque interesse primario della pianificazione urbanistica) è, invece, di conseguire il migliore possibile assetto del territorio attraverso l'allocazione su di esso, in maniera razionale e coordinata, di tutte le funzioni che devono trovarvi necessariamente spazio.

In questa operazione, le aree devono essere considerate complessivamente, nella prospettiva del contemperamento di tutti gli interessi pubblici e privati rilevanti. Fra essi vi sono naturalmente anche quelli dei privati proprietari ad un uso anche edificatorio dei propri beni, conformemente alle loro aspirazioni.

La discrezionalità del Comune, tuttavia, non è totale. È lo Stato a fissare sia la tipologia delle zone utilizzabili (l'elencazione in lettere è di matrice, per l'appunto, statale), sia gli standard urbanistici per ciascun tipo di zona, ossia i limiti inderogabili attinenti, zona per zona, alla densità edilizia, alle altezze, alle distanze tra i fabbricati, ai rapporti tra gli spazi da destinare all'edilizia residenziale e gli spazi da destinare alle infrastrutture pubbliche, al verde pubblico o ai parcheggi pubblici (cfr. art. 17, ult. c., della "legge ponte" n. 765/1967; cfr. quindi d.m. nn. 1444 e 3519/1968).

Questi standard non vanno confusi con gli standard urbanistici generali di cui si è detto in precedenza con riferimento alla disciplina urbanistica delle aree sprovviste di piano: i primi hanno, come si suol dire, **operatività differita**, in quanto necessitano di essere precisati nel piano regolatore generale; i secondi, viceversa, anche se presuppongono la previa "perimetrazione" del centro storico e del centro urbano (tali da identificare il centro abitato), hanno operatività immediata, poiché si pongono quale unica disciplina per territori o parti di territorio che, per varie ragioni, sono sprovviste di piano.

La tendenziale "fissità" della disciplina di zona non deve essere sopravvalutata.

Per un verso, infatti, la prassi pianificatoria si è perfettamente adeguata alla realtà variegata e storicamente multiforme delle città italiane: il carattere, per così dire "centrifugo", della zonizzazione (che dovrebbe procedere ordinatamente, dalla zona A, centro storico, alla zona F, impianti di interesse generale) non è sempre così rigoroso; quindi possono trovarsi in posizioni immediatamente contermini zone tra loro anche molto differenti (ad esempio, zone A e F).

Per altro verso, la zonizzazione tende ad essere comunque interpretata in modo flessibile dagli stessi giudici amministrativi, i quali, in alcune occasioni, hanno considerato legittima l'autorizzazione alla realizzazione di manufatti aventi funzioni anche apertamente dissonanti da quelle tipicamente riconducibili alla zona in cui è concretamente collocato l'immobile.

Si vuole, in altri termini, consentire un'**applicazione elastica** della zonizzazione: ciò è possibile, ad esempio, nei casi in cui la diversa destinazione d'uso del singolo immobile, rispetto alle tipologie edificatorie ammesse dal PRG in quella specifica porzione territoriale, risulti comunque realizzata da costruzioni in linea con gli standard plano-volumetrici della zona in questione; ma così è anche nelle ipotesi in cui la singola costruzione si presti, di fatto, a valorizzare ulteriormente il tessuto urbanistico in questione, arricchendone le condizioni di vivibilità.

L'interpretazione flessibile della disciplina di zona

Il Parroco *X* chiede al Comune di *Y* il permesso di costruire per la realizzazione di una nuova chiesa sul terreno di proprietà della parrocchia, donato anni addietro dallo stesso Comune alla comunità religiosa locale. Il Comune, tuttavia, nega al Parroco il permesso di costruire, sulla base della giustificazione che l'immobile si trova attualmente classificato in zona B1, ossia in una zona che, secondo il PRG vigente, è dedicata all'edilizia residenziale privata e non a opere di interesse collettivo, che potrebbero essere costruite solo in zona F.

Il Parroco decide, attraverso il suo avvocato, di rivolgersi al Tribunale amministrativo regionale, facendo valere la circostanza che il progetto presentato al Comune, pur essendo relativo a una tipologia edilizia non prevista per la zona in questione, rispetta tutti gli standard plano-volumetrici stabiliti dalle NTA.

Il Tar accoglie il ricorso e annulla il diniego del Comune, affermando i seguenti principi: le opere di interesse collettivo in genere possono essere realizzate anche in zone territoriali omogenee diverse da quelle a ciò appositamente destinate, purché con modalità compatibili con le regole edificatorie imposte dalla classificazione zonale; una diversa interpretazione, infatti, darebbe luogo a una soluzione eccessivamente rigida, suscettibile di vietare, di fatto, nelle singole zone, il compimento di attività riconducibili all'esercizio di libertà costituzionalmente garantite, quale è la libertà di esercitare il culto religioso (art. 19 Cost.).

Con riguardo a quest'ultimo profilo, divenuto negli ultimi anni di estrema attualità (specie relativamente alla realizzazione di edifici di culto per religioni diverse da quella cattolica), la Corte costituzionale (n. 254/2019) ha evidenziato che le amministrazioni competenti devono prevedere e mettere a disposizione spazi pubblici per le attività religiose, senza violare il principio di non discriminazione; e che le leggi regionali possono introdurre anche appositi piani per le attrezzature religiose, purché la disciplina non comporti l'effetto pratico di comprimere eccessivamente la libertà religiosa (cosa che avverrebbe laddove quella disciplina imponesse l'adozione di quei piani solo contestualmente all'approvazione del piano destinato ad occuparsi dell'intero territorio comunale, escludendo, ad esempio, anche il ricorso all'utilizzo di una variante parziale).

Può, peraltro, accadere che si creino, all'interno del territorio considerato dal PRG, delle cc.dd. "**zone bianche**", ossia delle porzioni territoriali eccezionalmente prive di una specifica disciplina urbanistica, in situazione di patologico contrasto con il principio generale dell'attitudine onnicomprensiva del PRG.

Ciò può succedere per varie ragioni. Per esempio, per la sopravvenuta scadenza di un vincolo di inedificabilità (v. *infra*, in questo paragrafo), per l'annullamento parziale del PRG o per la sua approvazione "per stralci" (v. *infra*, par. 3).

In passato vi è stato un certo dibattito sul concreto regime edificatorio di queste zone, sostenendosi, da parte di taluni interpreti, anche la tesi della loro libera edificabilità. Oggi prevale l'orientamento più restrittivo, per il quale in questi casi sono applicabili, in via analogica, gli standard urbanistici – già visti – ad operatività immediata, ossia i parametri plano-volumetrici stabiliti dal legislatore per i Comuni sprovvisti di piano.

Il PRG, ad ogni modo, non consiste della sola zonizzazione. Si è detto che in esso trovano localizzazione le aree destinate a ospitare opere pubbliche o infrastrutture di interesse collettivo, sia comunali, sia statali o provinciali o regionali (strade, linee ferroviarie, parchi pubblici, edifici pubblici o di uso pubblico).

La **localizzazione** è dunque anch'essa un elemento importantissimo del PRG e comporta generalmente un effetto assai rilevante. La previsione dell'edificazione di un'opera pubblica su un'area specifica prefigura, per i proprietari degli immobili situati in quella stessa area, una futura espropriazione e comporta l'immediata imposizione di un vincolo di inedificabilità, strumentale a evitare che, nell'attesa della conclusione dei procedimenti finalizzati alla concreta realizzazione dell'opera, si verifichino trasformazioni edilizie tali da impedirla o renderla maggiormente gravosa.

Il tema dell'imposizione di ***vincoli di inedificabilità preordinati all'espropriazione***, in funzione della realizzazione di opere pubbliche o di pubblica utilità (imposizione che diviene efficace con l'approvazione dell'atto di pianificazione che dispone il vincolo stesso o di una sua variante), è argomento molto complesso e discusso, in quanto tale affrontato ripetutamente dal legislatore e dalla Corte costituzionale. È evidente, del resto, che si tratta di un fenomeno particolarmente delicato, poiché può tradursi, concretamente, in episodi di forte compressione, se non di materiale "nullificazione", dello *ius aedificandi*. Senza descrivere analiticamente le vicende normative e giurisprudenziali che hanno condotto al regime attuale, si può affermare che, oggi, questa specifica materia è governata da alcuni principi e regole fondamentali:

a) in generale, non è costituzionalmente legittima la previsione legislativa che imponga vincoli urbanistici a tempo indeterminato nei confronti di diritti reali con l'effetto di comprimere in modo profondo l'esercizio delle relative facoltà e senza la previsione di un indennizzo, in quanto si tratterebbe di un'operazione sostanzialmente assimilabile a una espropriazione (Corte cost. n. 55/1968);

b) quindi, anche i vincoli di inedificabilità preordinati all'esproprio e previsti nello strumento urbanistico generale non possono essere posti a tempo indeterminato, ma devono avere durata temporalmente definita, che spetta al legislatore fissare; è legittima la previsione per cui detti vincoli possono protrarsi per un massimo di cinque anni (come prevede l'art. 9, d.p.r. n. 327/2001, "t.u. espropriazione"); essi possono essere motivatamente reiterati, anche al di là dunque della durata quinquennale, indicando la permanenza dell'interesse pubblico alla realizzazione dell'opera, ma a condizione che sia corrisposto al proprietario un indennizzo commisurato alla diminuzione di valore del bene in conseguenza del vincolo (Corte cost. n. 179/1999; art. 39, d.p.r. n. 327/2001);

c) lo stesso regime vale per i vincoli c.d. "procedurali", e quindi anche per le disposizioni del PRG che condizionino l'attività costruttiva alla previa adozione di un piano di attuazione di iniziativa pubblica.

La conformazione originaria del diritto di proprietà

È bene evidenziare che il limite della temporaneità dei vincoli che incidano in modo profondo sul godimento delle facoltà proprietarie e l'obbligo di indennizzo non valgono per quei beni che per le loro intrinseche caratteristiche siano da considerare come naturalmente privi dello *ius aedificandi*. È questo, ad esempio, il caso dei beni di interesse paesaggistico, in quanto tali gravati da apposito vincolo.

Su di essi la Corte costituzionale (sent. n. 56/1968) ha espresso i seguenti principi: «*(...) i beni immobili qualificati di bellezza naturale hanno valore paesistico per una circostanza che dipende dalla loro localizzazione e dalla loro inserzione in un complesso che ha in modo coessenziale le qualità indicate dalla legge. Costituiscono cioè una categoria che originariamente è di interesse pubblico, e l'amministrazione, operando nei modi descritti dalla legge rispetto ai beni che la compongono, non ne modifica la situazione preesistente, ma acclara la corrispondenza del-*

le concrete sue qualità alla prescrizione normativa. (...). L'atto amministrativo [impositivo del vincolo, n.d.r.] *svolge (...) una funzione che è correlativa ai caratteri propri dei beni naturalmente paesistici e perciò non è accostabile ad un atto espropriativo: non pone in moto, vale a dire, la garanzia di indennizzo apprestata dall'art. 42, c. 3, Cost.».*

Quando, invece, la condizione di inedificabilità deriva da una scelta pianificatoria di "conformazione" del bene, essa non può che avere durata limitata nel tempo, pena la sua incostituzionalità. Come si è accennato, la Corte costituzionale (sentt. nn. 55/1968 e 5/1980) ritiene, infatti, che il diritto di proprietà immobiliare includa anche la facoltà di edificare. La sua compressione oltre limiti temporali tollerabili finisce per costituire una "limitazione a contenuto espropriativo" del diritto di proprietà, la quale, se non indennizzata, contrasta con la garanzia offerta dall'art. 42 Cost.

Il PRG, oltre che dalle planimetrie che illustrano zonizzazioni e localizzazioni, è costituito anche dalle norme tecniche di attuazione (NTA), che recano le indicazioni generali e di dettaglio sull'uso del territorio nelle diverse zone.

Pur avendo anch'esse natura prescrittiva, tali "norme" si differenziano dai precetti contenuti nel **regolamento edilizio**: quest'ultimo, infatti, è di regola una vera e propria fonte del diritto (v. *supra*, Cap. I, par. 6), esprimendo norme generali e astratte, mentre il PRG ha natura mista e contenuto plurimo, essendo costituito sia da norme generali e astratte, sia da norme puntuali e di dettaglio; il primo si dovrebbe occupare, in dettaglio, delle modalità costruttive (e quindi delle altezze degli edifici, delle distanze, dell'ampiezza dei cortili, dell'aspetto estetico dei fabbricati, della vivibilità e della sicurezza degli immobili, del rispetto delle regole igienico-sanitarie), mentre il secondo dovrebbe disporre, normalmente, gli indici differenziati dello sfruttamento edilizio consentito in funzione delle diverse zone. In realtà questa distinzione è molto meno netta di quanto possa sembrare: i contenuti del regolamento edilizio e del PRG spesso si confondono.

Nel caso particolare in cui siano violate le **regole sulle distanze tra gli edifici**, l'art. 872 c.c. garantisce al proprietario la possibilità di rivolgersi al giudice per ottenere, alternativamente, il risarcimento del danno o la riduzione in pristino, con totale ristabilimento dello stato di fatto preesistente alla costruzione. Tale possibilità, tuttavia, non esclude che al proprietario sia consentito rivolgersi anche al giudice amministrativo, chiedendo l'annullamento del permesso di costruire che abbia consentito al vicino un'edificazione non rispettosa di tutte le prescrizioni urbanistiche.

Giova ricordare (v. anche *supra*, Cap. I) che, recentemente, il legislatore statale – anche in considerazione del fatto che i contenuti e l'articolazione dei regolamenti edilizi sono assai eterogenei da Comune a Comune – ha previsto che, in sede di Conferenza unificata, il Governo, le Regioni e le autonomie locali concludano accordi per l'adozione di uno schema di regolamento edilizio-tipo, «*al fine di semplificare e uniformare le norme e gli adempimenti*», e che tali accordi costituiscono «*livello essenziale delle prestazioni concernenti la tutela della concorrenza e i diritti civili e sociali che devono essere garantiti su tutto il territorio nazionale*» (così l'art. 17 *bis*, d.l. n. 133/2014, conv. in l. n. 164/2014, laddove si precisa che i Comuni sono tenuti ad adottare questo regolamento-tipo, il quale concerne, precisamente, «*i requisiti prestazionali degli edifici, con particolare riguardo alla sicurezza e al risparmio energetico*»; il primo schema di regolamento-tipo è stato approvato dalla Conferenza il 20 ottobre 2016).

Prima di passare, infine, alla descrizione del procedimento mediante il quale il PRG viene elaborato, si deve ricordare che, tra i contenuti del piano generale di livello comunale, vi è anche la **ricognizione del patrimonio culturale e ambientale.**

A tale riguardo, il PRG non è soltanto la sede di raccolta dei vincoli che siano già stati stabiliti da altre autorità amministrative secondo la legislazione speciale che governa la materia (ad esempio, dal Ministero della cultura e dalle sue articolazioni territoriali, le cc.dd. "Soprintendenze").

Gli interpreti tendono ad ammettere che il Comune possa includere nel novero del patrimonio culturale o ambientale o paesaggistico anche immobili che sono sottratti alla specifica disciplina di settore. Naturalmente, i beni così vincolati non godranno delle garanzie riservate ai beni soggetti ai vincoli specifici di settore, bensì saranno soggetti alle indicazioni restrittive poste esclusivamente dalla disciplina urbanistica.

3. Il procedimento di formazione del piano regolatore generale

Salve le peculiarità previste dalle diverse leggi regionali, la sequenza procedimentale attraverso la quale il Comune approva il proprio PRG si articola, normalmente, in **due distinti sub-procedimenti**: uno è totalmente compreso nella sfera dell'amministrazione locale e culmina nell'*adozione*; l'altro è imputabile all'amministrazione regionale o provinciale, a seconda dei casi, e sfocia nell'*approvazione*.

In questo modo, la procedura che conduce alla formazione di un PRG è definibile secondo lo schema classico degli *atti complessi ineguali*, per il quale, cioè, la perfezione del provvedimento finale esige la compartecipazione di diverse autorità, una delle quali si trova in posizione di condizionante supremazia.

Ai procedimenti in esame non sono applicabili le regole ordinarie sul procedimento amministrativo, contenute nella l. n. 241/1990, di disciplina generale dell'azione amministrativa (c.d. "legge sul procedimento amministrativo"). Ciò non toglie che la disciplina speciale prevista nella normativa urbanistica sia comunque rispettosa dei principi di trasparenza e di partecipazione cui è informata la menzionata disciplina generale: tali principi sono declinati in modo diverso, strumentale alle peculiarità del particolare tipo di atto amministrativo di cui si tratta.

A) Il sub-procedimento di pertinenza comunale (**adozione**) è a sua volta distribuito su fasi distinte.

a1) La *prima fase* consiste nella formulazione, da parte del consiglio comunale, di una *delibera di indirizzo (o programmatica)*, che fornisce un primo orientamento politico-amministrativo circa le linee fondamentali della politica urbanistica dell'ente locale. Si sostiene da più parti che tale fase è destinata a diventare sempre più significativa, poiché l'introduzione, da parte del legislatore statale, degli istituti della valutazione ambientale strategica e della valutazione di impatto ambientale (vas e via) impone all'autorità amministrativa di innestare questi ulteriori segmenti sub-procedimentali in un momento nel quale le scelte urbanistiche non sono ancora definite e sono pertanto suscettibili di essere coerentemente orientate.

a2) La *seconda fase* è rappresentata dalla *redazione tecnica* del piano, che può essere effettuata direttamente dal personale dell'ufficio tecnico del Comune oppure, in mancanza delle necessarie professionalità, da tecnici esterni. La redazione, ovviamente, si basa sulla precedente delibera di indirizzo ed è volta alla predisposizione di una sorta di bozza di piano.

a3) La *terza fase* contempla il momento dell'*adozione formale* del piano da parte del consiglio comunale, da assumere a maggioranza semplice al termine di una discussione sui singoli contenuti. Nei Comuni di piccole dimensioni (realtà molto diffusa in Italia) questo momento è assai delicato, in quanto può dar luogo a ipotesi di conflitto di interessi: i consiglieri comunali, cioè, possono essere direttamente o indirettamente riguardati dalla decisione quando essa investa porzioni di territorio nelle quali ricadano beni immobili di proprietà loro o di titolarità di propri familiari. Poiché la legge impone a coloro che versino in tale situazione di astenersi dalla discussione e dalla votazione, si verificano spesso episodi di paralisi nel funzionamento del consiglio comunale, per difetto del *quorum* strutturale. La soluzione in questi casi è costituita dalla nomina, da parte della Regione o della Provincia competenti, di un apposito commissario, incaricato di procedere all'adozione del PRG in luogo del consiglio comunale.

a4) La *quarta fase* si risolve nel *deposito del piano* adottato presso la segreteria comunale, per un termine di 30 giorni. In tal modo il piano viene pubblicato e soggetto alle possibili *osservazioni* che chiunque (cittadini, associazioni, altri enti pubblici, comitati, ecc.) può formulare, non solo con riferimento alla legittimità del procedimento o delle scelte urbanistiche effettuate, ma anche con riguardo alla loro opportunità. È consolidata la tesi secondo cui queste osservazioni hanno una prevalente funzione istruttoria e "collaborativa", essendo preordinate a facilitare l'amministrazione nell'acquisizione degli elementi conoscitivi necessari per il miglior esercizio della sua funzione.

a5) La *quinta fase*, che ha inizio al termine dei 30 giorni di pubblicazione del piano, è dedicata alla pronuncia con la quale il consiglio comunale *delibera sulle osservazioni* pervenute. Per vero, l'amministrazione non è tenuta a rispondere espressamente a tutte le singole osservazioni, potendo, nel caso in cui decida di valutarne alcune, riunirle per gruppi omogenei. Ciò che è importante è il rispetto del principio della parità di trattamento tra le diverse tipologie di osservazioni.

Nel caso in cui il consiglio comunale rigetti le osservazioni, la sua deliberazione assume senz'altro il ruolo di vera e propria controdeduzione, che non richiede necessariamente una nuova adozione del piano con connessa pubblicazione. Se invece le osservazioni vengono accolte, e tale accoglimento comporta un peggiore trattamento di altre situazioni, la giurisprudenza amministrativa pretende una nuova pubblicazione, cui consegue la possibilità per chi vi abbia interesse di proporre a sua volta le proprie osservazioni.

a6) La *sesta e ultima fase* del sub-procedimento comunale consiste nella *trasmissione* del piano adottato e delle relative controdeduzioni alla Regione o alla Provincia competenti per la sua approvazione.

In questo momento, il PRG non è ancora venuto ad esistenza e quindi non è ancora efficace. Tuttavia la legge riconnette alla semplice adozione un effetto già di per sé molto importante: essa, infatti, fa scattare le cc.dd. "**misure di salvaguardia**" (v. anche *supra*, Cap. I), per le quali, a decorrere da quel preciso istante, non è più possibile rilasciare permessi edilizi che siano confliggenti con l'assetto urbanistico prefigurato nel piano adottato.

Il senso di questo principio è chiaro: si vuole evitare che nelle more della conclusione dell'*iter* procedurale la conoscenza anticipata dei contenuti del futuro PRG possa incentivare pratiche speculative, capaci di frustrare gli obiettivi della politica di sviluppo urbanistico.

Le leggi regionali possono prevedere anche "misure di salvaguardia" speciali, che consentano di bloccare permessi edilizi già rilasciati ma che palesino un evidente contrasto con il piano adottato.

La differenza con le misure di salvaguardia ordinarie consiste nel carattere automatico di queste ultime e nel carattere, viceversa, discrezionale delle prime (consentendosi, così, all'amministrazione l'esercizio di valutazioni casistiche e circostanziate). Entrambi i tipi di misure di salvaguardia hanno durata comune: cinque anni dalla delibera di adozione del piano, se la trasmissione del piano è avvenuta entro un anno dall'adozione; tre anni, se la trasmissione è avvenuta tardivamente.

B) A questo punto si innesta il sub-procedimento dell'**approvazione**, di pertinenza della Regione o della Provincia competenti. In casi particolari l'approvazione è affidata allo stesso Comune. L'articolazione in fasi di questo sub-procedimento è più complessa. Si deve inoltre tenere in considerazione la varietà delle discipline regionali.

Il legislatore statale ha stabilito che, in ogni caso, la fase dell'approvazione debba avvenire entro 12 mesi dal ricevimento del piano trasmesso dal Comune. Si osservi, però, che il termine non è espressamente definito come perentorio e che, di regola, non è prevista alcuna conseguenza specifica per la sua mancata osservanza. Inoltre, alcune leggi regionali assegnano al silenzio il valore di silenzio-rifiuto; altre, invece, gli attribuiscono il significato di silenzio-assenso. Questa seconda possibilità sembra dubbia sotto il profilo costituzionale, in quanto legittima l'omissione dell'esercizio di competenze regionali caratterizzate da ampia discrezionalità e, come tali, da esercitarsi doverosamente in forma espressa (v. Corte cost. nn. 393/1992, 408/1995, 26/1996).

Nel modello maggiormente seguito, l'organo competente per l'approvazione: *b1*) acquisisce l'*assenso delle altre amministrazioni* eventualmente interessate in quanto deputate alla tutela di interessi ambientali o culturali comunque potenzialmente riguardati dal piano (raccolta delle "intese" o dei "concerti" con altre amministrazioni); *b2*) sottopone il piano ad un *parere di uno specifico ufficio* od organismo tecnico della propria amministrazione.

All'esito di queste valutazioni, possono darsi *quattro diverse situazioni*:

– il piano comunale viene approvato senz'altro nella sua interezza;

– il piano comunale viene rigettato integralmente; sarà allora restituito al Comune affinché proceda ad una rielaborazione complessiva, che dovrà avvenire entro il termine stabilito dalla legge regionale (pena la nomina di un commissario che agisca in via sostitutiva);

– il piano comunale viene approvato "per stralci", ossia solo in parte, pur nel quadro delle scelte d'impianto generale fatte dal Comune, con rinvio ad un momento successivo dell'approvazione delle parti "stralciate";

– il piano comunale viene modificato "d'ufficio", direttamente: ciò può avvenire, tendenzialmente, solo nei casi tassativamente previsti dalla legge (ossia per "modifiche qualificate", laddove, cioè, la modifica sia obbligatoria in quanto indispensabile per garantire: *a*) il rispetto delle previsioni dei piani territoriali di ambito sovracomunale; *b*) la razionale e coordinata sistemazione delle opere e degli impianti di interesse sovracomunale; *c*) la tutela del paesaggio e di specifici complessi storici, monumentali, ambientali e archeologici; *d*) l'osservanza degli standard urbanistico-edilizi). Ma esiste anche la possibilità, per la Regione, di procedere a modifiche cc.dd. "facoltative" (o "generiche"), purché non comportino sostanziali innovazioni al PRG, tali da mutarne le caratteristiche essenziali e i criteri di impostazione (in caso contrario, l'autonomia comunale sarebbe violata: v. Corte cost. n. 26/1996; va precisato che non è così facile comprendere che cosa possa essere una sostanziale innovazione: la giurisprudenza amministrativa, ad esempio, ne ha riscontrato i caratteri di fronte all'attribuzione a molte zone di destinazioni del tutto difformi da quelle scelte dal Comune). In uno come nell'altro caso, ad ogni modo, la modifica dev'essere congruamente motivata e preceduta da una fase in contraddittorio con il Comune.

Il provvedimento che approva il piano è quindi *pubblicato* nel Bollettino Ufficiale della Regione (generalmente soltanto per estratto). Adempiuta tale formalità, lo stesso provvedimento, unitamente al piano, viene *depositato* presso la segreteria del Comune, affinché sia liberamente accessibile al pubblico: è da questo momento che il PRG può considerarsi vigente.

Sempre con riferimento alla disciplina procedimentale, sono necessarie altre due precisazioni.

La prima riguarda le cc.dd. "**varianti**" al PRG, e quindi la possibilità, per il Comune, di procedere alla modifica o alla revisione di parti specifiche del piano.

Il procedimento da seguire è, in principio, lo stesso richiesto per l'approvazione dei piani. Le Regioni, però, nelle proprie leggi, hanno da un lato previsto procedimenti semplificati, dall'altro introdotto figure speciali di varianti, consentendo ai Comuni di ottenere il medesimo risultato attraverso altri strumenti, in particolare per mezzo dell'approvazione del progetto di un'opera pubblica non originariamente contemplata dal piano.

La seconda precisazione concerne la giustificazione delle scelte di merito contenute nel PRG.

Nonostante si tratti di un atto generale, sottratto, come tale, al dovere generale della **motivazione**, la giurisprudenza amministrativa ha stabilito che l'onere di esporre puntualmente le ragioni di fatto o di diritto che hanno condotto ad una determinata opzione riemerge in tutti i casi in cui il nuovo PRG vada a travolgere aspettative già acquisite in forza della disciplina urbanistica anteriore, oppure in tutti i casi in cui si tratti di varianti specifiche, aventi, cioè, ad oggetto porzioni particolari del territorio.

Va da sé che il PRG, in quanto atto amministrativo, è **impugnabile di fronte al Tribunale amministrativo regionale (Tar)** territorialmente competente nel termine perentorio di 60 giorni, decorrenti dall'ultimo giorno della sua pubblicazione.

Il procedimento di formazione del PRG

SUB-PROCEDIMENTO COMUNALE
- delibera di indirizzo
- redazione tecnica
- discussione e adozione
- pubblicazione e osservazioni (30 gg.)
- controdeduzioni
- trasmissione alla Regione/Provincia

misure di salvaguardia

SUB-PROCEDIMENTO REGIONALE
- raccolta intese, concerti, nulla-osta ecc.
- parere organismo tecnico
- deliberazione (da pubblicarsi nel B.U.R.): *a*) approvazione; *b*) approvazione "per stralci"; *c*) approvazione con modifiche d'ufficio; *d*) rigetto

DEPOSITO E PUBBLICAZIONE: entrata in vigore del PRG

La giurisprudenza amministrativa, però, consente anche l'impugnazione della delibera di adozione del piano, in ragione degli effetti che essa produce per l'applicazione delle misure di salvaguardia. La mancata impugnazione dell'adozione, peraltro, non preclude l'impugnazione del piano una volta approvato.

Il giudice potrà annullare il PRG (se illegittimo) in tutto o in parte, determinando, nel primo caso, la reviviscenza della disciplina urbanistica previgente, nel secondo caso, l'emersione di una "zona bianca".

4. La pianificazione generale e le sperimentazioni del legislatore regionale

Nell'ambito dell'esercizio della potestà legislativa concorrente riconosciuta alle Regioni ordinarie in materia di "governo del territorio" (cfr. *supra*, Cap. I, par. 4.1) sono emerse esperienze assai significative, che hanno proposto modelli particolarmente innovativi di pianificazione generale.

Ciò si può dire, ad esempio, per il già menzionato istituto del c.d. "**piano strutturale**", ispirato al modello britannico dello *structure plan* e concretamente adottato, per la prima volta, dalla Regione Toscana (originariamente con l. reg. n. 5/1995, poi con l. reg. n. 1/2005 e, da ultimo, con ll. reg. nn. 65/2014, 35/2015 e 69/2019; ma esso costituisce, oggi, un modello assai ricorrente, valido anche in altre Regioni, come la Liguria, l'Umbria e, per un certo tempo, l'Emilia Romagna).

Lo scopo dell'istituto è dichiaratamente quello di ri-articolare il livello comunale in due distinti momenti: il primo finalizzato all'adozione delle linee generali e funzionali di sviluppo del territorio, con l'individuazione delle aree destinate a restare sostanzialmente inalterate e di quelle suscettibili di essere trasformate in base a determinati obiettivi di crescita (si tratta, per l'appunto, del piano strutturale); il secondo, invece, strumentale alla definizione concreta del regime dei singoli immobili (si tratta del piano c.d. "operativo").

In taluni casi (v. sempre in Toscana), l'introduzione del piano strutturale ha comportato anche la distribuzione della pianificazione comunale su tre distinte tipologie di piano: il piano strutturale; il regolamento urbanistico; il piano operativo o il programma integrato di intervento (ma solo per l'attuazione del piano strutturale nelle parti suscettibili di trasformazione particolare e in quanto tali necessariamente coordinate).

Questa opzione presenta alcuni vantaggi significativi: scioglie i conflitti di interesse con maggiore facilità, da un lato; consente di attribuire uno spazio maggiore all'attuazione concreta delle prescrizioni operative, dall'altro.

Finalità simili sono perseguite anche dalle legislazioni regionali (cfr., ad esempio, l. reg. Lombardia n. 12/2005, più volte modificata negli anni; l. reg. Umbria n. 11/2005, oggi sostituita dal t.u. regionale approvato con l.

n. 1/2015, anch'esso soggetto a novelle successive) che affiancano al contenuto classico del piano generale di livello comunale (elaborati grafici, NTA, relazione illustrativa) anche **ulteriori documenti**.

In questo modo, al piano generale (definito di volta in volta come piano strutturale, piano di governo del territorio, piano di assetto territoriale, documento di piano, ecc.) è assegnato il compito specifico di definire obiettivi e tendenze generali di sviluppo, mentre ad altri piani contestuali è conferito il compito diverso di realizzare quegli obiettivi in modo circostanziato (piano dei servizi, per la localizzazione e la realizzazione di opere o infrastrutture di interesse pubblico; piano delle regole, per gli edifici esistenti; piani attuativi ad iniziativa sia pubblica sia privata, per la realizzazione di nuovi insediamenti). Va considerato, comunque, che tutte queste ri-articolazioni – diverse a seconda della singola disciplina regionale di riferimento – hanno dato luogo a orientamenti giurisprudenziali non sempre omogenei, specialmente con riguardo al tema dell'intensità del vincolo del livello "strutturale" di piano rispetto a quello "operativo".

Poiché lo scopo di queste iniziative di riforma è tutto compreso nella conquista di spazi di flessibilità prima impensabili, non è un caso che esse costituiscano lo sfondo privilegiato per incentivare fenomeni di **perequazione urbanistica** (sia essa "di comparto", sia essa definibile come "estesa").

La perequazione urbanistica è un metodo di pianificazione nel quale si realizza un'equa distribuzione, fra tutte le aree interessate, dei vantaggi e dei costi prodotti dalla pianificazione del territorio. Richiamando le definizioni contenute in alcune leggi regionali, si può dire che obiettivo della perequazione è di perseguire «*l'equità distributiva dei valori immobiliari prodotti dalla pianificazione*» (art. 33, l. reg. Basilicata n. 23/1999) o «*l'equa distribuzione dei valori immobiliari prodotti dalla pianificazione urbanistica e degli oneri derivanti dalla realizzazione delle dotazioni territoriali*» (art. 54, l. reg. Calabria n. 19/2002).

Il bilanciamento di questi due distinti poli d'attrazione viene perseguito, comunemente, attraverso due diversi approcci.

In un primo caso, il legislatore tende ad attribuire significativi vantaggi (mediante forme di c.d. "compensazione") a quei proprietari che, trovandosi in una determinata porzione del territorio bisognosa di specifiche opere di urbanizzazione o di infrastrutture, si accordino per sottoporre spontaneamente parti dei propri immobili alla realizzazione di questo obiettivo. In un secondo caso, invece, si tende a promuovere la circolazione sul mercato delle possibilità edificatorie (cc.dd. "diritti edificatori"), agevolando la concentrazione delle rispettive volumetrie in aree ben precise.

In entrambi i casi, peraltro, vi è una stretta connessione tra le sperimentazioni regionali volte a indebolire i vincoli gerarchici tra i livelli della pianificazione e la diffusione di forme di "urbanistica contrattata".

Il "caso" Castelfalfi

Il piccolo centro toscano di Castelfalfi presenta una forte densità di beni aventi rilevanza paesaggistica, storico-culturale e ambientale. Il Comune di Montaione, in cui il centro ricade, ha deciso di far precedere ogni decisione sulle specifiche azioni di recupero e ristrutturazione urbanistica (come proposte e supportate da una grande multinazionale del turismo) da un "dibattito pubblico".

Si tratta di un procedimento assai articolato, diretto da un apposito Garante della comunicazione e scandito, ad immagine del *débat public* di matrice francese, nelle seguenti fasi:

a) predisposizione di un documento esplicativo sugli interventi progettati;

b) organizzazione di assemblee pubbliche per la discussione degli interventi e per la proposizione di ipotesi alternative;

c) raccolta e pubblicazione online delle opinioni manifestate nella discussione;

d) stesura di un rapporto, riassuntivo delle criticità e delle ipotesi di sintesi emerse nel dibattito, da consegnare al Comune e ai soggetti privati promotori e finanziatori degli interventi originariamente progettati; il Comune si obbliga preventivamente a prendere ogni decisione soltanto argomentando e motivando le proprie determinazioni sulla base del rapporto. Occorre considerare che sequenze procedimentali come quella in esame rappresentano ancora ipotesi sperimentali, che si sono avvalse, in punto di partecipazione, degli strumenti posti da altra legislazione regionale di cornice (così è avvenuto, per l'appunto, in Toscana). Esse tuttavia rispondono ad un'esigenza sempre più avvertita di partecipazione, secondo un'impostazione per la quale il contributo dei cittadini non costituisce soltanto una manifestazione di un contegno difensivo, ma può apportare significativi elementi per la realizzazione di scelte di governo del territorio più condivise e per ciò solo più riconosciute ed efficaci.

Giova anche osservare che il quadro delle sperimentazioni regionali finora descritte non è del tutto uniforme. Ciò va precisato nel senso che è in corso di ulteriore sperimentazione anche una specie di apparente "ritorno" al modello della pianificazione comunale unitaria. Così è, ad esempio, nella recente l. reg. Emilia-Romagna n. 24/2017, che, in luogo della scansione piano strutturale-piano operativo, ha introdotto un unico *piano urbanistico generale*. La scelta in questione in parte è stata dettata da un intento di complessiva semplificazione (anche procedurale), in parte risulta ispirata dall'idea – per nulla di retroguardia – di conferire all'unico piano il ruolo di sede di sintesi e confronto di tutte le politiche urbane, per la definizione delle strategie di assetto e sviluppo della città e del territorio.

In questa impostazione, l'unico piano non serve più solo a definire i limiti delle espansioni urbanistico-edilizie, ma serve prevalentemente a integrarne la previsione in una valutazione di sostenibilità e, quindi, in una determinazione amministrativa a più dimensioni (individuando contestualmente sia le aree destinate a preminenti progetti di "rigenerazione urbana", sia le aree di nuova urbanizzazione, suscettibili di venire in gioco solo sussidiariamente rispetto ai prioritari interventi sul tessuto esistente). Coerentemente con questo approccio, il modello di pianificazione così concepito importa di distinguere tra *trasformazioni semplici*, realizzabili direttamente, e *trasformazioni complesse*, quest'ultime realizzabili, preferenzialmente, mediante strumenti di urbanistica contrattata (che nella legislazione dell'Emilia-Romagna assumono il nome di accordi operativi).

Le innovazioni regionali, ad ogni modo, non riguardano soltanto il contenuto della pianificazione comunale, ma anche il procedimento di formazione dei piani.

È assai diffusa, ad esempio, la collocazione della fase di approvazione al livello provinciale, per i piani generali aventi valore "strutturale", oppure anche al livello comunale, specie per i piani aventi valore operativo. Ma sono anche contemplate ipotesi di concertazione (cc.dd. "conferenze di pianificazione") tra Regione, Province, Comuni e altri enti pubblici, da svolgersi anteriormente all'adozione del piano generale spettante al Comune e finalizzate per lo più a vincolarlo in modo preventivo sui possibili contenuti di piano.

Con riguardo, invece, all'approvazione dei piani attuativi, si segnala la peculiarità del procedimento originariamente disciplinato dall'art. 28 della l. reg. umbra (n. 11/2005), che ha introdotto un nuovo strumento di attuazione del PRG, il c.d. "programma urbanistico", ora sostituito dal più ampio "programma urbano complesso" (v. l'art. 68 t.u. reg. Umbria, n. 1/2015).

Si tratta di «*uno strumento operativo di programmazione economica, urbanistica e paesaggistico-ambientale, caratterizzato da pluralità di interventi pubblici e privati*», e destinato a operare in un ambito territoriale che i Comuni possono individuare «*tenendo conto delle aree che necessitano di interventi di riqualificazione e rigenerazione edilizia, urbanistica, ambientale e socio-economica e di integrazione con infrastrutture, servizi e dotazioni territoriali e funzionali*».

5. L'attuazione della pianificazione generale (tipologie e principi generali)

Naturalmente il disegno pianificatorio illustrato nei piani generali, per essere effettivo, dalla carta deve tradursi nella realtà. Questo si intende quando si parla di attuazione.

Da sempre l'attuazione dei piani urbanistici è un problema non solo per il rischio che vengano realizzati interventi non consentiti – rischio contrastato con la previsione di sanzioni, sulle quali ci si soffermerà brevemente in seguito –, quanto anche per l'assenza di strumenti che garantiscano o incentivino la realizzazione in positivo di ciò che è in essi previsto.

A quest'ultimo riguardo, ad esempio, si può ricordare che il legislatore statale aveva tentato di immaginare l'attuazione del PRG nel contesto di una programmazione temporale di tutti gli interventi urbanistici previsti: a tale scopo erano diretti i cc.dd. "**programmi pluriennali di attuazione**".

Essi consentono di tener conto anche delle risorse finanziarie disponibili in un determinato arco di tempo. In altri termini, il Comune può decidere, ad esempio, che certe porzioni del territorio possano essere oggetto di immediata trasformazione e che altre zone, viceversa, siano suscettibili di espansione soltanto in un secondo momento.

Sui proprietari degli immobili rientranti nell'area di operatività del programma pluriennale grava l'onere di richiedere il permesso di costruire: in caso contrario il Comune può procedere all'espropriazione.

Normalmente (cfr. l'art. 13, l. n. 10/1977, c.d. "legge sull'edificabilità dei suoli") la validità di tali piani è definita (da 3 a 5 anni), così come è parzialmente limitata anche la possibilità di alterare alcune essenziali proporzioni (assume carattere cogente il rispetto di una apposita proporzione tra edilizia residenziale pubblica ed edilizia residenziale privata).

L'esperienza operativa, tuttavia, ha decretato un sostanziale fallimento dell'istituto. Oggi, in particolare, la legge circoscrive l'utilizzo di tali programmi ai soli casi in cui il Comune voglia procedere a ristrutturazioni urbanistiche ben precise, in armonia con i tempi della programmazione pluriennale delle opere pubbliche (cfr. l'art. 20, l. n. 136/1999).

Al di là di questa singolare, ma sfortunata, innovazione, è stato il legislatore regionale a dare sempre maggiore rilevanza alla fase attuativa del sistema della pianificazione (e va detto che oggi molte leggi regionali ignorano del tutto l'istituto del programma pluriennale).

I modelli classici di pianificazione attuativa sono il piano particolareggiato e il piano di lottizzazione.

Il ***piano particolareggiato*** ha una connotazione squisitamente e meramente esecutiva: esso, come dice il suo nome, svolge la funzione di specificare le indicazioni di zona già previste nel PRG e di inserire, eventualmente, opere di interesse pubblico non originariamente previste (ma solo se di modesto rilievo e tali da non alterare gli equilibri già disposti nel livello di pianificazione generale).

Il procedimento per la sua formazione è disegnato su quello del PRG, salve alcune peculiarità: nella fase delle osservazioni è data facoltà anche ai proprietari degli immobili di presentare "opposizioni" specifiche, che il Comune deve prendere in considerazione; per le aree che nella pianificazione di livello sovracomunale non sono state definite come di "interesse regionale", la fase di approvazione può essere anche semplificata (i Comuni possono approvare da sé il piano, ma sono obbligati a trasmetterlo alla Regione, che ha il potere di formulare osservazioni).

Gli effetti del piano particolareggiato si risolvono, principalmente, nella circostanza che la sua approvazione equivale a dichiarazione di pubblica utilità delle opere pubbliche dallo stesso previste e apre così la strada ai procedimenti espropriativi che si rendano necessari.

Una diversa disciplina è prevista per il *piano di lottizzazione*, che può essere anche ad iniziativa privata e che contempla il necessario accordo dei proprietari interessati dal procedimento di attuazione. Esso è alternativo al piano particolareggiato, ma la sua funzione non è meramente esecutiva: si tratta, in questo caso, di agevolare un ordinato coordinamento tra le zone già urbanizzate e quelle oggetto di nuovo insediamento abitato, dividendo il territorio in lotti edificabili, ciascuno dotato dei necessari servizi (allacciamenti alle reti, parcheggi, ecc.).

Il momento saliente della procedura concernente l'adozione del piano di lottizzazione è la convenzione.

Con essa i privati proprietari delle aree lottizzate, i cc.dd. "lottizzanti", si accordano per suddividersi i costi dell'urbanizzazione e per distribuirsi le rispettive possibilità edificatorie. Usualmente, le opere di urbanizzazione primaria (strade residenziali, spazi di sosta e parcheggio, fognature, rete idrica, rete di distribuzione dell'energia elettrica e del gas, pubblica illuminazione, spazi di verde attrezzato) dovrebbero gravare integralmente sui proprietari; viceversa, le opere di urbanizzazione secondaria (asili nido e scuole materne, scuole dell'obbligo, mercati di quartiere, delegazioni comunali, edifici religiosi, impianti sportivi e aree verdi di quartiere, centri sociali, attrezzature culturali e sanitarie, impianti per lo smaltimento dei rifiuti) dovrebbero essere ripartite tra Comune e privati. Ma questo assetto può essere anche articolato con la previsione di contenuti eventuali, determinati dalle parti nell'esercizio della loro autonomia negoziale. In ogni caso, il termine di esecuzione delle opere previste nella convenzione non può essere superiore a dieci anni.

Di tale disciplina è opportuno evidenziare due aspetti.

Il primo riguarda la natura giuridica del negozio stipulato tra i proprietari e la p.a. La convenzione è spesso definita dai giudici amministrativi come un accordo integrativo o sostitutivo del provvedimento (cfr. art. 11, l. n. 241/1990). Probabilmente, però, la definizione più corretta è quella proposta da alcuni interpreti, per i quali gli effetti *erga omnes* della convenzione (per vero eccezionali, trattandosi di atto formalmente negoziale) sono riconducibili all'approvazione comunale: sicché, il piano di lottizzazione avrebbe i caratteri dell'atto complesso, sintesi tra fase consensuale-privatistica e fase provvedimentale-pubblicistica. È da notare che la conseguenza della stipulazione formale della convenzione e della sua successiva trascrizione nei registri immobiliari è il correlato obbligo del Comune di rilasciare l'autorizzazione per le trasformazioni edilizie previste nel progetto. Ciò non significa, tuttavia, che al Comune non sia riconosciuto il potere, in presenza di eccezionali, gravi e comprovate esigenze sopravvenute di pubblico interesse, di introdurre una disciplina urbanistica incompatibile con quella stabilita d'accordo con i privati (anzi, se nella convenzione vi fosse una qualche previsione volta a impedire in modo assoluto l'esercizio di una simile *potestas variandi*, la clausola dovrebbe considerarsi nulla).

Un altro aspetto significativo concerne le regole che i privati stipulanti devono osservare per realizzare le opere di urbanizzazione oggetto del loro specifico impegno. Tali opere, infatti, sono sostanzialmente pubbliche, tanto che, una volta realizzate, entrano a far parte del patrimonio della p.a.; alla loro realizzazione, inoltre, corrisponde, in capo ai privati, una riduzione degli oneri che essi dovrebbero altrimenti sostenere per poter edificare (come contributo di costruzione, posto dalla legge a carico del costruttore per lo sgravio dei costi che la p.a. sopporta per la realizzazione dei relativi servizi). È per queste ragioni che, in attuazione di un orientamento interpretativo formulato per la prima volta dalla Corte di giustizia UE (sez. VI, 12 luglio 2001, C-399/98), la legge dispone che, in via di principio, e se superiori a un certo valore, i contratti per le opere pubbliche cui in tale contesto provvedono i privati devono seguire le regole di evidenza pubblica (v. art. 13, c. 7, d.lgs. n. 36/2023, "codice dei contratti pubblici").

Il mancato rispetto della convenzione consente ai privati di agire di fronte al giudice amministrativo (che opera in sede di giurisdizione esclusiva nella materia dell'urbanistica ed edilizia, giudicando fra l'altro su "accordi sostitutivi" di provvedimento), facendo valere le normali azioni di accertamento e di condanna (oltre che la peculiare azione di cui all'art. 2932 c.c., per l'esecuzione in forma specifica dell'obbligo di contrarre). Nel caso in cui, invece, i soggetti inadempienti siano i privati stessi, le convenzioni contemplano spesso discipline che consentono all'amministrazione di sostituirsi ai lottizzanti e di avvalersi di specifiche garanzie finanziarie che quei soggetti debbono necessariamente prestare all'atto della sottoscrizione dell'accordo (parte della giurisprudenza, inoltre, ritiene – in ossequio alla tesi sulla natura mista, prevalentemente pubblicistica, delle convenzioni – che gli obblighi di urbanizzazione primaria e secondaria assunti dai privati mantengano la loro piena validità a tempo indeterminato, e che, ad esempio, con riguardo al vincolo di cessione delle aree del privato strumentale all'ottemperanza di tali obblighi, non possono configurarsi né decadenze, né prescrizione, né usucapione, trattandosi di aree che il privato stesso, in forza della convenzione di lottizzazione, si è obbligato a cedere all'interno del complesso delle previsioni del piano di lottizzazione).

La lottizzazione di terreni non autorizzata o compiuta in violazione di quanto prescritto dalla legge (utilizzazione a scopo edificatorio di suoli non previamente lottizzati, chiamata "lottizzazione materiale"; ma anche il semplice frazionamento giuridico del territorio a scopo edificatorio mediante vendite o donazioni successive, chiamata "lottizzazione formale") costituisce un reato, severamente punito, e comporta anche la nullità assoluta di tutti gli atti aventi ad oggetto il trasferimento della proprietà o di altri diritti reali (cfr. artt. 30, nonché 44, c. 2, del d.p.r. n. 380/2001: la sentenza di condanna definitiva del giudice penale dispone anche la confisca dei terreni e delle opere su di essi abusivamente realizzate, con automatico effetto acquisitivo della proprietà in capo al Comune nel cui territorio essi sono localizzati).

Va rammentato, ad ogni modo, che per la giurisprudenza amministrativa vi possono essere anche casi eccezionali in cui, per l'edificazione, si può prescindere dalla previa lottizzazione, purché l'amministrazione verifichi la sussistenza concreta di uno stato di sufficiente urbanizzazione della zona (è questo il caso, ad esempio, del "lotto intercluso" o "lotto residuo", ossia di un'area compresa in zona totalmente dotata di opere di urbanizzazione primaria e secondaria pari agli standard urbanistici minimi prescritti).

Il piano di lottizzazione

Istanza dei proprietari (progetto + schema di convenzione)

⇓

Delibera di approvazione (consiglio comunale)

⇓

Nulla osta (Regione)

⇓

Convenzione (stipulazione + trascrizione)

⇓

Autorizzazione comunale all'attività edilizia

Mentre il piano particolareggiato e il piano di lottizzazione hanno finalità generale di garanzia dell'ordinato sviluppo del territorio, vi sono altri **piani attuativi caratterizzati da finalità settoriali** (e, come tali, definibili anche in termini di piani urbanistici funzionali).

A questa categoria appartengono, per esempio, i *piani per l'edilizia residenziale pubblica* e i *piani per gli insediamenti produttivi*, che uniscono all'obiettivo del perseguimento dell'interesse più propriamente urbanistico, di razionale assetto del territorio, il perseguimento ulteriore di un interesse di settore di per sé estraneo alla materia urbanistica, come l'interesse pubblico alla disponibilità di alloggi o allo sviluppo delle attività produttive.

Il piano per l'edilizia residenziale pubblica è, storicamente, il primo piano urbanistico funzionale previsto dal legislatore. La l. n. 167/1962 prevede che, laddove occorra reperire le aree necessarie alla sua realizzazione anche al di fuori di quelle già a tale scopo destinate nel piano regolatore generale, esso possa essere approvato anche in variante al medesimo PRG.

Il piano per gli insediamenti produttivi (di cui all'art. 27, l. n. 865/1971) può essere adottato come piano attuativo per le aree già individuate nel PRG come "zona D" (v. *supra*, par. 2). La sua peculiarità è che, all'entrata in vigore, esso rende necessaria l'espropriazione di tutti gli immobili che vi ricadono: ciò consente al Comune di gestire al meglio le aree in questione, decidendo come metterle a disposizione degli operatori privati (cedendo loro parte della proprietà o concedendo il diritto di superficie).

Sempre nel contesto dei piani funzionali può essere ricordata anche la pianificazione attuativa diretta al *recupero urbano*, nella disciplina della quale più si è sviluppata la fantasia creativa del legislatore degli ultimi anni.

Questa forma di pianificazione attuativa può esprimersi o attraverso l'approvazione di un vero e proprio piano di recupero (a iniziativa comunale e, tradizionalmente, limitato ai centri storici) ovvero attraverso la predisposizione di un programma integrato di intervento (che può avvenire anche a iniziativa privata; originariamente previsto al livello di alcune sperimentazioni regionali, il programma integrato di intervento è stato introdotto in via generale con l'art. 16, l. n. 179/1992). A tali forme di pianificazione si sono poi affiancati i programmi di riqualificazione urbana, i contratti di quartiere e i programmi di riqualificazione urbana e di sviluppo sostenibile del territorio (p.r.u.s.s.t.). Giova evidenziare che i programmi integrati di intervento e le ulteriori, speciali, forme di pianificazione attuativa che ad essi sono seguite si caratterizzano per la loro idoneità a superare i limiti della zonizzazione e a coinvolgere in processi di riconversione o riqualificazione urbanistica, edilizia e ambientale intere porzioni del territorio comunale, anche non omogene.

In ogni caso, il carattere eterogeneo della pianificazione attuativa non impedisce l'individuazione di **alcuni principi generali**:

– l'attuazione del PRG attraverso appositi piani **non costituisce un passaggio obbligato**. Il PRG può essere attuato per intervento diretto sulla base di un titolo abilitativo edilizio quando l'area in cui si intende intervenire presenti già un assetto urbanistico definito e sia già sufficientemente urbanizzata; quando le prescrizioni del PRG sono puntuali e dettagliate, assumendo così il carattere dell'immediata operatività; quando si tratta di realizzare opere di manutenzione ordinaria e straordinaria, ovvero di restauro e risanamento conservativo; quando lo stesso PRG indichi le aree che non esigono una previa pianificazione di attuazione; in tutti i casi in cui il Comune abbia adottato il "piano strutturale", lasciando al piano operativo e alla fase attuativa il compito di offrire prescrizioni riferite ai singoli immobili;

– non esiste un unico modo di attuare il PRG: gli strumenti attuativi sono **molteplici e tra loro sostanzialmente fungibili** (è chiaro che alcuni si prestano a realizzare in modo ottimale alcune finalità ovvero sono stati concepiti dal legislatore per specifici interventi edilizi); è salva la possibilità, per il piano generale, di indicare precisamente quale sia lo strumento privilegiato od obbligatorio di attuazione;

– il **vincolo gerarchico** tra PRG e piani attuativi costituisce una tendenza ancora generale, ma sono ammesse, in modo trasversale a tutte le esperienze regionali, significative ipotesi di deroga;

– il procedimento di adozione di tutti i piani attuativi è quasi sempre concentrato all'interno della sola **amministrazione comunale**; competente ad approvarli è il consiglio comunale.

Bibliografia essenziale

A. BARTOLINI, *Urbanistica*, in *Enc. dir.*, *I Tematici*, III, *Funzioni amministrative*, Milano, Giuffrè, 2022, 1260 ss.; A. BARTOLINI-A. MALTONI (a cura di), *Governo e mercato dei diritti edificatori. Esperienze regionali a confronto*, Editoriale Scientifica, Napoli, 2009; C. BENETAZZO, *Il "governo del territorio" tra interventi di semplificazione ed effetti "complicanti": alcune esperienze regionali*, in *Riv. giur. urb.*, 2015, 30 ss.; T. BONETTI, *Il diritto del "governo del territorio" in trasformazione. Assetti territoriali e sviluppo economico*, Editoriale Scientifica, Napoli, 2011; T. BONETTI, *Le discipline normative regionali in materia di governo del territorio*, in *Giorn. dir. amm.*, 2016, 402 ss.; T. BONETTI, *Autonomie territoriali e governo del territorio*, in E. CARLONI-F. CORTESE (a cura di), *Diritto delle autonomie territoriali*, Wolters Kluwer, Padova, 2020, 431 ss.; E. BOSCOLO, *Evoluzione storica e dimensioni attuali della pianificazione comunale. Il diritto urbanistico oltre la tradizione: efficienza insediativa e tutela dei beni comuni territoriali*, Giappichelli, Torino, 2017; M.A. CABIDDU (a cura di), *Diritto del governo del territorio*, Giappichelli, Torino, 2020; G.F. CARTEI, *Rigenerazioni urbana e governo del territorio*, in *Istituzioni del federalismo*, 2017, 603 ss.; A. CASSATELLA, *La motivazione dei piani urbanistici: aspetti evolutivi*, in *Riv. giur. edil.*, 2016, 289 ss.; V. CERULLI IRELLI, *Statuto costituzionale della proprietà privata e poteri pubblici di pianificazione*, in *Giust. civ.*, 2015, 5 ss.; S. CIVITARESE MATTEUCCI-M. D'ANGELOSANTE, *La conformazione dei suoli*, in F.G. SCOCA-P. STELLA RICHTER-P. URBANI (a cura di), *Trattato di diritto del territorio*, I, Giappichelli, Torino, 2018, 477 ss.; M. DE DONNO, *Consensualità e interesse pubblico nel governo del territorio*, BUP, Bologna, 2015; D. DE PRETIS (a cura di), *La pianificazione urbanistica di attuazione. Dal piano particolareggiato ai piani operativi*, Università degli Studi di Trento, Trento, 2002; D. DE PRETIS-E. STEFANI, *La legislazione regionale in materia di governo del territorio dopo la riforma costituzionale del 2001*, in *Regioni*, 2005, 811 ss.; A. FIORITTO, *Come pianificare la rigenerazione urbana*, in M. PASSALACQUA-A. FIORITTO-S. RUSCI (a cura di), *Ri-conoscere la Rigenerazione. Strumenti giuridici e tecniche urbanistiche*, Santarcangelo di Romagna (RN), Maggioli, 2018, 39 ss.; A. FLORIDIA, *La democrazia deliberativa: teorie, processi e sistemi*, Carocci, Roma, 2013; A. GIUSTI, *La rigenera-*

zione urbana (Temi, questioni e approcci nell'urbanistica di nuova generazione), Editoriale scientifica, Napoli, 2018; V. MAZZARELLI, voce *Convenzioni e accordi amministrativi: convenzioni urbanistiche*, in *Enc. giur. Treccani*, Roma, 1988, V, 9 ss.; V. MAZZARELLI, *Passato e presente delle pianificazioni*, in *Scritti Spagnuolo Vigorita*, II, Editoriale Scientifica, Napoli, 2007, 707 ss.; G.C. MENGOLI, *Manuale di diritto urbanistico*, Giuffrè, Milano, 2014; G. PAGLIARI, *Manuale di diritto urbanistico*, Giuffrè, Milano, 2019; F. PUGLIESE-E. FERRARI, *Presente e futuro della pianificazione urbanistica*, Giuffrè, Milano, 1999; F. SALVIA, C. BEVILACQUA, N. GULLO, *Manuale di diritto urbanistico*, Cedam, Padova, 2021; A. SAU, *La proporzionalità nei sistemi amministrativi complessi. Il caso del governo del territorio*, Franco Angeli, Milano, 2013; A. SIMONATI, *La partecipazione dei privati al governo del territorio nella legislazione regionale: fra tradizione e sperimentazione, per una nuova urbanistica "reticolare"*, in *Riv. giur. edil.*, 2016, 267 ss.; P. STELLA RICHTER, *Profili funzionali dell'urbanistica*, Giuffrè, Milano, 1984; P. STELLA RICHTER, *La perequazione urbanistica*, in *Riv. giur. edilizia*, 2005, II, 509 ss.; P. STELLA RICHTER, *Diritto urbanistico. Manuale breve*, Giuffrè, Milano, 2022; P. URBANI, *Urbanistica consensuale*, Bollati Boringhieri, Torino, 2000; P. URBANI, *Le nuove frontiere del diritto urbanistico*, Torino, Giappichelli, 2015 (e-book); P. URBANI-S. CIVITARESE MATTEUCCI, *Diritto urbanistico. Organizzazione e rapporti*, Giappichelli, Torino, 2023.

Capitolo III

L'ATTIVITÀ EDILIZIA

di *Antonio Cassatella*

1. L'esercizio dell'attività edilizia: limiti tecnici e giuridici

Conclusa l'analisi della pianificazione territoriale, deve chiarirsi come l'attività pianificatoria possa condizionare l'esercizio dell'attività edilizia e la trasformazione dei suoli.

Per comprendere in concreto gli istituti del c.d. diritto dell'attività edilizia occorre innanzitutto distinguere i limiti tecnici ed i limiti giuridici di ogni attività costruttiva.

I **limiti tecnici** sono stabiliti da una serie di **regole scientifiche**, che descrivono stati di fatto o fenomeni (es. regole della scienza delle costruzioni o della scienza dei materiali). Tali limiti non possono essere superati nelle fasi di progettazione e di esecuzione dell'opera costruttiva, senza che quest'ultima vada distrutta o non possa essere ultimata: sono questi limiti, ad es., a stabilire la profondità delle fondamenta di un edificio o a determinare la sua altezza massima in rapporto alla tipologia di materiali utilizzabili.

La violazione dei limiti della tecnica fissati da queste regole determina, pertanto, l'erroneità del progetto e l'**impossibilità pratica** di realizzare l'opera in aderenza al progetto o alle regole dell'arte, fatta ovviamente salva la possibilità di correggere le modalità dell'intervento con appropriate varianti, in modo tale da ultimare comunque i lavori nel rispetto dei limiti stessi. Restando agli es. appena indicati, se nella progettazione di un'opera non si rispettano le regole tecniche relative alla profondità delle fondamenta o all'altezza massima dell'edificio, in fase di esecuzione sarà impossibile realizzare l'opera o – nelle ipotesi più gravi – l'opera crollerà dopo la sua difettosa ultimazione. Questo risultato potrà essere evitato solo attraverso varianti progettuali ed esecutive.

I limiti tecnici non esauriscono, tuttavia, le regole da rispettare nell'esercizio delle attività di progettazione e di esecuzione di un'opera. Particolare rilievo hanno anche i **limiti giuridici** dell'attività costruttiva.

È intuitivo come moltissime opere possano essere tecnicamente realizzabili, ma siano al contempo vietate dall'ordinamento: es. la demolizione del Colosseo o dell'Arena di Verona è possibile, ma vietata dalle singole leggi; la costruzione di un grattacielo in piazza del Campo a Siena è possibile, ma anch'essa vietata per lo stesso ordine di ragioni. In altri casi, alcune opere tecnicamente possibili possono essere realizzate solo rispettando specifiche condizioni: la realizzazione di una villetta bifamiliare in zona residenziale è consentita, ma deve rispettare determinate distanze dalle case vicine o dalle strade; la costruzione di un centro commerciale in zona industriale-commerciale è possibile, ma deve rispettare determinati standard per i parcheggi o per la sicurezza della clientela.

I menzionati limiti giuridici sono posti da **norme giuridiche** a propria volta contenute in leggi (statali, regionali, provinciali), regolamenti (es. regolamento edilizio comunale) o atti amministrativi generali (es. piano regolatore).

Le norme giuridiche regolano la condotta umana per assicurare la tutela di determinati **bisogni o interessi** ritenuti meritevoli di una particolare protezione, tanto da essere menzionati nella stessa **Costituzione**. Fra questi bisogni o interessi possono rientrare la tutela del paesaggio e dei beni culturali, rispetto a forme di speculazione edilizia o di aggressione del territorio (art. 9 Cost.); la tutela della salute, rispetto alla realizzazione di opere che determinano pericoli per l'incolumità pubblica o per la stessa salubrità di determinate zone (art. 32 Cost.); la necessità di garantire un equilibrato sviluppo socio-economico delle singole aree territoriali, in rapporto alle esigenze dell'impresa e della libera iniziativa economica (art. 41 Cost.); la necessità di garantire un equilibrato godimento e sfruttamento della proprietà privata, come pure la realizzazione di opere pubbliche e infrastrutture a servizio della collettività (art. 42 Cost.); la tutela dell'ambiente, rispetto alla realizzazione di opere potenzialmente inquinanti (art. 117 Cost.).

A differenza dei limiti tecnici, i limiti giuridici possono essere violati senza che ciò comporti l'impossibilità pratica di realizzare l'opera.

La violazione dei limiti imposti dall'ordinamento giuridico determina, tuttavia, **l'illiceità dell'opera** e la conseguente applicazione di norme sanzionatorie volte a punire l'operato del responsabile dell'abuso, in forza delle quali vengono applicate delle **sanzioni** (penali, civili e amministrative) a carico dei responsabili della sua progettazione ed esecuzione, o dei proprietari della struttura realizzata. Ad es., la realizzazione di un edificio su una spiaggia pubblica comporta l'illiceità dell'opera ed una sanzione amministrativa consistente nella necessaria demolizione della struttura, oltre che una sanzione penale a carico del costruttore.

Normalmente, i limiti tecnici ed i limiti giuridici all'esercizio delle attività costruttive operano su due **piani separati**: i limiti tecnici sono stabiliti dalla scienza, i limiti giuridici dalle singole norme di legge, dai singoli regolamenti o dagli atti amministrativi generali.

Vi sono, tuttavia, delle ipotesi in cui alcune regole tecniche sono richiamate dalle stesse norme giuridiche, che attribuiscono uno specifico valore giuridico alle singole regole scientifiche e le utilizzano per vietare o consentire determinate attività (c.d. **rinvio a regole tecniche**). Ad es., dopo la scoperta della nocività di materiali come amianto e eternit da parte della comunità scientifica, il legislatore ne ha vietato l'utilizzo nell'attività costruttiva, imponendo al contempo la bonifica degli edifici costruiti con quei materiali.

In questi casi, una regola tecnica che descrive un determinato stato di fatto (es. livello di nocività dell'amianto o dell'eternit), viene utilizzata dal legislatore per vietare o imporre comportamenti a tutela di determinati valori o interessi (es. divieto di costruire opere nocive e obbligo di rimuovere il materiale pericoloso).

Ciò dimostra come le regole tecniche possano essere in certi casi **strumentali** alla realizzazione degli obiettivi propri delle regole giuridiche, e come il diritto possa attribuire una particolare efficacia pratica alle regole tecniche.

Lasciando il compito di descrivere le regole tecniche che sovraintendono alla progettazione e all'esecuzione delle opere edili alle singole scienze di riferimento, appare opportuno soffermare l'attenzione sulle regole giuridiche che disciplinano l'attività edilizia.

Prima di proseguire nell'analisi delle regole giuridiche è però necessario un avvertimento pratico: nell'esercizio dell'attività di progettazione ed esecuzione delle opere costruttive, ingegneri, architetti ed altri tecnici dovranno sempre rispettare **entrambe** le regole esaminate, esercitando la propria attività sia entro i limiti stabiliti dalla scienza che entro i limiti stabiliti dalle norme giuridiche.

Se, infatti, il rispetto delle regole tecniche è condizione essenziale per la realizzazione di un'opera edile, il rispetto delle regole giuridiche resta condizione essenziale per la realizzazione di opere compatibili con le necessità ed i valori dell'ordinamento.

2. La disciplina giuridica dell'attività edilizia

Per comprendere il funzionamento dei limiti giuridici dell'attività edilizia è necessario considerare come le singole norme siano contenute in **fonti che prescrivono l'osservanza di determinati comportamenti**. Le fonti consistono in atti normativi tassativamente determinati sulla base dei principi stabiliti dalla Costituzione (es. leggi, decreti legislativi, leggi regionali e provinciali, regolamenti) o in atti amministrativi generali che contengono specifiche previsioni vincolanti (es. norme di attuazione del piano regolatore).

Le regole prescrittive stabilite dalle fonti **consentono o vietano determinate attività di trasformazione del suolo**, da effettuare entro i limiti tassativamente stabiliti dalle singole norme di riferimento.

Chiarite le caratteristiche generali delle norme di riferimento, vanno individuate quantomeno le fonti prescrittive di maggiore importanza per la materia che si sta studiando, anche in rapporto alla tipologia di interessi e valori protetti. Si tratta, tuttavia, di un elenco puramente indicativo, dato che l'attività costruttiva è disciplinata da diverse migliaia di norme giuridiche, difficili se non impossibili da determinare con certezza.

Fra le norme più importanti, vanno certamente indicate le previsioni **costituzionali** che incidono sull'esercizio delle attività costruttive fissando una serie di valori fondamentali: si sono già menzionate nel precedente paragrafo le previsioni relative alla tutela del paesaggio e dei beni culturali (art. 9), della salute (art. 32), dell'iniziativa economica (art. 41), della proprietà (art. 42) e dell'ambiente (art. 117) (v. anche *supra*, Cap. I).

Da queste disposizioni si ricava innanzitutto l'idea, già espressa in precedenza, per cui l'attività edilizia deve svolgersi nel rispetto della legge e, soprattutto, delle disposizioni dei piani urbanistici vigenti e del principio generale di salvaguardia (v. più ampiamente *supra*, Cap. I, par. 4.1, e Cap. II).

Dalle medesime previsioni si comprende come il cattivo esercizio dell'attività costruttiva possa arrecare pregiudizi a valori di primaria importanza, giustificando quindi l'intervento delle singole amministrazioni come soggetti che si fanno **garanti** della corretta attuazione delle disposizioni di piano e del razionale esercizio dell'attività edificatoria.

Le fonti costituzionali forniscono, tuttavia, la sola cornice di riferimento della disciplina giuridica dell'attività edilizia, riservata ad una serie di leggi statali, regionali e provinciali, oltre che ad un ampio insieme di regolamenti ed alla stessa disciplina contenuta nelle norme di attuazione dei piani urbanistici.

Dal punto di vista storico, una prima significativa disciplina dell'attività edilizia è stata stabilita dal libro III del **codice civile** (entrato in vigore nel 1942), dedicato alla disciplina della proprietà e dei diritti reali.

Il codice civile si occupa specialmente della protezione dei diritti dei privati confinanti danneggiati dalla realizzazione di opere che turbano il godimento della proprietà privata (es. artt. 873 c.c. ss. in tema di distanze fra edifici; artt. 1117 c.c. ss. in materia di proprietà condominiale).

La violazione della disciplina contenuta nel codice civile può dare luogo a conflitti fra privati confinanti, che sono normalmente risolti dai giudici ordinari (Tribunali, Corti d'Appello, Corte di Cassazione). In tal caso, il soggetto che subisce un pregiudizio dall'attività costruttiva altrui chiederà la demolizione delle opere ed il risarcimento del danno (v. anche *supra*, Cap. I, par. 6).

Può tuttavia accadere che l'attività costruttiva sia stata consentita dal Comune competente, sulla base di un apposito permesso di costruire. In tal caso, il soggetto che affermi di patire un pregiudizio dall'attività costruttiva può ricorrere, contro il Comune, al giudice amministrativo (Tar e Consiglio di Stato), allo scopo di ottenere l'annullamento del permesso di costruire ritenuto illegittimo (sul permesso di costruire cfr. *infra*, parr. 7 e 8).

In tal caso, la giurisprudenza da tempo parla di c.d. "**doppia tutela**" del soggetto danneggiato: una prima tutela è esperibile davanti al giudice ordinario, per far valere la violazione delle norme stabilite dal codice civile, nei confronti del solo vicino confinante; una seconda e contemporanea tutela è esperibile davanti al giudice amministrativo, per far valere la violazione delle norme relative alle condizioni di rilascio del permesso di costruire, nei confronti della pubblica amministrazione e del vicino confinante (cfr. da ultimo Cons. Stato, sez. VI, 2 febbraio 2023, n. 1148).

La maggior parte delle norme relative all'esercizio dell'attività edilizia è contenuta nel d.p.r. n. 380/2001, c.d. **testo unico dell'attività edilizia** (di seguito, t.u.). Si tratta di una raccolta di leggi e regolamenti intervenuti in materia nel corso degli ultimi decenni, cui il legislatore ha tentato di dare ordine compiuto raccogliendo le varie disposizioni in un unico testo normativo. È il t.u. a stabilire, in via generale, quali siano le tipologie delle attività di trasformazione del territorio ammesse e quali siano i procedimenti di formazione dei singoli edilizi. Sempre nel t.u. si trova la disciplina delle sanzioni edilizie.

Il t.u. non esaurisce, tuttavia, la materia. A seguito della riforma del titolo V della Costituzione (l. cost. n. 3/2001) le singole Regioni e le Province autonome di Trento e Bolzano hanno acquisito – come già spiegato – una specifica potestà normativa in materia di governo del territorio, comprensiva del potere di stabilire anche una **disciplina regionale** dell'attività edilizia, purché rispettosa dei principi stabiliti dal t.u. (v. *supra*, Cap. I, par. 4.1).

Un'ulteriore serie di norme è contenuta in varie **leggi** (sia statali che regionali) o **atti aventi forza di legge** (decreti legge e decreti legislativi), che, nel corso dei decenni, hanno disciplinato specifici aspetti dell'attività costruttiva, in rapporto a determinate contingenze storiche.

Fra le più importanti, basti citare la l. n. 122/1989 (c.d. legge Tognoli), che disciplina la realizzazione facoltativa di parcheggi privati a servizio di edifici residenziali; la l. n. 179/1992 sull'edilizia residenziale pubblica; la l. n. 443/2001 (c.d. legge obiettivo) relativa agli insediamenti produttivi strategici.

Vanno poi menzionati altri testi unici, che, pur non disciplinando direttamente l'attività edilizia, contengono una serie di norme che limitano gli interventi costruttivi su determinate aree. Si pensi al codice dei beni culturali (d.lgs. n. 42/2004), nella parte in cui contiene disposizioni a tutela di edifici di interesse archeologico e storico artistico e norme a tutela del paesaggio; al codice dell'ambiente (d.lgs. n. 152/2006), nella parte in cui disciplina la localizzazione e valutazione dell'impatto ambientale di determinate categorie di opere e disposizioni sulla tutela del suolo.

Di grandissima rilevanza pratica è anche la **normativa regolamentare**, emanata in attuazione di leggi o atti aventi forza di legge, che disciplina in ulteriore dettaglio determinate attività costruttive.

Può farsi l'esempio del d.m. n. 29581/2008 sulle norme tecniche nelle costruzioni, o del d.m. n. 236/1989 sulle disposizioni tecniche necessarie per consentire il superamento delle barriere architettoniche negli edifici pubblici e privati, o, ancora, del d.m. n. 1444/1968 sugli standard edificatori. In tutti questi atti è possibile individuare le norme che, in specifico dettaglio, condizionano l'esercizio dell'attività costruttiva, stabilendo tipologia di materiali utilizzabili, dimensioni massime degli spazi interni o dei vani tecnici degli edifici e simili. A questo insieme di fonti appartengono anche le previsioni dei singoli regolamenti edilizi comunali (v. *supra*, Cap. I, par. 6.).

Ulteriori previsioni possono essere contenute nelle norme attuative dei singoli **piani regolatori**, specie nel caso in cui esse abbiano sostituito o integrato le previsioni dei regolamenti edilizi comunali o nel caso in cui stabiliscano le caratteristiche tecniche, le altezze massime, le specifiche distanze degli edifici dai confini. Per quanto si tratti di previsioni che integrano o specificano le disposizioni di legge, tali limiti hanno enorme importanza pratica, dato che sono i primi criteri da esaminare in sede di progettazione di un'opera, ai fini di ottenere il rilascio del permesso di costruire o formare correttamente una s.c.i.a.

3. Gli interventi edificatori: disciplina e tipi

Nella disciplina dell'attività edilizia, assumono primaria importanza le previsioni dell'art. 3 del t.u., dove sono definiti i singoli **tipi** di intervento edificatorio ammessi nell'ordinamento e le relative caratteristiche.

Queste previsioni del t.u. hanno una duplice portata: da un lato, esse si rivolgono direttamente ai **Comuni e alle Regioni**, che, nella formazione dei piani urbanistici, sono obbligati a stabilire quali tipi di intervento sono ammissibili in ciascuna zona del territorio comunale risultante dall'attività pianificatoria; dall'altro, esse si rivolgono anche nei confronti dei **privati cittadini**, individuando in maniera chiara e precisa quale tipo di attività costruttiva sia permesso in una determinata area, e, di conseguenza, anche quale tipo di attività sia implicitamente vietato.

Ne deriva una serie di vincoli all'attività pianificatoria e costruttiva, stabiliti direttamente dalla legge. La qualificazione di un determinato intervento edilizio in una delle categorie di previste dal t.u. non è evento dipendente dalla scelta soggettiva dell'ente pubblico o dello stesso privato, ma discende necessariamente dalla qualificazione legislativa e, quindi, dalla sua corrispondenza allo schema normativo.

I piani urbanistici non possono quindi discostarsi dalle previsioni di legge creando nuovi ed originali tipi di attività costruttiva. Secondo l'art. 3, c. 2, del t.u., le definizioni fornite dal legislatore prevalgono sulle disposizioni degli strumenti urbanistici generali e dei regolamenti edilizi.

Le previsioni dell'art. 3 assumono una particolare importanza anche sotto un ulteriore profilo: la legge stabilisce che, salvo casi eccezionali, per ciascun intervento costruttivo debba essere preventivamente ottenuto un **titolo edilizio**, ossia un documento che permette in concreto l'esecuzione delle attività edili in conformità alle singole norme di legge e di piano (ad es., il permesso di costruire).

La conoscenza dei singoli tipi di intervento ammissibili in una determinata zona è quindi essenziale sia per comprendere l'effettiva conformazione pubblicistica del diritto di edificare, sia per conoscere in anticipo la tipologia di titolo edilizio da ottenere al fine di procedere alla materiale realizzazione delle opere programmate.

Chiariti i presupposti e gli effetti della disciplina di legge, occorre brevemente evidenziare anche i **problemi** derivanti dalla formulazione dell'art. 3.

Nel momento in cui il legislatore definisce i singoli tipi di intervento ammissibili nel territorio, questi utilizza un linguaggio vago e a-tecnico, proprio di molte regole giuridiche. Il ricorso a definizioni eccessivamente dettagliate potrebbe infatti limitare l'ambito di applicazione della legge, con il rischio di paralizzare la stessa attività delle amministrazioni e dei privati a fronte della varietà dei casi quotidiani. Le definizioni contenute nell'art. 3 sono quindi **concetti giuridici indeterminati**, il cui significato va molto spesso individuato in concreto dalle stesse amministrazioni, dai privati che intendono proporre l'approvazione di un progetto, o dagli stessi giudici che si trovano a decidere controversie in atto fra le amministrazioni e i privati. Ciò implica dei margini di inevitabile incertezza applicativa.

Procedendo all'esame dei singoli interventi costruttivi, sulla base delle previsioni dell'art. 3 sono ammessi nell'ordine:

a) interventi di **manutenzione ordinaria**, definiti dal legislatore come gli interventi edilizi che riguardano le opere di riparazione, rinnovamento e sostituzione delle finiture degli edifici e quelle necessarie ad integrare o mantenere in efficienza gli impianti tecnologici esistenti.

Questi interventi rientrano nelle ipotesi di **attività edilizia libera**, rispetto ai quali non è necessaria la preventiva acquisizione di un titolo edilizio. È indubbio come in questo caso il legislatore abbia fatto ricorso a concetti molto vaghi, come "riparazione", "rinnovamento", "finiture" e simili. Il problema è, quindi, quello di capire quando un determinato progetto rientri nel tipo descritto dal legislatore.

Vengono in parziale soccorso gli orientamenti della giurisprudenza amministrativa. I giudici hanno ritenuto che rientrino in questi tipi di opere il rifacimento di pavimenti, la sostituzione di serramenti, l'installazione di sanitari, la riparazione dei controsoffitti, la mera sostituzione del materiale di copertura di una pensilina preesistente, la tinteggiatura delle facciate, l'elettrificazione di un cancello esistente. Secondo i giudici, la caratteristica comune di tutti gli interventi di manutenzione ordinaria consiste nell'esercizio di attività di trasformazione del territorio riconducibile al miglior uso di una cosa già esistente (c.d. *ius utendi*), diverso dall'attività costruttiva in senso proprio (*ius aedificandi*). Essa è quindi incompatibile con la realizzazione di nuovi e consistenti manufatti, posto che ogni intervento mantiene integra l'identità strutturale di ogni manufatto preesistente, giustificando in tal senso la diretta realizzazione delle opere in un regime di attività libera (cfr. Tar Campania, Napoli, sez. VI, 2 febbraio 2022, n. 717; ma già Cons. Stato, sez. V, 9 aprile 2013, n. 1922).

b) Interventi di **manutenzione straordinaria**, definiti dal legislatore come le opere e modifiche necessarie per rinnovare e sostituire le parti, anche strutturali, degli edifici, oltre che per realizzare ed integrare i servizi igienico – sanitari e tecnologici, a condizione che essi non comportino un'alterazione dei volumi e delle superfici delle singole unità immobiliari e non determinino modifiche delle destinazioni di uso dei singoli immobili.

Il d.l. n. 76/2020 (conv. in l. n. 120/2020 ed intitolato "Misure urgenti per la semplificazione e l'amministrazione digitale", ed emanato dal Governo al fine di contenere gli effetti economici della pandemia determinata dal Covid-19, agevolando anche le attività edilizie) ha esteso i casi di manutenzione straordinaria, novellando l'art. 3 del t.u.

Rientrano ora in questa categoria anche le opere che determinano mutamenti di destinazione d'uso, purché non comportino un significativo aumento del "carico urbanistico" (ossia dell'incidenza dell'edificio nel contesto urbano, anche in rapporto alle opere necessarie a garantire il suo inserimento nel tessuto circostante). Sono qualificati come opere di manutenzione straordinaria anche gli interventi che comportano modifiche ai prospetti degli edifici, se funzionali all'ottenimento, o al mantenimento, del certificato di agibilità o a consentire l'accesso agli edifici, purché non pregiudichino il decoro architettonico dell'immobile.

Le attività di manutenzione straordinaria sono assoggettate a s.c.i.a. nel caso in cui riguardino le parti strutturali dell'edificio, ai sensi dell'art. 22 del t.u. Altrimenti, essi sono tendenzialmente assoggettati a c.i.l.a. (comunicazione di inizio lavori asseverata), secondo quanto previsto dall'art. 6 *bis* dello stesso t.u.

Sotto il profilo funzionale, si tratta di attività affini alla manutenzione ordinaria, posto che in entrambi i casi lo scopo dell'intervento è dato dalla **conservazione** o dal **miglioramento** di una struttura preesistente.

Tuttavia, pur a fronte dei termini alquanto vaghi ancora una volta utilizzati dal legislatore, è indubbio che le attività di manutenzione straordinaria abbiano una maggiore consistenza delle altre attività manutentive, visto che possono incidere anche sulle parti strutturali degli edifici, benché non possano alterare volumi e superfici delle singole unità immobiliari.

Pure in tal caso vengono in soccorso gli esempi forniti dalla giurisprudenza: rientrano in questa tipologia di attività la realizzazione di impianti esterni di condizionamento con relative tubature, l'installazione di pannelli solari, la demolizione di pavimenti con il rifacimento degli impianti idrici, elettrici e termici, il rifacimento degli intonaci, lo spostamento di pareti e tramezzi interni ad un appartamento, la sostituzione di un tetto. La giurisprudenza è solita definire gli interventi di manutenzione straordinaria in **termini relativi**, ossia in rapporto ad altri interventi costruttivi: si tratta di opere che, sotto il profilo quantitativo e qualitativo, hanno un maggiore impatto delle semplici attività di manutenzione ordinaria, fermo restando che non possono mai determinare un aumento di volume, di superficie o di destinazione d'uso degli immobili.

c) Interventi di **restauro e di risanamento conservativo**, definiti dal legislatore come le attività destinate a conservare l'edificio e ad assicurarne la funzionalità mediante un insieme sistematico di opere che, nel rispetto degli elementi tipologici, formali e strutturali dell'immobile, ne consentano destinazioni d'uso compatibili.

Rientrano, in particolare, nell'insieme di queste attività, il consolidamento, il ripristino ed il rinnovo degli elementi costitutivi dell'edificio, l'inserimento degli elementi accessori e degli impianti richiesti dalle esigenze dell'uso, l'eliminazione degli elementi estranei all'organismo edilizio.

Gli interventi di risanamento e restauro sono assoggettati a **s.c.i.a.**, secondo le previsioni dell'art. 22 del t.u. Il tratto fondamentale di queste attività è quello di essere un **insieme sistematico** di opere, che, sul piano funzionale, sono finalizzate alla **conservazione** ed al **miglioramento** di un immobile preesistente, rispettandone le caratteristiche formali, strutturali e tipologiche. Il legislatore si cura, peraltro, di fornire esemplificazioni più tassative di quelle utilizzate per definire gli interventi di manutenzione, evidenziando come le attività di restauro e risanamento possano comportare anche la realizzazione di nuove opere.

Nella prassi giurisprudenziale, i concetti di restauro e risanamento conservativo sono utilizzati in maniera promiscua, senza specifiche sotto-distinzioni tipologiche: ciò, anche considerando il fatto che la distinzione non avrebbe significative conseguenze giuridiche. La definizione utilizzata dal legislatore non sfugge, tuttavia, ai soliti problemi attinenti alla vaghezza del linguaggio normativo, imponendo un diretto esame della casistica giurisprudenziale per meglio chiarirne i limiti definitori: rientrano in questi interventi la costruzione di soppalchi di modeste dimensioni ad uso deposito o ripostiglio, la sostituzione di pareti portanti e mura perimetrali, l'inserimento di servizi igienici.

Anche gli interventi di restauro e risanamento conservativo sono individuati dalla giurisprudenza in rapporto ad altre attività costruttive: in particolare, i giudici sembrano profilare una individuazione di questi tipi di intervento in termini "negativi", individuando soprattutto le ipotesi in cui non si può configurare restauro o risanamento, per il fatto di incidere sugli elementi formali, strutturali e tipologici dell'edificio.

Si è quindi ritenuto che non rientrino in questa tipologia di attività la chiusura di un porticato con la creazione di un nuovo volume, l'innalzamento del tetto di un edificio, la suddivisione in piani di un unico ambiente originario mediante la posa di nuovi solai. Secondo la giurisprudenza, quindi, al fine di qualificare un intervento come restauro o risanamento conservativo è necessario che non vi siano modifiche dell'identità, della struttura e della fisionomia dell'edificio, né ampliamento dei volumi e delle superfici, trattandosi di attività diretta alla semplice conservazione dell'organismo edilizio esistente.

d) Interventi **di ristrutturazione edilizia**, definiti come gli interventi rivolti a trasformare gli organismi edilizi mediante un insieme sistematico di opere che possono portare ad un organismo edilizio in tutto o in parte diverso dal precedente.

La disciplina della ristrutturazione edilizia è stata oggetto di varie riforme, che ne hanno in parte ridefinito l'ambito applicativo. Va in particolare ricordata la recente riforma contenuta nel d.l. n. 50/2022 (conv. in l. n. 91/2022).

Si tratta di attività che includono il ripristino o la sostituzione di alcuni elementi costitutivi dell'edificio, l'eliminazione, la modifica e l'inserimento di nuovi elementi ed impianti.

Sempre secondo il legislatore, nell'ambito degli interventi di ristrutturazione edilizia sono ricompresi anche quelli che consistono nella **demolizione e ricostruzione**, con la stessa volumetria e sagoma, dell'edificio preesistente, essendo consentite le sole innovazioni necessarie per l'adeguamento alla normativa antisismica, per l'applicazione della normativa sull'accessibilità, per l'istallazione di impianti tecnologici e per l'efficientamento energetico.

L'intervento di ristrutturazione può prevedere inoltre, nei soli casi espressamente previsti dalla legislazione vigente o dagli strumenti urbanistici comunali, incrementi di volumetria anche per promuovere interventi di rigenerazione urbana.

Costituiscono inoltre ristrutturazione edilizia gli interventi volti al ripristino di edifici, o parti di essi, eventualmente crollati o demoliti, attraverso la loro ricostruzione, purché sia possibile accertarne la preesistente consistenza.

Queste attività costruttive hanno la maggiore incidenza sugli edifici esistenti, al punto di poter comportare l'eliminazione di alcune parti dell'edificio o la demolizione e ricostruzione della struttura.

Il legislatore distingue, all'interno degli interventi di ristrutturazione, le attività subordinate a rilascio di **permesso di costruire** dalle attività che possono essere effettuate mediante **s.c.i.a.** Secondo l'art. 10, c. 1, lett. *c*), del t.u., infatti, sono subordinate a permesso di costruire le opere di ristrutturazione che portino ad un organismo edilizio in tutto o in parte diverso dal precedente e che comportino aumento di unità immobiliari, modifiche del volume, dei prospetti o delle superfici, che comportino mutamenti di destinazione d'uso negli immobili situati nei centri storici, o che comportino modifiche della sagoma degli immobili soggetti ai vincoli stabiliti sulla base del Codice dei beni culturali (c.d. **ristrutturazione pesante**); negli altri casi residui, invece, le ristrutturazioni potranno essere realizzate mediante s.c.i.a. (c.d. **ristrutturazione leggera**).

Tale intervento è consentito anche qualora le dimensioni del lotto non consentano la modifica dell'area di sedime ai fini del rispetto delle distanze minime tra gli edifici e dai confini, salvo il rispetto delle distanze relative ad immobili legittimamente preesistenti. Gli incentivi volumetrici eventualmente riconosciuti per l'intervento possono essere realizzati anche con ampliamenti fuori sagoma e con il superamento dell'altezza massima dell'edificio demolito, sempre nel rispetto delle distanze legittimamente preesistenti. Nei centri storici, gli interventi di demolizione e ricostruzione sono consentiti esclusivamente nell'ambito di piani urbanistici di recupero e di riqualificazione particolareggiati.

La differenza fra ristrutturazione "pesante" e "leggera" ha notevole rilevanza pratica.

Anche in tal caso, quindi, è alla prassi che occorre guardare per comprendere meglio le caratteristiche di queste attività. Gli interventi di ristrutturazione comportano modificazioni esclusivamente interne, al termine delle quali l'edificio conserva le proprie componenti essenziali, come le mura perimetrali, le strutture orizzontali e la copertura. In tal senso, la ristrutturazione si distingue dal semplice restauro e risanamento, che comporta invece la realizzazione di opere che lasciano inalterata la struttura dell'edificio ed anche la distribuzione interna delle superfici.

Rientrano, in particolare, nelle ipotesi di ristrutturazione pesante le opere aventi ad oggetto la parziale demolizione di un tetto e la successiva realizzazione di un lastrico solare terrazzato, con aumento dell'altezza dell'edificio e della complessiva volumetria, la realizzazione di parcheggi interrati mediante la redistribuzione delle superfici interne dell'edificio, la demolizione di una sola muratura esterna e di un solaio e la successiva realizzazione di nuovi spazi interni all'edificio. Altri casi riguardano la suddivisione di un preesistente fabbricato in due unità immobiliari, la realizzazione di un terrazzo c.d. a tasca o di verande, di parapetti in muratura, di soppalchi di dimensioni tali da aumentare la superficie utile della singola unità immobiliare. Rientrano, invece, nelle ipotesi di ristrutturazione leggera il rifacimento della falda di un tetto con una nuova inclinazione, o la sistemazione di un piazzale mediante un nuovo livellamento e asfaltatura.

Nell'ambito degli interventi di ristrutturazione hanno una particolare importanza gli interventi di **demolizione e ricostruzione** degli immobili, che implicano il totale abbattimento degli edifici e la loro riedificazione nella medesima area. Anche tali interventi sono assoggettati a **s.c.i.a.** a sensi dell'art. 22 del t.u., dato che non comportano – per definizione – la realizzazione di nuove opere rispetto alla struttura preesistente.

Nella prassi, è quindi essenziale individuare i progetti e le opere qualificabili come demolizioni e ricostruzioni, specie per distinguerli da nuovi edifici soggetti a permesso di costruire, solo in parte o solo in apparenza coincidenti con quelli demoliti.

Secondo la giurisprudenza, sussiste una demolizione e ricostruzione solo quando il nuovo fabbricato risulti sostanzialmente identico nella forma, nell'altezza e nel volume rispetto a quello preesistente, in modo da integrare la fedele ricostruzione della struttura preesistente, salvi i casi di adeguamenti imposti dal rispetto della normativa antisismica, per il rispetto della normativa sull'accessibilità e sull'efficientamento energetico. Il fabbricato deve inoltre occupare lo stesso perimetro della struttura preesistente, e deve quindi sorgere sulla stessa superficie utilizzata dal precedente (cfr. Cons. Stato, sez. VI, 18 gennaio 2023, n. 616).

e) Interventi **di nuova costruzione**, definiti come gli interventi di trasformazione edilizia e urbanistica del territorio che non rientrano nelle categorie definite alle lettere precedenti. Questa categoria presenta una serie di peculiarità: si tratta, innanzitutto, di una categoria **residuale**, che trova applicazione ogni qual volta non sia possibile qualificare un intervento edilizio entro i tipi definiti nei casi appena esaminati; si tratta, inoltre, di una categoria **atipica**, dato che questi interventi non rientrano nei tipi già definiti dal legislatore.

L'art. 3, c. 1, lett. *e*), del t.u. opera, quindi, come una **norma generale di inclusione**, che permette di risolvere le possibili lacune della disciplina di legge e gli stessi dubbi dell'interprete mediante la qualificazione di tutte le opere che non rientrano nelle precedenti tipologie di attività edilizia entro la categoria della "nuova costruzione". Le nuove costruzioni possono essere a propria volta realizzate solo mediante il rilascio del permesso di costruire, secondo quanto chiarito dall'art. 10 del t.u.

Ciò implica che, nel caso di dubbio circa l'esatta qualificazione delle opere, committenti, progettisti e p.a. possano prudenzialmente qualificare gli interventi come nuova costruzione, e subordinare la loro attuazione all'ottenimento di un idoneo permesso.

Resta tuttavia la difficoltà pratica di individuare i casi di nuova costruzione. La legge viene parzialmente in soccorso dell'interprete, chiarendo, con un elenco non esaustivo, quali opere rientrino in questa categoria: costruzione di manufatti edilizi fuori terra o interrati, o l'ampliamento di quelli esistenti all'esterno della sagoma esistente; interventi di urbanizzazione primaria e secondaria realizzati da soggetti diversi dal Comune; realizzazione di infrastrutture e di impianti, anche per pubblici servizi, che comportino la trasformazione in via permanente di suolo inedificato; installazione di manufatti leggeri, anche prefabbricati, e di strutture di qualsiasi genere, quali roulotte, camper, case mobili, imbarcazioni, che siano utilizzati come abitazioni, ambienti di lavoro, oppure come depositi, magazzini e simili, e che non siano diretti a soddisfare esigenze meramente temporanee; interventi pertinenziali che le norme tecniche degli strumenti urbanistici, in relazione alla zonizzazione e al pregio ambientale e paesaggistico delle aree, qualifichino come interventi di nuova costruzione, o che comportino la realizzazione di un volume superiore al 20% del volume dell'edificio principale; realizzazione di depositi di merci o di materiali, di impianti per attività produttive all'aperto che comportino l'esecuzione di lavori cui consegua la trasformazione permanente del suolo inedificato.

Questo elenco aiuta ad individuare un minimo comune denominatore di tutti gli interventi di nuova costruzione: essi si distinguono per determinare una **stabile trasformazione del suolo**, mediante la realizzazione di manufatti che presentano il carattere della "novità", rispetto all'assetto preesistente.

Anche in questo caso l'esame della casistica giurisprudenziale aiuta a comprendere, in concreto, il significato delle previsioni di legge. In termini generali, ed in linea con quanto si è appena chiarito, la giurisprudenza ritiene che il concetto di nuova costruzione possa essere individuato sotto un profilo strutturale (lo stabile ancoraggio al suolo degli edifici) e sotto un profilo funzionale (l'idoneità dell'edificio a soddisfare esigenze che non abbiano un carattere meramente temporaneo).

Sempre secondo quanto sottolineato dalla giurisprudenza, la qualificazione di un'opera come nuova costruzione prescinde dalla tipologia di materiale utilizzato e, quindi, dalla tecnica costruttiva seguita. Rientrano nella categoria, oltre agli edifici propriamente intesi, le piscine (interrate o no), i piani interrati, i nuovi piani abitabili, i porticati attraverso cui si amplia un immobile esistente, la trasformazione di un piazzale in un'area coperta. Sono nuove costruzioni anche le autorimesse o le tettoie adibite a deposito merci.

f) **Interventi di ristrutturazione urbanistica**, definiti come interventi volti a sostituire l'esistente tessuto urbanistico-edilizio con un diverso sistema urbano, mediante un insieme sistematico di interventi edilizi, anche con la modificazione del disegno dei lotti, degli isolati e della rete stradale. Si tratta dell'ultima categoria di opere indicate dal t.u. dell'edilizia: a differenza di tutti gli altri casi, questi interventi di distinguono per il fatto di incidere in maniera sistematica su una **pluralità di immobili**, e per rappresentare la **sommatoria di interventi** di manutenzione, ristrutturazione, nuova costruzione, finalizzati al recupero di determinate zone del territorio comunale in stato di abbandono o degrado, per ragioni economico-sociali o a seguito di calamità naturali come terremoti o frane.

Tali opere possono essere realizzate mediante una s.c.i.a. a sensi dell'art. 22 del t.u., nel caso in cui ricadano in zone già soggette a pianificazione attuativa (es. piani di recupero), o mediante il rilascio del permesso di costruire nei casi restanti, in cui l'area in cui si interviene si situa all'interno di una zona già urbanizzata. Nella prassi, rientrano in questa tipologia di interventi la demolizione e ricostruzione di un intero isolato urbano, il recupero di un casolare mediante la demolizione di alcune volumetrie e la realizzazione di nuovi accessi viari e strutture murarie. Nella stessa categoria rientrano le opere di demolizione di preesistenti fabbricati (serre, tettoie, depositi, magazzini) e la realizzazione di un centro commerciale, come pure la demolizione di alcuni vecchi condomini e la ricostruzione di nuovi edifici multifunzionali con un differente sistema viabilistico, sfruttando in parte la volumetria preesistente.

L'installazione di un gazebo

Per capire i problemi applicativi sollevati dall'art. 3 del t.u. si consideri il caso in cui si voglia realizzare sulla terrazza posta all'ultimo piano di un albergo un "gazebo" con vista panoramica sulla città, a servizio di tutti i clienti.

Si tratta di una nuova costruzione assoggettata a permesso di costruire, o di una semplice opera di arredo, che non comporta la definitiva trasformazione dell'edificio e la creazione di nuovi volumi? O, ancora, si tratta di opera di manutenzione straordinaria, attraverso la quale si innovano alcuni elementi della terrazza, senza tuttavia realizzare alcuna nuova volumetria?

La giurisprudenza tende a distinguere caso per caso, sulla base di elementi strutturali e funzionali: escluso che la posa di un "gazebo" sia una semplice attività di arredo, si è ritenuto che le opere necessarie alla sua installazione rientrino fra le attività di manutenzione straordinaria soggette a s.c.i.a.

Se, tuttavia, la struttura ha dimensioni notevoli ed un forte impatto visivo, si deve ritenere che si tratti di una nuova costruzione soggetta a permesso: in tal caso, l'assenza di opere murarie e la possibilità di rimuovere il "gazebo" non hanno alcuna rilevanza, posto che l'installazione della struttura attua una consistente trasformazione del tessuto edilizio circostante. La stessa finalità dell'opera – destinata a soddisfare le esigenze della clientela – conferma come non si tratti di un'opera temporanea a precaria, ma di una struttura stabilmente preordinata all'esercizio dell'attività alberghiera (cfr. cfr. Cons. Stato, sez. VII, 9 ottobre 2023, n. 8785).

4. L'attività edilizia libera

Nella descrizione dei singoli tipi di interventi costruttivi ammessi dall'art. 3 del t.u. si è avuto modo di osservare come, di regola, ogni attività di trasformazione del territorio sia assoggettata alla preventiva formazione di un titolo edilizio che consente la realizzazione dei vari lavori.

Si è però osservato come, in alcune particolari ipotesi, l'attività possa essere **libera**, e possa essere quindi direttamente realizzata dal privato: il caso più importante è quello delle opere di **manutenzione ordinaria e di alcune opere di manutenzione straordinaria**.

Nel corso degli ultimi anni il legislatore ha più volte ampliato le ipotesi di attività edilizia libera, estendendo il loro regime ad una serie di casi particolari che sono previsti dagli artt. 6 e 6 *bis* del t.u.

Ampliando l'elenco delle attività libere, il legislatore ha inteso ridurre gli oneri amministrativi necessari per effettuare interventi che hanno un modesto impatto edilizio, rispetto ai quali sembra irrazionale ed inefficiente imporre la richiesta di uno specifico titolo edificatorio. Il *favor* legislativo verso l'attività edilizia libera si spiega, inoltre, con la necessità di incentivare la ripresa del settore edilizio dopo anni di contrazione del mercato.

L'art. 6 del t.u. disciplina l'attività "totalmente libera", che può essere svolta senza alcuna comunicazione al Comune competente. Si tratta di attività che rientrano appieno nelle prerogative del proprietario del bene o dei soggetti che hanno comunque titolo per intervenire sugli immobili.

Oltre all'attività di manutenzione ordinaria, sono direttamente realizzabili dal privato, senza alcuna segnalazione: gli interventi volti **all'eliminazione di barriere architettoniche** che non comportino la realizzazione di rampe o di ascensori esterni, ovvero di manufatti che alterino la sagoma dell'edificio; le **opere temporanee per attività di ricerca nel sottosuolo** che abbiano carattere geognostico, ad esclusione di attività di ricerca di idrocarburi, e che siano eseguite in aree esterne al centro edificato; i **movimenti di terra strettamente pertinenti all'esercizio dell'attività agricola e le pratiche agro-silvo-pastorali**, compresi gli interventi su impianti idraulici agrari; le serre mobili stagionali, sprovviste di strutture in muratura, funzionali allo svolgimento dell'attività agricola; le opere di **pavimentazione e di finitura di spazi esterni**, fra le quali rientrano anche la realizzazione di intercapedini interamente interrate e non accessibili, vasche di raccolta delle acque, locali tombati; **pannelli solari e fotovoltaici**, con esclusione degli impianti da installare sugli edifici localizzati nei centri storici; **aree ludiche ed elementi di arredo** delle aree pertinenziali agli edifici, purché non abbiano scopo di lucro.

Recenti riforme (da ultimo con d.l. n. 39/2023, convertito in l. n. 68/2023) hanno ampliato l'ambito dell'attività edilizia libera al fine di semplificare l'attività di installazione di alcune tipologie di opere prive di significativo impatto edilizio e caratterizzate da significativa utilità per i privati o per gli esercenti di attività commerciali nell'ambito della ristorazione e del turismo (cfr. il d.l. n. 115/2022, conv. in l. n. 142/2022).

Rientrano nell'attività di edilizia libera anche le opere stagionali e quelle dirette a soddisfare obiettive esigenze, contingenti e temporanee (c.d. opere precarie, come gazebo, tensiostrutture), purché destinate ad essere immediatamente rimosse al cessare della temporanea necessità e, comunque, entro un termine non superiore a centottanta giorni, comprensivo dei tempi di allestimento e smontaggio del manufatto. Stesso trattamento per le aree ludiche (parchi giochi) senza fini di lucro e per gli elementi di arredo delle aree pertinenziali agli edifici.

L'art. 6 *bis* disciplina le attività libere sottoposte a c.i.l.a. (comunicazione di inizio lavori asseverata). Può sembrare contraddittorio qualificare come "libera" un'attività che implica un onere comunicativo: la scelta del legislatore è tuttavia giustificata dall'opportunità di rendere noto al

Comune lo svolgimento di interventi costruttivi che, per quanto liberi, hanno una maggiore incidenza sul patrimonio edilizio.

A differenza di quanto avviene per le attività totalmente libere, l'art. 6 *bis* non indica i casi in cui è necessario presentare la c.i.l.a. Secondo la giurisprudenza, la c.i.l.a. è necessaria per tutte le attività che non rientrano nelle definizioni dell'art. 6, ma per le quali non è comunque necessario ottenere un permesso di costruire o presentare una s.c.i.a. Si è fatto l'esempio di lavori di manutenzione straordinaria aventi ad oggetto la nuova distribuzione degli spazi interni dell'edificio, purché le opere non incidano sulle parti strutturali dell'immobile.

In questo caso, il proprietario ha l'onere di inviare al Comune una dichiarazione asseverata dal proprio tecnico di fiducia, la cui funzione principale consiste nell'attestare che i lavori sono conformi agli strumenti urbanistici approvati e ai regolamenti edilizi vigenti, oltre che compatibili con la normativa in materia sismica e con quella sul rendimento energetico nell'edilizia e che non vi è interessamento delle parti strutturali dell'edificio.

Una volta inviata la c.i.l.a., il proprietario può liberamente procedere all'esecuzione dei lavori. La mancata presentazione della c.i.l.a. implica, tuttavia, il pagamento di una sanzione pecuniaria, ma non la demolizione delle opere realizzate in difetto della comunicazione stessa, purché conformi alla disciplina urbanistica ed edilizia di riferimento.

Il t.u. consente alle Regioni a statuto ordinario di ampliare l'elenco delle attività edilizie libere, con esclusione degli interventi per i quali sia necessario ottenere il rilascio del permesso di costruire o presentare una s.c.i.a. alternativa al permesso di costruire (cfr. *infra*, par. 6). Le Regioni a statuto speciale regolano invece la materia in rapporto a quanto previsto nei relativi statuti.

Il fatto che l'attività edilizia sia libera non vieta, tuttavia, che l'amministrazione possa verificare la legittimità delle opere effettuate dal privato e la loro conformità alla vigente disciplina urbanistica, edilizia, sanitaria e simili.

L'art. 6 del t.u. affida tuttavia alle Regioni a statuto ordinario il compito di disciplinare le verifiche necessarie a questo scopo (anche in questo caso, regole specifiche valgono per le Regioni a statuto speciale).

5. I titoli edilizi: premesse generali

Al di fuori delle ipotesi in cui l'attività edilizia può dirsi libera, ogni attività di trasformazione del territorio è assoggettata al preventivo rilascio di un titolo edilizio, ossia di un atto attraverso cui si consente la realizzazione delle opere.

Va innanzitutto chiarito per quali ragioni la legge imponga che l'attività costruttiva debba essere accompagnata da un titolo edilizio, non essendo sufficiente la sua semplice conformità ai piani o alle singole norme di legge, come attestata dal singolo progettista.

In teoria, nulla vieterebbe che il rispetto delle regole fosse direttamente garantito dai singoli costruttori, mediante forme di autodisciplina e di autocontrollo delle proprie attività (c.d. liberalizzazione integrale). L'esperienza storica, ed intuibili esigenze di contenimento degli abusi edilizi, suggeriscono, tuttavia, di affidare agli apparati amministrativi **la verifica preventiva sull'attività edilizia.**

Questa necessità è indirettamente affermata dall'art. 42, c. 2, Cost., che riconosce e tutela il godimento della proprietà privata e lo stesso diritto di edificare come prerogativa del proprietario, purché sia utilizzata entro i limiti stabiliti dalla legge, preordinati a garantire la **funzione sociale del diritto di proprietà.** Si tratta, quindi, delle stesse esigenze che sono alla base del principio di salvaguardia e della necessità di assoggettare l'intero territorio alla pianificazione territoriale (v. *supra*, Capp. I e II). Si può anzi sottolineare come la vigilanza sull'attività edilizia rafforzi la stessa disciplina della pianificazione territoriale, garantendo che ogni intervento costruttivo sia in concreto conforme alla disciplina pianificatoria di riferimento.

Sarebbe del resto illogico che, una volta stabilita la disciplina dell'attività costruttiva, l'ordinamento si disinteressasse completamente della sua concreta attuazione, e quindi della **effettività** stessa del regime edificatorio imposto al privato, posto che la convivenza sociale non è assicurata dalla semplice esistenza di norme giuridiche, ma dalla loro **concreta applicazione** e dall'irrogazione di **sanzioni** a carico di chi non le rispetti.

La vigilanza dell'amministrazione non è in ogni caso finalizzata alla sola tutela dell'interesse pubblico, ma anche all'interesse dello stesso costruttore o di altri soggetti privati, come i proprietari di edifici limitrofi all'area in cui si interviene, eventuali condomini, o i potenziali acquirenti della struttura da costruire o edificare: le verifiche condotte dall'amministrazione ed il rilascio del titolo edilizio determinano, infatti, una relativa **certezza giuridica e pubblicità** in ordine alle caratteristiche dell'intervento costruttivo.

Il titolo edilizio consente infatti a chiunque di conoscere i presupposti e le finalità di ogni opera, anche agli eventuali fini della **contestazione giudiziale** delle singole attività: ad es., sulla base di un titolo edilizio un condomino o un dirimpettaio possono opporsi alla sopraelevazione di un attico condominiale, contestando in giudizio non solo le attività svolte, ma anche la legittimità del permesso di costruire rilasciato a favore del proprietario.

Nella prassi, è anzi usuale che la tutela più efficace nei confronti delle attività costruttive ritenute illegittime si concretizzi nell'impugnazione del titolo edilizio ritenuto illegittimo innanzi al giudice amministrativo, con una contestuale richiesta di sospensione dei lavori autorizzati.

Sono proprio queste esigenze a spiegare perché, in tutti i sistemi giuridici, le più importanti attività costruttive possano essere svolte solo dopo aver ottenuto il consenso della p.a., tramite un titolo edilizio emanato nelle forme del **provvedimento amministrativo**. In Italia, per diversi decenni l'attività edilizia è stata subordinata all'ottenimento di titoli edilizi denominati prima licenza, poi concessione ed infine permesso di costruire: al di là del nome utilizzato nelle singole leggi, si tratta di **autorizzazioni** attraverso le quali l'amministrazione competente permette l'esercizio di ogni attività edificatoria conforme ai piani ed alle leggi di settore.

Nell'esercizio di queste funzioni autorizzatorie, la p.a. riveste una **posizione di garanzia** rispetto alla concreta attuazione del principio stabilito dall'art. 42, c. 2, Cost., del principio generale di salvaguardia, delle stesse previsioni contenute nelle norme di attuazione dei singoli piani regolatori e, più in generale, di tutte le norme di legge che stabiliscono dei limiti o che fissano delle condizioni rispetto all'attività edificatoria nell'interesse pubblico e nell'interesse privato.

Questa posizione di garanzia obbliga pertanto la p.a. a verificare la sussistenza di tutti i **presupposti di fatto** e di **diritto** dell'intervento costruttivo programmato, mediante un'attività istruttoria e conoscitiva di complessità variabile a seconda delle caratteristiche del singolo intervento: ad es., la verifica dei presupposti di un intervento di ristrutturazione edilizia può essere più semplice della verifica dei presupposti di un più complesso intervento di ristrutturazione urbanistica, che si articola mediante una pluralità di opere connesse.

Nell'ambito di questa attività valutativa, il Comune deve rispettare una serie di **norme** che disciplinano il **procedimento** di verifica del progetto, destinato a concludersi con il rilascio del titolo edilizio richiesto, o con il suo diniego, nell'ipotesi in cui l'intervento programmato non sia conforme alle previsioni di piano o a prescrizioni di legge.

Queste norme sono contenute nella **l. n. 241/1990**, che contiene la disciplina generale dell'attività amministrativa e che si applica alla maggioranza dei procedimenti seguiti dalle amministrazioni, e dal **t.u.**, che contiene specifiche norme applicabili ai procedimenti di formazione dei titoli edilizi. Altre norme possono essere in ogni caso contenute nelle singole leggi regionali che disciplinano la materia.

Questo sistema ha indubbi vantaggi, ma ha anche **notevoli costi** per la collettività e per chiunque voglia effettuare degli interventi edificatori: il fatto di dover attendere il consenso della p.a. per l'esercizio dell'attività costruttiva implica che fra l'elaborazione di un progetto e la sua esecuzione possano passare alcuni mesi. Le cause di questo fenomeno sono molteplici, e possono essere individuate nell'alto numero di previsioni normative che limitano l'attività edilizia, nella necessità di coordinare i procedimenti di rilascio dei titoli edilizi con altri procedimenti a tutela dell'ambiente o dei beni culturali, nelle disfunzioni organizzative delle singole amministrazioni.

A questi problemi, che incidono sulla stessa vita economica, si è tentato di porre rimedio nel corso degli anni mediante una **serie di riforme**: alcuni interventi hanno riguardato l'organizzazione dei Comuni competenti ad emanare i titoli edilizi (mediante la creazione dei c.d. Sportelli unici per l'edilizia, a sensi dell'art. 5 del t.u.); altri la semplificazione dei singoli procedimenti (art. 20, l. n. 241/1990); altri ancora il regime del termine di conclusione del procedimento e delle responsabilità derivanti dal ritardo della pubblica amministrazione (artt. 2 ss., l. n. 241/1990).

Le riforme più incisive e discusse hanno avuto ad oggetto la stessa **semplificazione dei titoli edilizi**, attraverso l'introduzione di un sistema differenziato di strumenti: la s.c.i.a. (segnalazione certificata di inizio attività) e il permesso di costruire. La s.c.i.a. dovrebbe consentire, in particolare, di abbattere i tempi ed i costi di avvio dell'attività edificatoria, attraverso una maggiore responsabilizzazione dei privati nella formazione del titolo edilizio. Per comprendere meglio il funzionamento di questo sistema, occorre approfondire i procedimenti di formazione e le caratteristiche di entrambi i titoli edilizi.

L'art. 10 del d.l. n. 76/2020 – novellando l'art. 9 *bis* del t.u. – ha attribuito ai titoli edilizi anche la funzione di certificare la conformità urbanistica degli immobili, al fine di rendere più sicura e certa la loro circolazione economica (mediante contratti di compravendita o altri contratti idonei a costituire diritti reali o di garanzia sul bene, quali uso, usufrutto, diritto di superficie o ipoteca). Il titolo edilizio, pertanto, certifica la legittimità degli interventi costruttivi effettuati sull'immobile, così da rendere immediatamente percepibile da parte dell'acquirente, del titolare di diritti reali sull'immobile, o di qualunque terzo interessato, la conformità dell'immobile alla disciplina urbanistica (o il fatto che l'immobile abbia subito, in precedenza, trasformazioni non autorizzate, risultando totalmente o parzialmente abusivo).

Per gli edifici realizzati in epoca anteriore all'introduzione dell'obbligo generalizzato di ottenere un titolo edilizio per qualsiasi attività costruttiva (ossia, prima del 1967), lo stato legittimo degli immobili è invece documentabile dalle risultanze catastali o da altre prove idonee, anche se formate da soggetti privati (es. fotografie, mappali).

6. La s.c.i.a.: caratteristiche e regime giuridico

Le recenti riforme della l. n. 241/1990 e del t.u. hanno enfatizzato l'importanza della s.c.i.a., consentendo ai privati di procedere alla realizzazione di interventi costruttivi mediante la presentazione di un'apposita segnalazione al Comune.

Occorre però chiarire preliminarmente il concetto di s.c.i.a., alla luce delle disposizioni generali dell'art. 19 della l. n. 241/1990 e delle disposizioni speciali applicabili alla sola s.c.i.a. edilizia ai sensi degli artt. 22, 23 e 23 *bis* del t.u.

Secondo l'art. 19 della l. n. 241/1990, la s.c.i.a. rappresenta uno strumento particolarmente accentuato di semplificazione amministrativa: anziché presentare un'istanza e attendere l'esito del procedimento amministrativo – ossia il rilascio di un'**autorizzazione** a svolgere una determinata attività – il privato può presentare direttamente all'amministrazione **un atto in cui "segnala" l'intenzione di avviare subito l'attività, sul presupposto che essa sia perfettamente lecita e conforme alla disciplina vigente** (sulla natura della s.c.i.a. come atto privato cfr. anche Cons. Stato, Ad. Plen., 29 luglio 2011, n. 15).

La segnalazione pone l'amministrazione nelle condizioni di attivarsi per verificare la correttezza della segnalazione e per assumere, dopo un'eventuale attività di verifica, tutti i provvedimenti **inibitori** e **sanzionatori** previsti dalla legge stessa.

Secondo l'art. 19 della l. n. 241/1990, in particolare, l'amministrazione può vietare la prosecuzione dell'attività, consentendo comunque al privato di conformare la propria attività alle specifiche prescrizioni della p.a. Una volta decorso tale termine, l'amministrazione può comunque vietare l'attività ai sensi dell'art. 21 *nonies* della l. n. 241/1990, dovendo quindi motivare in maniera specifica le ragioni del divieto, tenendo anche conto dell'eventuale affidamento dell'autore della segnalazione a proseguire la propria attività, alla luce del lasso di tempo decorso dalla segnalazione (cfr. il parere del Cons. Stato, 13 luglio 2016, n. 1640).

L'applicazione di questo istituto all'attività edilizia implica la possibilità di effettuare determinati interventi sulla base di una semplice segnalazione, senza dover presentare l'istanza di permesso di costruire e dover attendere i tempi – normalmente lunghi (ma cfr. *infra*, parr. 7 e 8) – necessari per la valutazione della domanda da parte degli uffici competenti e per il rilascio del permesso di costruire.

Da un punto di vista astratto, la s.c.i.a. rappresenta quindi uno strumento fondamentale per la **riduzione degli oneri amministrativi** necessari alla realizzazione di interventi edilizi, a vantaggio dei proprietari degli immobili, come anche dei progettisti e delle imprese di costruzione. Specie a fronte della crisi endemica del settore, la disciplina della s.c.i.a. sembra rappresentare un **incentivo a "sbloccare" almeno la realizzazione di opere edili di modesta entità**.

Se, tuttavia, si esamina l'istituto in concreto, è facile osservare come la s.c.i.a. comporti anche **nuovi oneri a carico del privato**. Il che contribuisce a spiegare perché il complessivo impatto della disciplina di "semplificazione" sottesa all'art. 19 della l. n. 241/1990 e al t.u. dell'edilizia sia stato minore delle attese.

Attraverso la s.c.i.a., infatti, l'ordinamento **trasferisce la posizione di garanzia inerente alla vigilanza sull'attività edilizia dall'apparato pubblico allo stesso soggetto privato**, che si fa quindi direttamente garante davanti alla p.a. (ed a terzi, come altri soggetti privati) della liceità del proprio intervento rispetto a quanto dichiarato nella segnalazione, accettando così il rischio che le attività segnalate non siano conformi al piano o alla legge.

Si può allora capire perché la giurisprudenza sottolinei molto frequentemente che la s.c.i.a. è espressione dell'**autoresponsabilità** del privato. L'art. 19 della l. n. 241/1990 e il t.u. dell'edilizia ammettono che si possa fare a meno del procedimento e del provvedimento che consente una determinata attività, ma **ciò non implica che l'ordinamento si disinteressi della vicenda** e, soprattutto, degli effetti e delle conseguenze illecite dell'attività cui fa riferimento il titolo edilizio (cfr. sempre Cons. Stato, Ad. Plen., 29 luglio 2011, n. 15).

A riprova di quanto affermato, basti osservare come, sotto il profilo sanzionatorio, le conseguenze derivanti da false attestazioni o dichiarazioni nella formazione della s.c.i.a. (es. caratteristiche strutturali e dimensionali delle opere) siano punibili per **falso ideologico in atto pubblico** (art. 21, c. 1, l. n. 241/1990). Questo non rende la posizione del committente dei lavori e – soprattutto – del progettista più "semplice" e "libera" di quanto avvenga nel caso della presentazione di una istanza di rilascio del permesso di costruire. La stessa giurisprudenza penale, a questo riguardo, ha precisato come anche la **documentazione allegata alla**

s.c.i.a. debba essere considerata parte integrante dell'atto pubblico, con conseguente applicabilità della sanzione prevista dall'art. 21, c. 1, della l. n. 241/1990 a tutti i soggetti che abbiano contribuito a formarla.

La disciplina positiva spiega, quindi, perché la s.c.i.a. debba essere considerata come una forma di **tendenziale semplificazione** del procedimento di formazione di determinati titoli edilizi, nell'ambito del quale il controllo *ex ante* della p.a. è sostituito da un **controllo *ex post*** della correttezza di quanto segnalato dal privato che si assume la responsabilità della trasformazione del territorio.

Non sembra, invece, che la s.c.i.a. possa essere qualificata come uno strumento di "liberalizzazione" dell'attività costruttiva, proprio perché la sua disciplina non implica un disinteresse della p.a. per un'attività lecita e integralmente sottratta al controllo amministrativo, ma **solo una diversa allocazione del potere pubblico di verificare la legittimità dell'attività privata**. Il che appare del tutto coerente con la necessità di garantire che il diritto di edificare sia conforme alla funzione sociale della proprietà privata ai sensi dell'art. **42 Cost.**, e che la stessa attività edilizia continui ad essere indirizzata e coordinata a fini sociali ai sensi dell'art. **41 Cost.**

Va ora approfondita la disciplina della s.c.i.a. stabilita dal t.u., con l'avvertenza che l'istituto è in parte regolato dalle singole leggi regionali in materia di governo del territorio, che possono influire sul suo ambito di applicazione.

Al riguardo, devono essere distinte le regole applicabili alla s.c.i.a. prevista dall'art. 22 del t.u. – che ricalca più fedelmente la disciplina generale dell'art. 19 della l. n. 241/1990 – dalla disciplina della s.c.i.a. prevista dal successivo art. 23 del t.u., che presenta maggiori tratti di autonomia rispetto al modello generale.

Nella sua attuale formulazione, l'art. 22 del t.u. dispone che possono essere realizzati mediante s.c.i.a. determinati tipi di intervento, espressamente descritti dal legislatore. Si tratta delle attività di **manutenzione straordinaria** e degli interventi di **restauro** e **risanamento conservativo**, purché riguardino le parti strutturali dell'edificio; degli interventi di **ristrutturazione edilizia** disciplinata dall'art. 3, c. 1, lett. *d*), dello stesso t.u.; degli interventi in **variante a permessi di costruire** che non incidono sui parametri urbanistici e sulle volumetrie, che non modificano la destinazione d'uso e la categoria edilizia, che non alterano la sagoma dell'edificio qualora sottoposto a vincolo storico-artistico, che non violano le eventuali prescrizioni contenute nell'originario permesso di costruire.

Secondo l'art. **22 del t.u.**, ai fini della formazione del titolo edilizio, è sufficiente la presentazione della segnalazione presso i competenti uffici comunali. Nella prassi, ciò impone al committente dell'opera ed al progettista di compilare una serie di moduli messi a disposizione dal Comune e di allegare ad essi tutta la documentazione tecnica necessaria alla realizzazione delle opere. Nel momento in cui viene presentata tutta la documentazione, il privato si assume la piena responsabilità dell'intervento e può dunque **procedere immediatamente** alla realizzazione delle opere programmate, sulla base del progetto presentato alla stessa amministrazione comunale.

In tutti questi casi, il privato può comunque chiedere al Comune il rilascio di un permesso di costruire, dato che l'acquisizione della s.c.i.a. costituisce una **facoltà** e non un obbligo del privato, come stabilito dall'art. 22, ult. c., del t.u.: nella prassi, l'ipotesi è piuttosto frequente, dato che il privato e gli stessi progettisti **preferiscono attendere il rilascio del permesso di costruire da parte del Comune anziché assumersi la responsabilità di formare la s.c.i.a.**, col rischio di dover eventualmente rispondere in prima persona degli illeciti commessi nella formazione dell'atto.

L'art. 23 del t.u. stabilisce, invece, i casi in cui la s.c.i.a. può essere presentata **in alternativa** al permesso di costruire.

Si tratta delle attività di **restauro e risanamento conservativo** ai sensi dell'art. 10, c. 1, lett. *c*), del t.u.; degli interventi di **nuova costruzione** o di **ristrutturazione urbanistica** previsti dalla pianificazione attuativa o da piani di lottizzazione, purché contengano precise disposizioni planovolumetriche, tipologiche, formali e costruttive; degli interventi di **nuova costruzione diretta esecuzione di strumenti urbanistici generali recanti precise disposizioni plano-volumetriche**.

A differenza di quanto previsto dall'art. 22 del t.u., in questi casi la presentazione della segnalazione completa di tutti i suoi elementi ed allegati **non abilita il privato alla immediata effettuazione delle opere programmate**. La segnalazione va infatti presentata almeno **trenta giorni** prima del programmato avvio delle opere, per cui sarà onere del richiedente attendere il decorso di questo termine prima di procedere all'edificazione sulla base del progetto presentato al Comune.

S.c.i.a. e tutela del terzo

Uno dei più gravi problemi pratici posti dalla disciplina della s.c.i.a. riguarda il modo attraverso cui il terzo danneggiato dalla realizzazione delle opere segnalate può rivolgersi al giudice per ottenere la cessazione dei lavori o la demolizione delle opere.

Si consideri l'esempio di Tizio, proprietario di un appartamento, che si ritiene danneggiato dalla s.c.i.a. presentata da Caio, condomino che intende effettuare delle opere di manutenzione straordinaria nell'appartamento adiacente.

Se l'opera fosse realizzata sulla base di un permesso di costruire, Caio potrebbe impugnare il provvedimento e chiedere al giudice di annullarlo. La s.c.i.a, tuttavia, non è un provvedimento amministrativo, ma un atto privato, come tale insuscettibile di impugnazione e annullamento da parte del giudice.

Dopo molte oscillazioni e incertezze, l'art. 19, c. 6 *ter* della l. n. 241/1990 ha espressamente chiarito come nei confronti della s.c.i.a. il terzo danneggiato possa sollecitare l'esercizio delle verifiche spettanti all'amministrazione e, in caso di inerzia, esperire l'azione prevista dall'art. 31 del Codice del processo amministrativo nei confronti del silenzio-inadempimento della p.a. (e ottenere, quindi, la condanna della p.a. ad adottare tutti i provvedimenti inibitori o di autotutela funzionali a tutelare sia l'interesse pubblico che, indirettamente, l'interesse del terzo in giurisprudenza cfr. Tar Campania, Napoli, sez. VIII, 9 gennaio 2023, n. 136).

7. Il permesso di costruire: caratteristiche e regime giuridico

Il permesso di costruire è il titolo edilizio che permette l'esercizio delle principali attività costruttive e delle opere che incidono maggiormente sull'assetto del territorio. La sua disciplina è contenuta negli artt. 10 ss. del t.u.

Prima di esaminare in dettaglio questi elementi, è bene chiarire la **natura giuridica** del permesso di costruire e le sue caratteristiche fondamentali.

Come anticipato, si tratta di un **provvedimento amministrativo**, ossia di un particolare atto emanato dall'amministrazione comunale nell'esercizio di un potere pubblico di accertamento della conformità delle opere progettate alle previsioni di piano e di legge. Nei confronti del permesso di costruire trova quindi applicazione la disciplina generale del provvedimento amministrativo, stabilita dal capo IV *bis* della l. n. 241/1990 e integrata dalla giurisprudenza.

Il permesso appartiene alla più ampia categoria dei provvedimenti noti come **autorizzazioni amministrative**. Come tutte le autorizzazioni, il permesso consente infatti il libero esercizio di un'attività privata conforme ad una determinata disciplina amministrativa, garantendo l'esercizio dell'attività costruttiva ed il pieno godimento del diritto ad edificare disciplinato dal piano e dalla legge (cfr. Corte cost., 25 gennaio 1980, n. 5).

Il permesso non esaurisce tuttavia i suoi effetti nell'accertamento del diritto ad edificare, ma può imporre anche una serie di specifici **oneri e doveri** a carico del costruttore, che dovrà sopportare determinate condizioni e prescrizioni ai fini del libero esercizio dell'attività edificatoria: fra i principali oneri rientrano il pagamento del contributo di costruzione, il rispetto di prescrizioni di carattere estetico (es. mascheramento delle costruzioni mediante siepi o piante), la realizzazione di opere accessorie da trasferire al Comune, sulla base di quanto previsto dal piano o da convenzioni di lottizzazione (es. parcheggi, marciapiedi, aree verdi).

Il principale onere correlato al rilascio del permesso di costruire è rappresentato dal **contributo di costruzione**, disciplinato dall'art. 16 del t.u.

Si tratta di una somma di danaro che il richiedente si obbliga a pagare all'atto del rilascio del permesso, anche mediante rateizzazioni. Tale somma è commisurata al costo di costruzione dell'opera e agli oneri di urbanizzazione, sulla base di una serie di tabelle parametriche stabilite dalle singole Regioni, in rapporto a distinte categorie di Comuni. Mentre la somma commisurata al costo di costruzione è assimilabile ad un **tributo** connesso all'esercizio dell'attività costruttiva ed all'impiego dei capitali necessari a realizzare l'opera, più complesse sono le ragioni che giustificano il pagamento delle somme dovute per le **opere di urbanizzazione**.

Ogni attività di nuova costruzione comporta delle trasformazioni in tutto il contesto territoriale circostante, ed impone, nel breve e medio periodo, la realizzazione di una serie di opere connesse al generale sviluppo urbanistico dell'area: si pensi agli allacciamenti agli impianti di erogazione di energia elettrica o gas, agli acquedotti, o alla realizzazione di nuove arterie stradali, marciapiedi e parcheggi (opere di urbanizzazione primaria), o alle strutture sociali e assistenziali a servizio dei residenti, come asili, scuole, aree verdi, impianti sportivi (opere di urbanizzazione secondaria).

La copertura dei costi necessari alla realizzazione di tali opere è parzialmente garantita da chi chiede il rilascio del permesso di costruire, nell'adempimento di un generale dovere di solidarietà sociale nei confronti della collettività. Secondo la giurisprudenza, si tratta pertanto di un **corrispettivo di diritto pubblico**, avente natura non tributaria, che viene determinato sulla base di parametri oggettivi: il pagamento prescinde dalla specifica utilità che le singole opere possono avere per il costruttore e dalle spese effettivamente necessarie per realizzare le varie strutture in tutto il territorio comunale.

L'art. 16, c. 2, del t.u. prevede inoltre che il pagamento degli oneri di urbanizzazione possa essere sostituito dalla diretta realizzazione delle opere da parte del costruttore (c.d. scomputo), che si impegna poi a trasferirne la proprietà al Comune, sulla base di un'apposita convenzione.

Secondo l'art. 17 del t.u., vi sono tuttavia casi in cui il contributo di costruzione **non è dovuto**, a fronte delle caratteristiche delle opere o delle finalità a cui esse sono preordinate. L'esonero si applica agli interventi da realizzare in zone agricole; agli interventi di ristrutturazione o ampliamento (entro il 20%) degli edifici unifamiliari; agli impianti, attrezzature, opere pubbliche o di interesse generale realizzati dagli enti pubblici competenti, nonché alle per le opere di urbanizzazione primaria, anche se realizzate da privati; ai nuovi impianti, lavori, opere, modifiche, installazioni, relativi alle fonti rinnovabili di energia, al risparmio o all'uso razionale delle fonti energetiche.

L'art. 10 del d.l. n. 76/2020, sempre allo scopo di incentivare determinate attività edilizie, ha modificato l'art. 17 t.u. stabilendo una riduzione, pari ad almeno il 20%, del contributo di costruzione relativo agli interventi di rigenerazione urbana, di ristrutturazione, di maggiore efficienza energetica, di recupero e riuso degli immobili dismessi o in via di dismissione. Le riduzioni previste andranno individuate dai Comuni, in rapporto alle tabelle regionali di riferimento. I Comuni potranno inoltre stabilire ulteriori riduzioni del contributo, anche giungendo alla sua integrale eliminazione.

Un'altra fondamentale caratteristica del permesso di costruire riguarda la tipologia di valutazioni effettuate dal Comune ai fini del suo rilascio.

Normalmente, l'amministrazione comunale compie una serie di **valutazioni tecniche**, che si risolvono nella verifica della conformità del progetto al piano ed alla normativa che condiziona l'attività edilizia (es. regolamento edilizio, norme antisismiche, ecc.). Queste valutazioni possono avere un contenuto più o meno complesso, a seconda della precisione delle norme di piano o di legge o delle peculiarità tecniche del progetto, ma non comportano mai l'esercizio di una discrezionalità amministrativa, ossia di una ponderazione discrezionale di interessi guidata da regole di politica urbanistica e di buona amministrazione, che si effettua nell'ambito della pianificazione territoriale (v. *supra*, Cap. II).

La natura delle valutazioni compiute ai fini del rilascio del permesso di costruire ha rilevanza in tutti i casi in cui la p.a. affermi l'incompatibilità del progetto con le norme di piano e neghi il rilascio del titolo edilizio. Una decisione di questo genere incide sugli interessi del richiedente e può giustificare il ricorso al giudice amministrativo per chiedere l'annullamento del diniego e la condanna al rilascio del titolo edilizio, secondo la vigente disciplina processuale. In questo caso, sono tuttavia discussi i limiti entro i quali il giudice amministrativo può verificare la correttezza del diniego fondato su valutazioni tecniche: la giurisprudenza ritiene che il sindacato possa spingersi a valutare almeno **l'attendibilità delle valuta-**

zioni compiute, senza che il giudice si sostituisca alla p.a. nell'analisi di conformità del progetto, che andrà ripetuta a seguito dell'annullamento del diniego.

Ulteriore caratteristica del permesso di costruire è la sua **efficacia temporanea**: la realizzazione delle opere assentite non è consentita per un periodo illimitato di tempo, ma entro una scadenza predeterminata dal legislatore al fine di garantire la concreta attuazione degli interventi costruttivi e la razionale applicazione delle previsioni pianificatorie.

Se così non fosse, qualsiasi ritardo nell'attività costruttiva avrebbe l'effetto di vanificare le previsioni di piano vigenti, ponendo al contempo dei seri ostacoli ad ogni successiva attività pianificatoria, dato che le scelte del Comune potrebbero essere influenzate e condizionate dallo stato di incertezza e dall'inerzia dei singoli proprietari o aventi titolo. Verrebbe quindi meno lo stesso significato della pianificazione urbanistica, sacrificando la funzione sociale della proprietà stabilita dall'art. 42 Cost. a favore degli interessi privati.

Può quindi comprendersi perché il t.u. contenga una disciplina molto rigida delle tempistiche dell'attività costruttiva: l'art. 15 del t.u. prevede, in particolare, che le opere assentite mediante il permesso debbano essere iniziate entro un anno dal rilascio del titolo ed essere concluse entro i tre anni dall'inizio dei lavori (ne deriva che il permesso esaurisce la sua efficacia nel termine massimo di quattro anni dalla sua emanazione). Nel caso in cui i lavori non siano avviati o conclusi entro i termini di legge, è stabilita la **decadenza** del permesso, che perde quindi i propri effetti e non consente di proseguire o ultimare i lavori, imponendo il rilascio di un nuovo permesso di costruire.

È comunque possibile chiedere una **proroga** dei lavori, ma negli stretti limiti stabiliti dallo stesso art. 15 del t.u. In particolare, la proroga può essere concessa dall'amministrazione sulla base di un provvedimento motivato, a fronte di **fatti sopravvenuti estranei alla volontà del titolare del permesso**, o in considerazione della **mole dell'opera da realizzare**, delle sue particolari **caratteristiche tecnico-costruttive**, o di **difficoltà tecnico-esecutive** emerse successivamente all'inizio dei lavori, o, ancora, quando si tratti di opere pubbliche il cui **finanziamento** sia previsto in più esercizi finanziari. È escluso, in ogni caso, che la proroga possa essere accordata per fatti riconducibili all'andamento del mercato immobiliare ed al suo impatto sull'attività imprenditoriale del costruttore.

La proroga è normalmente discrezionale, ma secondo l'art. 15, c. 2 *bis*, del t.u., l'amministrazione ha l'obbligo di emanare il provvedimento nel caso in cui i lavori non possano essere avviati o ultimati nei termini di legge, a causa di iniziative dell'amministrazione o dell'autorità giudiziaria **rivelatesi infondate** (es. apertura di un procedimento di riesame della legittimità del permesso, o di un'indagine penale sulla liceità delle opere). In questo modo, il legislatore evita che al blocco del cantiere normalmente derivante dalle iniziative dell'amministrazione o dei giudici – che normalmente implicano la sospensione dei lavori o, nei casi più gravi, il sequestro dello stesso cantiere – si aggiunga il danno derivante dalla decadenza del permesso: la proroga ha quindi la funzione di compensare il costruttore del pregiudizio patito, una volta che l'iniziativa dell'amministrazione o dei giudici si sia rivelata priva di fondamento (e sia quindi pacifico il diritto di costruire o di proseguire i lavori).

Nella prassi, è tuttavia difficile capire quando i lavori siano effettivamente iniziati o ultimati, anche perché il t.u. nulla dice al riguardo: secondo la giurisprudenza, l'avvio dei lavori coincide con le attività di seria organizzazione del cantiere e con lo svolgimento delle opere di scavo e fondazione dell'edificio; la conclusione dei lavori coincide con il completamento delle strutture essenziali dell'opera, e, nel caso di nuove costruzioni, con la realizzazione delle fondazioni, delle strutture portanti, della copertura, dei muri perimetrali, delle tramezzature interne, dei solai, dei pavimenti, degli infissi, con la sola esclusione degli impianti e delle rifiniture di carattere accessorio.

Chiarite le caratteristiche fondamentali del permesso di costruire, vanno esaminati gli specifici **presupposti** per il suo rilascio: si possono distinguere presupposti soggettivi (inerenti alle qualità del soggetto che formula la richiesta) e presupposti oggettivi (inerenti alle caratteristiche delle opere in progetto).

Per quanto riguarda i presupposti di tipo soggettivo, l'art. 11 del t.u. precisa come il titolo sia rilasciato a favore del **proprietario** dell'immobile o di chi **abbia titolo** per richiedere il provvedimento, in forza di un particolare rapporto giuridico con il terreno o l'edificio su cui andranno realizzate le opere. La condizione di proprietario dell'immobile va determinata sulla base delle previsioni del libro III del codice civile (artt. 832 ss.), e non presenta particolari difficoltà interpretative. Più complessa è invece la condizione dell'avente titolo, visto che si tratta di una categoria indeterminata e non meglio definita dal legislatore.

Secondo la giurisprudenza, rientrano nel concetto di avente titolo tutti i soggetti che possono esercitare il diritto di costruire senza essere proprietari dell'immobile, sulla base di altri diritti reali diversi dalla proprietà: l'esempio più ricorrente è quello del titolare del diritto di superficie (artt. 952 c.c. ss.), dell'usufruttuario (artt. 978 c.c.), degli affittuari di fondi rustici (artt. 1628 c.c. ss.). È discusso se il permesso di costruire possa essere rilasciato al promissario acquirente, ossia al soggetto che ha stipulato un contratto preliminare di acquisto di un terreno o di un immobile, rinviando ad una data successiva la stipulazione del contratto definitivo e il trasferimento del diritto di proprietà (art. 1351 c.c.). La giurisprudenza ritiene che anche il promissario acquirente possa ottenere il permesso, purché abbia avuto il preventivo consenso dell'attuale proprietario.

Attività costruttiva su proprietà condominiale

L'individuazione dell'avente titolo al rilascio del permesso di costruire può essere un problema nel caso di opere da realizzare sulle parti comuni di un edificio condominiale, come pareti esterne o tetti: si ipotizzi il caso in cui Tizia intenda realizzare una canna fumaria ed altre tubature accessorie a servizio esclusivo del proprio appartamento, posizionandole sulla facciata dell'edificio e facendole risalire fino al tetto dello stabile (ristrutturazione "pesante").

Tizia può ottenere dal Comune il permesso di costruire, o deve ottenere il preventivo assenso degli altri condomini?

La giurisprudenza tende a distinguere caso per caso, in rapporto alle caratteristiche delle opere: se si tratta di lavori che non incidono in maniera significativa sull'utilizzo della cosa comune da parte degli altri condomini, non serve ottenere il loro preventivo assenso, ed il singolo condomino può essere legittimato a ottenere il rilascio del permesso.

Se, invece, le opere in programma incidono sull'uso normale della cosa comune, alterandone la destinazione o le sue caratteristiche fondamentali, sarà necessario il preventivo assenso dell'assemblea dei condomini (cfr. Tar Campania, Napoli, sez. II, 16 novembre 2021, n. 7256; ma già Cons. Stato, sez. IV, 11 aprile 2007, n. 1654).

Per quanto concerne i presupposti oggettivi del titolo edilizio, l'art. 10 del t.u. stabilisce che il permesso di costruire può essere rilasciato solo in **casi tassativi** in cui non trova applicazione la s.c.i.a., ossia nelle menzionate ipotesi di nuova costruzione, ristrutturazione urbanistica e ristrutturazione.

8. Il procedimento di rilascio del permesso di costruire e i meccanismi di semplificazione previsti dalla legge

Stabilite le caratteristiche principali del permesso di costruire e i presupposti per il suo rilascio, va esaminato il procedimento amministrativo di formazione del titolo edilizio.

Se nei casi di s.c.i.a. il legislatore ha stabilito di eliminare il procedimento amministrativo a favore dell'attività privata di segnalazione, nei casi in cui sia necessario il rilascio del permesso di costruire il procedimento è necessario: è attraverso il procedimento che la p.a. esercita l'essenziale funzione di garanzia che le è attribuita dalla legge, a tutela di chi richiede il titolo costruttivo e dello stesso interesse pubblico alla corretta attuazione delle previsioni pianificatorie. Il procedimento è definibile come un insieme di attività reciprocamente coordinate e connesse, finalizzate all'emanazione del provvedimento autorizzativo (o al suo diniego, nel caso in cui non sussistano i presupposti soggettivi ed oggettivi di formazione del permesso).

Normalmente, il procedimento di rilascio del permesso può essere suddiviso in quattro differenti fasi: **fase dell'iniziativa**, in cui viene presentata la domanda per il rilascio del provvedimento, con allegata documentazione progettuale; **fase istruttoria**, in cui l'amministrazione valuta tutti i requisiti di ammissibilità e fondatezza della domanda presentata; **fase decisoria**, in cui si stabilisce se rilasciare o meno il provvedimento, sulla base delle risultanze acquisiste nella precedente fase istruttoria; **fase integrativa** dell'efficacia del provvedimento, in cui si comunica all'interessato l'esito del procedimento. Queste fasi sono oggetto di una disciplina specifica da parte del legislatore: i principali punti di riferimento sono dati dall'art. 20 del t.u. e dalle previsioni integrative della l. n. 241/1990, che stabiliscono le caratteristiche fondamentali di ogni tipo di attività amministrativa.

L'art. 20 disciplina, innanzitutto, la fase dell'iniziativa, specificando le caratteristiche della **domanda** che l'avente titolo deve presentare allo **Sportello unico** per l'edilizia del Comune, o all'ufficio comunque competente ad esaminare la richiesta: alla domanda vera e propria (compilabile mediante modelli predisposti dalla p.a.) devono essere **allegati** un'attestazione relativa al titolo che legittima il rilascio del permesso, gli allegati progettuali e gli ulteriori documenti eventualmente richiesti dalla legge. Deve essere allegata anche una **dichiarazione del progettista**, in cui si attesti la conformità del progetto alle previsioni di piano e all'intera disciplina di legge applicabile all'attività costruttiva (norme antisismiche, antincendio, sanitarie ecc.). Una volta ricevuta la domanda, lo Sportello comunica il nominativo del **responsabile del procedimento**, ossia del soggetto che curerà la successiva attività istruttoria e i rapporti con il richiedente, sulla base della disciplina generale contenuta nel capo II della l. n. 241/1990.

Con questa comunicazione termina la fase di iniziativa e si apre la fase istruttoria. L'art. 20, c. 3, del t.u. stabilisce che entro i **sessanta giorni** successivi alla presentazione della domanda il responsabile del procedimento valuta la conformità del progetto al piano e acquisisce gli eventuali pareri o atti di assenso necessari ad assentire l'opera (es. pareri o nulla osta dell'autorità sanitaria ecc.).

Tali documenti sono indicati dall'art. 5 del t.u., che affida allo Sportello unico per l'edilizia l'acquisizione di una serie di **ulteriori valutazioni**, sempre che siano necessarie in rapporto alle caratteristiche dell'opera e alle previsioni di legge: ad es., parere dell'A.s.l. competente, parere dei Vigili del Fuoco, autorizzazioni regionali in materia antisismica, autorizzazioni della p.a. competente per opere realizzate nei pressi del demanio militare, marittimo o ferroviario, autorizzazioni e nulla osta per opere realizzate su immobili soggetti a vincolo paesaggistico o storico-artistico, o su immobili soggetti a vincolo idrogeologico.

In tutti questi casi, il termine di sessanta giorni può essere **interrotto** sulla base delle motivate richieste del responsabile del procedimento, allo scopo di acquisire tutti i documenti utili da parte delle amministrazioni competenti, che non di rado dovranno aprire autonomi procedimenti di verifica della compatibilità delle opere con la normativa di riferimento. Una volta acquisita la documentazione necessaria, il termine ricomincia a decorrere, con ulteriori sessanta giorni di tempo per la valutazione di conformità del progetto.

La fase istruttoria termina con una **proposta di provvedimento** formulata dal responsabile: in questa proposta, corredata da una relazione tecnica, si formula innanzitutto una qualificazione giuridica del progetto alla luce dei tipi di attività costruttiva (v. *supra*, par. 3). La proposta può essere pienamente conforme alla richiesta o prescrivere alcune **modifiche** di lieve entità, basate su specifiche ragioni di ordine tecnico. La proposta viene comunicata al richiedente, tenuto a rispondere al responsabile entro un termine indicato dall'amministrazione, di regola inferiore ai trenta giorni: qualora il richiedente accetti le modifiche richieste, sarà necessario **integrare la documentazione** allegata alla domanda con nuove indicazioni progettuali.

Con la proposta di provvedimento termina anche la fase istruttoria e si apre la fase decisoria, in cui il responsabile – o un altro dirigente dotato di specifiche competenze – forma il **provvedimento finale**, da comunicare al richiedente entro i **trenta giorni** successivi alla comunicazione della proposta. Nel caso in cui il progetto sia conforme al piano, o la proposta sia stata accettata dal richiedente, verrà rilasciato il permesso di costruire. Nel caso in cui il progetto non sia conforme al piano, o sorgano contestazioni in ordine al contenuto della proposta, il Comune dovrà invece comunicare il **preavviso di rigetto** della domanda, ai sensi dell'art. 10 *bis* della l. n. 241/1990 e dell'art. 20, c. 6, del t.u. Il preavviso di rigetto permette al richiedente di presentare ulteriori documenti e allegati progettuali a sostegno della propria domanda, evidenziando al responsabile le ragioni per le quali i lavori dovrebbero essere assentiti entro i successivi dieci giorni. Si apre quindi un **supplemento di istruttoria**, con l'esame dei nuovi documenti e la rivalutazione della domanda: entro quaranta giorni dalla presentazione dei documenti e delle osservazioni, il responsabile potrà ribadire la propria scelta, e negare il rilascio del provvedimento, o accogliere le istanze del richiedente, e rilasciare il permesso.

Il provvedimento finale va **motivato**, ai sensi dell'art. 3 della l. n. 241/1990, indicando i presupposti di fatto e le ragioni giuridiche alla base del permesso o del suo diniego. La giurisprudenza richiede una motivazione particolarmente rigorosa soprattutto in caso di diniego, mediante l'indicazione degli elementi ostativi al rilascio del titolo e delle norme edilizie ed urbanistiche concretamente violate.

Una volta esaurita la fase decisoria, il procedimento si conclude con la fase di integrazione dell'efficacia: in questa fase, il provvedimento che accoglie o rigetta la domanda deve essere **notificato** al richiedente nelle forme previste per la notifica degli atti giudiziari (artt. 137 ss. c.p.c.). Questa fase è di primaria importanza, perché, entro i sessanta giorni seguenti alla notifica del diniego di permesso di costruire, il richiedente potrà ricorrere al **giudice amministrativo** per chiedere l'annullamento dell'atto.

Nel solo caso in cui la domanda sia accolta, il permesso di costruire va **pubblicato** mediante affissione sull'albo pretorio del Comune, in modo da consentire a tutti gli interessati (es. proprietari confinanti, condomini, promissario venditore, titolari di diritti reali sul bene) di avere piena cognizione delle attività autorizzate dall'amministrazione e dei loro possibili effetti.

Nel caso in cui il permesso sia illegittimo e lesivo degli interessi di terzi, il ricorso potrà essere promosso da questi ultimi entro i sessanta giorni successivi alla pubblicazione dell'atto sull'albo pretorio, anche se ciò non preclude che il ricorso possa essere promosso entro una data successiva, quando i terzi abbiano avuto per altre vie la **piena conoscenza** del permesso. Secondo la giurisprudenza, ciò avviene con il completamento dei lavori, quando è materialmente apprezzabile la reale portata dell'intervento assentito.

Oggi il richiedente ha anche la facoltà di ottenere un'attestazione della intervenuta formazione del titolo edilizio in via tacita. Secondo l'art. 20 del t.u., lo sportello unico per l'edilizia è infatti tenuto a rilasciare anche in via telematica, entro quindici giorni dalla richiesta dell'interessato, un'attestazione circa il decorso dei termini del procedimento, in assenza di richieste di integrazione documentale o istruttorie inevase e di provvedimenti di diniego. Altrimenti, nello stesso termine, comunica all'interessato che tali atti sono intervenuti.

L'attestazione non ha effetti costitutivi, in quanto la formazione del titolo edilizio discende direttamente dal decorso del termine per il silenzio-assenso. La sua principale funzione è nell'incentivare la certezza delle attività di compravendita immobiliare relative ad edifici non ancora costruiti, ma già assentiti sulla base del meccanismo del silenzio assenso.

Tuttavia, qualora l'attestazione venga formalmente comunicata dal soggetto che ha richiesto il rilascio del titolo edilizio ai terzi potenziali controinteressati (es. proprietari di edifici limitrofi) la conoscenza di tale atto determinerà l'anticipata decorrenza del termine di sessanta giorni per l'impugnazione del titolo formatosi in via tacita, senza che il controinteressato possa contestare il contenuto del silenzio assenso con il completamento delle opere.

Dall'esame della disciplina si può facilmente intuire come il procedimento di rilascio del permesso di costruire possa diventare farraginoso e complesso, con il rischio – confermato dalla prassi amministrativa – di **dilatare i tempi** di formazione dell'atto: se è vero che tutti gli adempimenti sono preordinati a garantire la legittimità dell'attività costruttiva e a salvaguardare gli interessi del costruttore e dei terzi, ciò non toglie che il sistema sia particolarmente oneroso per i privati e per le imprese che intendono programmare con una qualche certezza e stabilità i tempi e i modi di approvazione del progetto e dell'inizio dei lavori.

Secondo quanto prevede l'art. 20, c. 7, del t.u., i termini di conclusione possono essere in ogni caso raddoppiati su espressa decisione del responsabile del procedimento, qualora i progetti da valutare siano **particolarmente complessi**: ipotesi che nella prassi è tutt'altro che infrequente.

Per ovviare a questi inconvenienti, con d.l. n. 70/2011 il legislatore ha introdotto un meccanismo di semplificazione della fase decisoria del procedimento, attraverso il meccanismo del **silenzio-assenso**. La sua disciplina è fissata dall'art. 20, c. 8, del t.u. e dalle generali previsioni dell'art. 20 della l. n. 241/1990.

È essenziale ricordare come l'art. 20 della l. n. 241/1990 escluda l'applicabilità del silenzio assenso ai procedimenti amministrativi in cui vengano in rilievo interessi relativi al patrimonio culturale e paesaggistico, all'ambiente, alla tutela dal rischio idrogeologico, meritevoli di una particolare protezione ai sensi dell'art. **9 Cost.**: ne deriva, secondo una parte della giurisprudenza, che il meccanismo del silenzio-assenso non trova applicazione, in edilizia, ogni qualvolta l'opera da assentire ricada in **zo-**

ne soggette a vincoli culturali, paesaggistici, idrogeologici. L'ipotesi è tutt'altro che infrequente, visto che larga parte del territorio italiano è assoggettata a vincoli idrogeologici (specie in aree collinari e montuose), o a vincoli di carattere culturale-paesaggistico (si pensi non solo ai centri storici, ma anche alle aree extraurbane di particolare pregio estetico).

Nei limiti anzidetti, il silenzio-assenso assume in ogni caso un carattere generale.

Secondo i principi del diritto amministrativo, esso implica che, entro un determinato termine dalla presentazione dell'istanza, l'inerzia dell'amministrazione possa essere assimilata ad un **provvedimento tacito favorevole**, consentendo l'avvio dell'attività programmata. Si tratta, pertanto, di una finzione giuridica attraverso cui il legislatore esonera la p.a. dall'apertura e dallo svolgimento della fase decisoria, se al termine della fase istruttoria appare chiara la sussistenza dei presupposti per la formazione dell'atto favorevole. In tal modo il silenzio assenso si differenzia dalla s.c.i.a., che elimina l'intero procedimento (v. *supra*, par. 6).

Secondo quanto previsto dall'art. 20, c. 8, del t.u., il silenzio assenso sulla domanda di rilascio del permesso di costruire si forma dopo il decorso del termine di adozione del provvedimento conclusivo: sulla base di quanto previsto dai precedenti commi, il termine scade dopo **novanta giorni** dalla presentazione della domanda presso lo Sportello unico (termine derivante dalla somma dei sessanta giorni di durata della fase istruttoria e dei trenta giorni della fase decisoria, anche se quest'ultima non viene effettivamente svolta).

La giurisprudenza ha tuttavia chiarito i **requisiti minimi** che giustificano la formazione del silenzio-assenso, posto che non è sufficiente presentare una qualsiasi domanda per beneficiare degli effetti favorevoli di legge. Se così non fosse, chiunque si potrebbe avvantaggiare di questo meccanismo per avviare qualsiasi attività costruttiva, approfittando delle difficoltà organizzative dell'amministrazione. Secondo i giudici, le istanze devono provare la legittimazione del richiedente, devono contenere una corretta indicazione del progetto e devono essere rivolte al Comune competente. Il silenzio non può quindi formarsi nell'ipotesi in cui il richiedente ed i propri tecnici di fiducia abbiano rappresentato una situazione di fatto diversa da quella reale.

Il permesso di costruire formato in forma tacita ha gli **stessi effetti** di un provvedimento favorevole: esso consente l'avvio dei lavori e l'esecuzione delle opere conformi al progetto presentato allo Sportello unico. L'amministrazione conserva tuttavia il potere di annullare d'ufficio in autotutela il permesso tacito qualora, a seguito della conclusione del procedimento, emerga il contrasto del progetto con le norme di piano o di legge, secondo quanto stabilito dalle previsioni generali degli artt. 20, c. 3, e 21 *nonies* della l. n. 241/1990.

Chi può patire dei seri pregiudizi dal meccanismo del silenzio-assenso è il **terzo** danneggiato dall'attività costruttiva (es. condomino, proprietario confinante, ecc.), che non è in grado di conoscere tempestivamente il contenuto dell'atto favorevole rilasciato al costruttore, come avviene quando il permesso di costruire viene pubblicato sull'albo pretorio del Comune. Il sistema processuale consente al terzo di contestare il silenzio-assenso sulla stessa falsariga del provvedimento favorevole, chiedendo l'accertamento della illegittimità del titolo edilizio formatosi in forma tacita al giudice amministrativo, entro i sessanta giorni successivi alla piena conoscenza dell'avvio dei lavori o dall'ultimazione delle opere.

Chi può contestare gli esiti del procedimento?

Se un procedimento di formazione di un permesso di costruire autorizza la realizzazione di un immobile contrario alla disciplina urbanistica, chi può contestare la decisione? Certo non il destinatario del permesso, che si avvantaggia dal rilascio del titolo. Semmai, il ricorso al giudice può essere garantito ad altri soggetti. Ma quali? Tutti i residenti in un Comune, tutti i proprietari di immobili situati nelle vicinanze? Occorre necessariamente stabilire un "filtro" al ricorso al giudice, al fine di evitare incertezze.

A tal fine, la giurisprudenza ha recentemente chiarito in cosa consista la *vicinitas*, quale situazione di vicinanza all'immobile oggetto di intervento costruttivo sufficiente a legittimare il ricorso al giudice.

Essa esprime lo stabile collegamento tra un determinato soggetto e il territorio o l'area sulla quale sono destinati a prodursi gli effetti del titolo edilizio contestato. Lo stabile collegamento deve quindi essere valutato in considerazione degli effetti che il provvedimento è concretamente suscettibile di produrre nella "sfera giuridica" del vicino (Cons. Stato, sez. II, 13 novembre 2023, n. 9696; ma già Cons. Stato, Ad. Plen., 9 dicembre 2021, n. 22).

Si prenda il caso di Mevia, proprietaria di una villetta sita in località turistica, che contesta il procedimento con cui è stata consentita a Tizio la realizzazione di un ascensore esterno per accedere alla propria abitazione, distante circa duecento metri. L'attività costruttiva di Tizio non lede certamente il diritto di proprietà di Mevia, data l'evidente distanza fra i due immobili. Mevia può comunque contestare la realizzazione delle opere?

Questa condizione va apprezzata in rapporto alla situazione dei luoghi e al potenziale impatto delle opere assentite: si deve tener conto, in particolare, della natura e delle dimensioni dell'opera, della sua destinazione, delle sue implicazioni urbanistiche e delle conseguenze prodotte dalla nuova struttura sulla qualità della vita di chi risiede nella zona o vi è spesso presente per ragioni lavorative o simili.

Nel caso in esame, l'opera ha dimensioni modeste e non particolarmente impattanti nei confronti degli immobili situati nelle circostanze. L'opera non incide in maniera apprezzabile sulla qualità della vita di Mevia, non essendo provati gli specifici pregiudizi patiti dalla realizzazione delle opere: non sussiste quindi legittimazione a impugnare il permesso e a contestare il procedimento di formazione del titolo edilizio.

9. Il permesso di costruire in deroga

I titoli edilizi esaminati in precedenza sono accomunati dal fatto di consentire l'esercizio di attività costruttive conformi agli strumenti urbanistici di riferimento, in coerenza con le scelte programmatiche effettuate in sede di pianificazione territoriale.

Vi sono, tuttavia, dei casi in cui i vincoli stabiliti dai piani urbanistici devono essere superati, per consentire in via straordinaria la realizzazione di opere indispensabili alla soddisfazione di determinati interessi della collettività: si consideri la costruzione della nuova ala di un ospedale, di una scuola, di un museo o di uno stadio. In questi casi, l'interesse pubblico al rigoroso rispetto delle previsioni urbanistiche e della disciplina pianificatoria passa in secondo piano rispetto **all'interesse pubblico sopravvenuto** che giustifica la realizzazione delle nuove opere. Si deve poi considerare che la p.a. ha il dovere istituzionale di soddisfare nuovi interessi pubblici senza essere vincolata alle sue precedenti decisioni.

Di regola, il modo migliore per consentire questo tipo di interventi potrebbe essere rappresentato da una **revisione dello strumento urbanistico** mediante varianti di piano volte a consentire la realizzazione delle nuove opere, ma il procedimento può essere particolarmente complesso ed impedire la rapida attuazione del progetto. Il legislatore ha quindi previsto che questi interventi possano essere realizzati mediante il rilascio di un permesso di costruire in deroga alle previsioni di piano, senza la necessità di varianti.

La disciplina di questo speciale titolo edilizio è stabilita dall'art. 14 del t.u., da integrare con la legislazione regionale intervenuta in materia.

Le caratteristiche fondamentali dell'istituto e la sua disciplina giuridica evidenziano come si tratti di un titolo edilizio profondamente diverso dal normale permesso di costruire.

Il permesso in deroga non è assimilabile ad un'autorizzazione amministrativa, ma a una vera e propria **concessione**, attraverso cui la p.a. consente l'esercizio di attività costruttive che non sono previste dagli strumenti urbanistici e che non rientrano, dunque, fra le prerogative del proprietario del suolo o di altro soggetto legittimato a costruire.

Si tratta, inoltre, di un provvedimento **pienamente discrezionale**, rilasciato sulla base di un bilanciamento fra gli interessi pubblici e gli eventuali interessi privati connessi all'esercizio dell'attività costruttiva. Da questo punto di vista, l'attività valutativa che il Comune compie ai fini del rilascio della deroga non è diversa da quella compiuta ai fini dell'adozione di un piano urbanistico.

La deroga è, infine, un provvedimento **eccezionale**, da emanare sulla base di rigorose e motivate esigenze di interesse pubblico (cfr. Cons. Stato, sez. VI, 14 giugno 2021, n. 4591). Se si ricorresse troppo spesso a questo istituto, le stesse previsioni di piano ed il generale principio di salvaguardia finirebbero per perdere la loro stessa ragion d'essere, e la deroga stessa diverrebbe un inaccettabile strumento di "micro-pianificazione", con effetti devastanti per il territorio e per il generale equilibrio urbanistico. La giurisprudenza ha perciò chiarito come la concessione in deroga non possa essere utilizzata dai Comuni per realizzare nuovi assetti urbanistici, essendo a questo scopo necessaria l'adozione di una variante. La deroga consente, invece, un **intervento edilizio circoscritto**, che lascia inalterato l'assetto urbanistico del resto della zona. Si capisce, quindi, perché l'art. 14 del t.u. abbia circoscritto con particolare rigore l'ambito di applicazione del permesso in deroga, sia per quanto attiene alla tipologia di opere realizzabili che per quanto attiene alle norme di piano che possono essere derogate dal titolo edilizio.

Per quanto concerne gli interventi ammessi in deroga, il legislatore ha stabilito che il provvedimento possa essere rilasciato unicamente al fine di realizzare **edifici e impianti pubblici** o di **interesse pubblico, mediante interventi di nuova costruzione.**

Per edifici e impianti pubblici si intendono le costruzioni di proprietà pubblica, destinate allo svolgimento di attività di interesse generale (cfr. anche *infra*, Cap. IV). Si tratta di opere normalmente rientranti nel c.d. **demanio artificiale** o del **patrimonio indisponibile** di Stato, enti pubblici ed enti pubblici territoriali (artt. 822 ss. c.c.): ad es. gli immobili dove hanno sede gli uffici comunali, le stazioni ferroviarie, gli edifici scolastici, gli aeroporti, le strade e i parcheggi pubblici, gli impianti di distribuzione di acqua ed energia elettrica, gli impianti di smaltimento rifiuti e simili.

Le opere di interesse pubblico sono invece edifici o impianti di proprietà privata, destinati a soddisfare gli **interessi della collettività territoriale**, giustificando il rilascio del titolo edilizio da parte del Comune.

Dato che i Comuni sono enti a fini generali, qualsiasi opera capace di incidere positivamente sul tessuto economico-sociale di una determinata zona può essere potenzialmente qualificata come edificio di interesse pubblico: si consideri il caso di edifici scolastici privati, di centri sportivi privati, o di determinati edifici industriali, commerciali o alberghieri idonei ad incidere in maniera positiva sul livello occupazione del territorio (cfr. Cons. Stato, sez. II, 5 aprile 2022, n. 2541). Per evitare un'interpretazione troppo estensiva della nozione di opera di interesse pubblico, si sono talvolta **tipizzati** gli interventi realizzabili in deroga.

L'art. 10 del d.l. n. 76/2020 ha stabilito che anche gli interventi di ristrutturazione edilizia – nei termini particolarmente ampi di cui si è già scritto in precedenza – possono essere assentiti, sussistendone le circostanze, mediante concessione in deroga.

Secondo il nuovo art. 14 del t.u., la deroga è permessa sulla base di una deliberazione del Consiglio comunale che attesti l'interesse pubblico dell'intervento, a prescindere dal fatto che esso abbia ad oggetto immobili di proprietà pubblica o privata. L'interesse pubblico ha tuttavia ad oggetto le sole finalità di rigenerazione urbana, di contenimento dell'uso del suolo e di recupero sociale ed urbano dell'insediamento: se la ristrutturazione in deroga non persegue tali obiettivi, non può essere assentita.

Per quanto concerne le norme di piano derogabili, l'art. 14 del t.u. precisa che la deroga può riguardare esclusivamente i limiti di **densità edilizia**, di **altezza** e di **distanza tra i fabbricati** stabiliti dalle norme di attuazione dei piani urbanistici generali o dagli strumenti attuativi. Ad ulteriori condizioni, è consentita anche la deroga delle **destinazioni d'uso** impresse agli immobili dai singoli strumenti urbanistici: secondo l'art. 14, c. 1 *bis*, del t.u., la concessione può essere in questo caso rilasciata per le sole opere di ristrutturazione edilizia – anche all'interno di aree industriali dismesse – purché la deroga non determini un aumento della superficie coperta prima dell'intervento di ristrutturazione, e fatto salvo il rispetto della disciplina di legge in materia di insediamenti commerciali.

Con riguardo al procedimento di formazione della deroga, l'art. 14 del t.u. impone la preventiva **deliberazione del consiglio comunale**. Nella prassi, la domanda andrà quindi presentata allo Sportello unico, che dopo una verifica della completezza dei documenti e degli allegati progettuali sottoporrà il fascicolo all'esame dell'organo consiliare, presso il quale si concentrano sia la fase istruttoria che la fase decisoria del procedimento. Spetta quindi al consiglio il potere di verificare l'effettiva sussistenza di un interesse pubblico alla realizzazione dell'intervento, mediante una razionale analisi dei potenziali **costi e benefici** dell'opera per la collettività territoriale: se i costi sono rappresentati soprattutto dal contrasto dell'intervento costruttivo con le norme di piano, i benefici riguardano l'atteso impatto della struttura sul tessuto economico-sociale di riferimento.

A questo riguardo, la giurisprudenza ha puntualmente precisato che l'interesse pubblico debba avere natura e qualità prevalenti rispetto agli interessi che hanno trovato considerazione e riconoscimento negli atti di pianificazione territoriale, sulla base di una adeguata **valutazione comparativa** fra le eccezionali ragioni che impongono la deroga e la situazione di fatto e di diritto esistente, anche a tutela del **legittimo affidamento** riposto dai privati sull'assetto urbanistico derivante dalle prescrizioni cui si presta normalmente osservanza.

La concessione in deroga per luoghi di culto

Nella prassi, sono state spesso contestate le deroghe rilasciate a favore di associazioni religiose per la realizzazione di edifici di culto mediante mutamenti di destinazione d'uso e attività di ristrutturazione in edifici già adibiti ad altri scopi: circostanza frequente per tutti le fedi a-cattoliche, che celebrano i propri culti in locali diversi dalle usuali "chiese" presenti nel territorio italiano.

Si consideri la richiesta dell'associazione Alfa, che intende adibire un locale già utilizzato ad usi commerciali a luogo di culto a-cattolico, situato al pianterreno di un condominio. Può il consiglio comunale consentire la trasformazione del locale commerciale a luogo di culto?

La giurisprudenza pronunciatasi in materia ha escluso l'ammissibilità della deroga, sottolineando come i mutamenti di destinazione d'uso possano avvenire soltanto nel rispetto delle destinazioni di zona: cosicché, se il locale ad uso commerciale ricade in zona residenziale o in zona produttiva, non sarà possibile assentire l'intervento costruttivo (cfr. Cons. Stato, sez. VI, 19 luglio 2022, n. 6256; ma già Tar Emilia-Romagna, Parma, sez. I, 26 novembre 2009, n. 792).

10. Il certificato di agibilità mediante s.c.i.a.

In passato, l'amministrazione era tenuta a verificare che, una volta terminati i lavori segnalati mediante s.c.i.a. o assentiti mediante il rilascio del permesso di costruire, fossero state effettivamente rispettate dal costruttore le condizioni igienico-sanitarie prescritte dalla legge al fine di garantire la realizzazione di edifici salubri.

Si trattava, dunque, di un controllo giustificato dalle esigenze di **precauzione** e **prevenzione** dei rischi sanitari conseguenti alla cattiva o incompleta esecuzione dei lavori, a primaria tutela del diritto alla salute riconosciuto dall'art. 32 Cost. e in aderenza alla funzione sociale della proprietà, secondo quanto prevede l'art. 42, c. 2, Cost. (cfr. Cons. Stato, sez. VI, 7 novembre 2023, n. 9572).

Al termine del procedimento veniva rilasciato dalla p.a. un certificato di agibilità. Si trattava di un atto amministrativo di natura mista, **certificativa e abilitativa**, che consentiva il concreto utilizzo del bene realizzato secondo le finalità stabilite dal progetto e dalla stessa disciplina di piano (es. abitative, produttive, commerciali e simili).

Il certificato di agibilità aveva una grande rilevanza nella **prassi commerciale.** Secondo la giurisprudenza, infatti, il venditore-costruttore aveva l'obbligo di consegnare all'acquirente il certificato di agibilità, chiedendone personalmente il rilascio e sostenendo le spese del relativo procedimento. La mancata consegna del certificato costituiva, quindi, un grave inadempimento del venditore (cfr. Cass. civ., sez. II, 27 novembre 2009, n. 25040).

L'attuale disciplina dell'art. 24 del t.u. **ha sostituito il certificato di agibilità con un procedimento di s.c.i.a.**, in forza del quale è lo stesso titolare del permesso di costruire o lo stesso autore della s.c.i.a. edilizia a dichiarare la conformità delle opere realizzate al progetto presentato, oltre che la sussistenza delle condizioni di sicurezza, igiene, salubrità, risparmio energetico degli edifici e degli impianti negli stessi installati, nonché, ove previsto, del rispetto degli obblighi di infrastrutturazione digitale, nei termini imposti dalla disciplina vigente.

La formulazione dell'art. 24 e la contestuale abrogazione dell'art. 25 del t.u. comportano che la presentazione della s.c.i.a. sia obbligatoria, e non possa essere sostituita dalla presentazione di un'apposita istanza alla p.a., che non ha più il potere di emanare questo tipo di certificati.

Come già osservato in rapporto alla disciplina generale della s.c.i.a. (cfr. *supra*, par. 6), si è di fronte ad un fenomeno di semplificazione amministrativa che implica **il trasferimento della posizione di garanzia** avente ad oggetto la certificazione di conformità dell'opera dall'apparato amministrativo **al soggetto privato**, che si assume tutti gli **oneri** ed i **costi** connessi allo svolgimento di tale attività.

Secondo l'art. 24, la s.c.i.a. va presentata allo Sportello Unico dell'edilizia del Comune competente, ed ha ad oggetto tutte le **nuove costruzioni, le ricostruzioni e sopraelevazioni (anche parziali)**, oltre che **gli interventi su edifici esistenti** che possono aver inciso sulle condizioni di sicurezza, igiene, salubrità, conformità energetica dell'immobile.

La s.c.i.a. può essere presentata, in assenza di ulteriori lavori, anche per gli immobili legittimamente realizzati ma privi di agibilità, a condizione che rispettino i requisiti di sicurezza e salubrità individuati da un apposito decreto interministeriale. Tale disciplina dovrebbe agevolare la circolazione economica di immobili attualmente privi dei requisiti per ottenere una agibilità "a regime", ma conformi alla nuova disciplina interministeriale.

11. Titoli edilizi in attuazione di convenzioni urbanistiche

Nel primo capitolo si sono esaminati i piani attuativi e, in particolare, i piani di lottizzazione (v. *supra*, Cap. I, par. 5).

L'approvazione dei piani, secondo le modalità stabilite dalle singole leggi regionali, influenza anche la successiva attività edificatoria e, in particolare, il rilascio dei titoli edilizi necessari alla realizzazione delle opere previste.

Il caso più frequente riguarda i piani di lottizzazione. Va ricordato, a questo riguardo, che i piani di lottizzazione sono integrati attraverso la sottoscrizione di accordi fra Comuni e privati lottizzanti (c.d. convenzioni di lottizzazione). In questi accordi sono stabiliti i diritti e gli obblighi delle parti, con riferimento alla realizzazione degli edifici di proprietà privata e delle opere di urbanizzazione primaria e secondaria necessarie al fine di garantire l'equilibrato sviluppo dell'area da edificare (v. art. 28, l. n. 1150/1942).

Nella convenzione di lottizzazione si stabiliscono, ad esempio, modalità di realizzazione di strade e parcheggi, come pure delle reti idriche ed elettriche; si fissa il costo delle opere; si stabilisce se le opere vanno costruite dai privati lottizzanti, per essere successivamente cedute al Comune, o se vanno costruite direttamente dal Comune; si stabiliscono i termini di attuazione della convenzione. Sempre nelle convenzioni di lottizzazione si può quantificare il costo delle opere di urbanizzazione realizzate dal privato lottizzante, da detrarre dal contributo concessorio dovuto (c.d. "scomputo").

In questi casi, la sottoscrizione della convenzione è un presupposto necessario per il rilascio del permesso di costruire. Solo dopo la stipula della convenzione di lottizzazione, infatti, si perfeziona lo strumento urbanistico attuativo e l'area interessata riceve una disciplina che consente di procedere all'edificazione.

La stipulazione delle convenzioni di lottizzazione ha due importanti effetti.

Essa comporta, innanzitutto, l'insorgenza di una legittima aspettativa del costruttore alla realizzazione degli interventi stabiliti nel piano attuativo. Ne deriva che il Comune resta normalmente vincolato alle proprie scelte per l'intera vigenza del piano di lottizzazione, solitamente pari a dieci anni (termini diversi possono essere stabiliti dalla legislazione regionale). Le variazioni del piano sono possibili, in questo caso, solo a fronte del legittimo esercizio della *potestas variandi* da parte del Comune: cfr. *supra*, Cap. I, par. 5).

Il secondo effetto concerne il rilascio del titolo edilizio strumentale ad attuare la convenzione. Una volta sottoscritta la convenzione il privato costruttore ha dieci anni per chiedere ed ottenere dal Comune il permesso di costruire necessario alla realizzazione delle singole opere (il termine coincide con quello di efficacia del piano di lottizzazione convenzionato, sulla base di quanto prevede l'art. 28 della l. n. 1150/1942 e la disciplina regionale, che può stabilire anche termini diversi).

Il rilascio del permesso di costruire non si limita, in questi casi, ad autorizzare la realizzazione degli edifici di proprietà privata individuati dal piano e dalla convenzione, ma comporta i menzionati obblighi a carico del privato (qualificabili come prestazioni patrimoniali dovute a favore della p.a.).

Il titolo edilizio rende infatti esigibile, da parte del Comune, l'adempimento degli obblighi stabiliti dalla convenzione, imponendo al privato costruttore di realizzare tutte le opere di urbanizzazione secondo le modalità stabilite dell'accordo. Gli obblighi pattuiti producono effetti anche oltre il termine per l'attuazione della convenzione, fin tanto che il diritto del Comune non si prescrive (si applicano i principi del Codice civile in materia di prescrizione degli obblighi nascenti da contratto).

La mancata realizzazione di queste opere è fonte di responsabilità a carico del privato, fermo restando il diritto del Comune di rivolgersi al giudice amministrativo per ottenere la condanna del privato alla realizzazione degli interventi pattuiti. In questi casi, pertanto, il costruttore che non abbia realizzato le opere previste potrà essere obbligato dal giudice alla realizzazione delle strutture o, in alternativa, a pagare una somma di danaro equivalente al costo delle opere che non sono state tempestivamente realizzate.

Attuazione della convenzione da parte degli acquirenti degli immobili

Un problema molto frequente in materia di attuazione delle convenzioni urbanistiche riguarda il caso in cui l'originario costruttore non abbia realizzato le opere previste e abbia poi venduto i singoli lotti edificabili o degli edifici già realizzati.

Nella prassi può accadere che il Comune chieda agli acquirenti di realizzare le opere mancanti. Come devono comportarsi i nuovi proprietari, talvolta ignari del comportamento del costruttore e delle conseguenze derivanti dal mancato adempimento degli obblighi stabiliti nell'originaria convenzione?

La giurisprudenza ritiene che i nuovi proprietari non possano rifiutarsi di attuare la convenzione. Anch'essi sono infatti obbligati nei confronti del Comune, nonostante non abbiano mai sottoscritto la convenzione e preso accordi con l'amministrazione comunale.

Secondo la giurisprudenza, infatti, gli obblighi stabiliti dalla convenzione hanno natura di obbligazione *propter rem*, ossia di obbligazione correlata alla condizione di proprietario di una certa "cosa". Le obbligazioni *propter rem* si caratterizzano per la loro "ambulatorietà": l'obbligazione a carico del proprietario della cosa passa da un soggetto all'altro con il solo trasferimento della proprietà del bene, sicché è la condiziona di attuale proprietario del bene a determinare il soggetto su cui grava l'obbligo.

Questo implica che se il costruttore, ossia l'originario proprietario dell'area o dell'edificio, trasferisce ad un altro soggetto la proprietà del bene, sarà questo soggetto a dover attuare gli obblighi pattuiti in origine con il Comune. E, dunque, sarà questo soggetto a dover realizzare le opere mancanti (Tar Campania, Salerno, sez. I, 6 luglio 2021, n. 1645).

12. Vicende successive alla formazione dei titoli edilizi: abusi e sanzioni

La posizione di garanzia della p.a. rispetto all'attuazione delle previsioni urbanistiche non si esaurisce nelle attività di controllo preventivo dell'attività costruttiva o nella limitata valutazione dei requisiti di agibilità dell'opera, ma implica anche una serie di attività e poteri volti a verificare la **reale conformità** delle opere alle previsioni di piano e di legge. Se così non fosse, il complessivo sistema della pianificazione territoriale e della limitazione dell'attività edilizia rischierebbe di perdere ogni **effettività**, lasciando ai costruttori la più ampia libertà di realizzare opere difformi da quelle segnalate o assentite, con una serie di gravi conseguenze per l'intera collettività.

Si tratta di conseguenze già ampiamente note. L'esperienza storica e la cronaca testimoniano i **costi economico-sociali** del c.d. abusivismo edilizio e del mancato esercizio dei poteri di controllo del territorio da parte delle amministrazioni: vanificazione delle linee direttrici dei piani e peggioramento della qualità di vita; speculazione edilizia; corruzione di pubblici funzionari legata ad attività speculative; alterazione dell'ambiente e del paesaggio; danneggiamento o impoverimento del patrimonio-storico artistico nazionale; utilizzo di materiali insalubri nelle attività costruttive; tragedie individuali o collettive (crolli dei singoli edifici, o distruzione di interi centri abitati costruiti abusivamente nei pressi di torrenti, fiumi o terreni franosi).

Il diritto non può certo farsi carico della soluzione di tutte problematiche sottese all'abusivismo edilizio, che hanno spesso origine in comportamenti individuali o in prassi sociali e costumi culturali volti a mettere in discussione o ad aggirare i vincoli che leggi e piani pongono all'attività costruttiva, ritenuti "inutili", "eccessivamente onerosi" o "irragionevoli". Laddove non sia effettivamente possibile rimuovere tali vincoli e semplificare l'attività costruttiva attraverso una responsabilizzazione del privato, il legislatore non può che predisporre i meccanismi funzionali a garantire il rispetto di piani e leggi, affidando all'amministrazione, e in taluni casi ai giudici penali, il compito di vigilare sull'attività privata reprimendo eventuali condotte illecite.

Per quanto attiene alla vigilanza amministrativa dell'attività urbanistica ed edilizia, il t.u. disciplina le **competenze** delle amministrazioni, le **tipologie** di attività in contrasto con gli strumenti urbanistici (c.d. abusi edilizi), i **procedimenti** di irrogazione di eventuali **sanzioni** a carico dei **responsabili** degli abusi.

Per quanto concerne le competenze, l'art. 27 del t.u. affida la vigilanza urbanistica ed edilizia agli uffici delle amministrazioni comunali ed ai relativi dirigenti: tali uffici sono individuati dagli Statuti di ciascun Comune, ma coincidono di regola con gli **Uffici di vigilanza edilizia ed ambientale** presenti in ogni amministrazione comunale.

La disciplina degli abusi edilizi è particolarmente ampia ed articolata, in rapporto alle caratteristiche dell'attività costruttiva ed alla sua incidenza sul contesto territoriale di riferimento: il legislatore segue, infatti, la regola della **tipicità e determinatezza delle condotte illecite**, in coerenza con i principi generali stabiliti in materia dall'art. 1, c. 2, della l. n. 689/1981, posti a garanzia della certezza delle relazioni giuridiche fra amministrazione e cittadini.

Per ciascuna condotta illecita, il legislatore ha quindi previsto specifiche **conseguenze sanzionatorie**, proporzionate alle caratteristiche ed alla gravità degli abusi accertati dall'amministrazione comunale, sulla base di una rigida corrispondenza fra tipo di abuso e tipo di sanzione.

Le sanzioni vengono irrogate al **proprietario** dell'immobile e all'**effettivo responsabile** dell'abuso (es. progettista, costruttore, precedente proprietario). Come precisato dalla giurisprudenza, la sanzione viene irrogata al solo responsabile dell'abuso unicamente nel caso in cui questi abbia agito all'insaputa dell'attuale proprietario, mentre, in tutte le altre ipotesi, sussiste una responsabilità solidale del proprietario e dell'effettivo responsabile. Nel caso in cui non sia possibile individuare l'effettivo responsabile delle opere abusive, le sanzioni colpiranno comunque l'attuale proprietario dell'immobile, che potrà eventualmente rivalersi nei confronti dell'autore delle opere abusive mediante una richiesta di risarcimento del danno, sempre che sia in grado di individuarlo. Questa conseguenza, particolarmente gravosa, deriva dal fatto che le sanzioni amministrative in materia edilizia – a differenza di quelle penali – hanno **natura oggettiva e reale**, colpendo l'immobile ed il proprietario attuale.

Per quanto concerne il **procedimento** di irrogazione delle sanzioni, sarà necessario osservare tutte le garanzie previste dalla l. n. 241/1990: dovrà essere quindi comunicato l'avvio del procedimento, consentita la partecipazione del privato mediante la presentazione di memorie, osservazioni o ulteriori documenti. L'ordine di demolizione dell'opera dovrà essere quindi motivato almeno con riferimento ai presupposti di fatto su cui si fonda la decisione della p.a.

Va sottolineato come i procedimenti di repressione degli abusi edilizi possano essere avviati **senza limiti di tempo**, anche a distanza di anni dalla loro realizzazione, a fronte dell'interesse pubblico prioritario al rispetto delle previsioni urbanistiche e alla tutela dell'equilibrio territoriale. Per queste ragioni, la giurisprudenza precisa che in materia di abusivismo edilizio non può ammettersi **alcun affidamento** tutelabile alla conservazione di una situazione di fatto abusiva che non è giustificata dal decorso del tempo.

Si può quindi passare a una descrizione delle principali tipologie di abuso e delle relative sanzioni, come stabilite dagli artt. 30 ss. del t.u.

a) **Lottizzazione abusiva** a scopo edificatorio, a propria volta distinguibile in lottizzazione materiale e cartolare, disciplinata dall'art. 30 del t.u.

La **lottizzazione abusiva materiale** (o sostanziale) sussiste quando vengono effettuate opere che comportano la trasformazione urbanistica o edilizia dei terreni in violazione delle prescrizioni degli strumenti urbanistici vigenti o adottati, o in cui vengono violate le prescrizioni stabilite in materia dalle leggi statali o regionali. La medesima condotta abusiva sussiste, inoltre, nel caso in cui le predette opere siano effettuate senza autorizzazione.

Il concetto di lottizzazione materiale è formulato con una certa ampiezza, per cui occorre chiarirne la portata concreta sulla base degli orientamenti della giurisprudenza amministrativa.

Secondo i giudici, la lottizzazione abusiva materiale sussiste a fronte di opere idonee a stravolgere l'assetto del territorio preesistente, a realizzare un nuovo insediamento abitativo e a determinare sia un concreto ostacolo alla futura attività di programmazione, sia un carico urbanistico che necessita adeguamento degli standard urbanistici. Ciò implica che lo stesso concetto di opere idonee a comportare la trasformazione urbanistica ed edilizia dei terreni sia interpretato in maniera tale da sanzionare tutte le condotte che incidono sulla programmazione e sull'ordinata pianificazione territoriale.

Nella prassi, i casi più frequenti riguardano opere realizzate in totale contrasto con la zonizzazione territoriale e con gli standard edificatori previsti dai singoli strumenti urbanistici: si consideri l'ipotesi in cui la ristrutturazione di un manufatto abitativo di modeste dimensioni ha determinato la realizzazione di un albergo con piscina, o in cui si realizzano degli edifici residenziali in terreni destinati ad uso agricolo, o, ancora, in cui si realizzano più edifici a destinazione produttiva in luogo di un unico edificio a destinazione agricola.

La **lottizzazione abusiva cartolare** (o formale) sussiste, invece, quando la trasformazione del territorio viene predisposta attraverso il frazionamento, la vendita o cessione mediante atti equivalenti (es. atti fra vivi come donazione, permuta) dei singoli lotti di un terreno, al fine di consentire future attività edificatorie in contrasto con le previsioni di piano o di legge. Per configurare una lottizzazione cartolare non è quindi necessario l'avvio dei lavori di trasformazione del territorio: come chiarito dalla giurisprudenza, in tal caso l'intento lottizzatorio può essere desunto anche dalle semplici caratteristiche fisiche dei lotti ricavati dal frazionamento, giustificando un esercizio anticipato e preventivo dei poteri di vigilanza della p.a. Ciò impone di analizzare i negozi giuridici volti al frazionamento e alla vendita o cessione delle singole aree, verificando se gli atti abbiano la **finalità** di consentire la realizzazione di opere incompatibili con il disegno pianificatorio: ad es., divisione di un terreno agricolo in tre lotti distinti con dimensioni inidonee alla coltivazione, e successiva vendita delle singole aree a favore di soggetti privi della qualifica di agricoltore, per un prezzo del tutto sproporzionato rispetto all'uso agricolo dell'area e compatibile con la sua fruizione edificatoria.

La giurisprudenza ha poi individuato l'ipotesi di c.d. **lottizzazione abusiva mista**, che sussiste quanto sono compiute sia attività di frazionamento e vendita dei terreni che attività di costruzione, nell'ambito di un disegno unitario volto ad alterare le caratteristiche degli immobili in contrasto con le previsioni di zona. In tal caso, non viene violato il principio della tassatività e determinatezza degli illeciti edilizi, dato che la condotta illecita è data dalla contemporanea realizzazione dei due tipi di abuso già disciplinati dal legislatore.

La lottizzazione abusiva è sanzionata attraverso l'**acquisizione di diritto** da parte del Comune delle singole aree, che diventano parte del patrimonio disponibile dell'amministrazione comunale. Le opere andranno quindi demolite, salvo che esistano ragioni di interesse pubblico idonee a giustificare la loro conservazione.

b) Interventi eseguiti in **assenza di permesso di costruire** ai sensi dell'art. 31 del t.u., che consistono nell'attività di trasformazione del territorio senza il preventivo e necessario assenso del Comune.

La qualificazione di questo abuso non presenta particolari difficoltà interpretative, essendo sufficiente che l'attività costruttiva in progetto debba essere preceduta dal preventivo rilascio del permesso da parte del Comune, e che l'avente titolo abbia del tutto omesso di presentare la propria istanza. Si tratta, inoltre, di attività che non configurano il più grave illecito di lottizzazione abusiva.

Nella prassi, tutti i problemi applicativi riguardanti questa tipologia di abuso riguardano, semmai, l'individuazione degli interventi per i quali è necessario il permesso di costruire (v. *supra*, par. 3). Non è infatti raro che il proprietario di un'area reputi che le opere possano essere realizzate mediante s.c.i.a., e sia quindi indotto a ritenere superflua l'istanza di rilascio del permesso: ad es., si ritiene che le opere siano qualificabili come ristrutturazioni "leggere", quando in realtà di tratta di ristrutturazioni "pesanti" o di nuove costruzioni.

La sanzione prevista per le opere realizzate senza permesso di costruire è rappresentata dalla demolizione dell'opera e dall'acquisizione del sedime dell'area da parte del Comune, salva la sussistenza di ragioni di interesse pubblico tali da giustificare la loro conservazione. L'art. 33 del t.u. stabilisce, tuttavia, un differente regime sanzionatorio per le ristrutturazioni realizzate senza permesso, consentendo il pagamento di una sanzione pecuniaria pari al doppio dell'aumento di valore dell'immobile.

c) Opere eseguite in **totale difformità** dal permesso di costruire ai sensi dell'art. 31 del t.u., che sussistono nel caso in cui il permesso sia stato rilasciato sulla base di un determinato progetto, che non viene fedelmente realizzato nella fase di esecuzione dei lavori.

L'art. 31 del t.u. precisa, in particolare, come gli interventi eseguiti in totale difformità dal permesso di costruire comportino la realizzazione di un organismo edilizio **integralmente diverso** per caratteristiche tipologiche, plano-volumetriche o di utilizzazione da quello oggetto del permesso, o l'esecuzione di volumi edilizi oltre i limiti indicati nel progetto e tali da costituire un organismo edilizio o parte di esso con specifica rilevanza ed autonomamente utilizzabile. Si tratta, in sintesi, di interventi che determinano la realizzazione di una struttura diversa da quella prevista dall'atto di concessione per **conformazione**, **strutturazione**, **destinazione**, **ubicazione**, pur rispettando le previsioni di zona del piano e senza spingersi a configurare una più grave ipotesi di lottizzazione abusiva.

Nella prassi, la giurisprudenza ha qualificato come opere realizzate in totale difformità: la realizzazione di un edificio fuori terra in luogo di un manufatto completamente interrato; la realizzazione di un edificio con altezza massima superiore a quella consentita, diversa distribuzione dei piani, diversa pendenza della falda del tetto; la realizzazione di un edificio residenziale in luogo di un edificio destinato a deposito di materiali; la realizzazione di una rampa d'accesso a garage semi-interrati, di un terrazzamento esterno e di aperture e vedute laterali non previste dal progetto originario.

Il trattamento sanzionatorio delle opere realizzate in totale difformità dal permesso è il medesimo stabilito per le opere realizzate senza permesso. In caso di ristrutturazioni eseguite in totale difformità si applicano le previsioni dell'art. 33 del t.u.

d) Opere eseguite con **variazioni essenziali** rispetto al permesso di costruire ai sensi degli artt. 31 e 32 del t.u., ossia con difformità di particolare rilevanza, che non comportano tuttavia la realizzazione di un manufatto totalmente diverso da quello originariamente assentito.

Il legislatore ha espressamente **tipizzato** le variazioni essenziali. Secondo l'art. 32 del t.u. devono ritenersi essenziali le variazioni che comportano il mutamento della destinazione d'uso tale da variare gli standard stabiliti dal d.m. n. 1444/1968; l'aumento consistente della cubatura o della superficie di solaio da valutare in relazione al progetto approvato; le modifiche sostanziali di parametri urbanistico-edilizi del progetto approvato o della localizzazione dell'edificio sull'area di pertinenza rispetto al sedime indicato nel progetto; il mutamento delle caratteristiche dell'intervento edilizio assentito; la sostanziale violazione delle norme in materia antisismica. Entro questi criteri, le singole leggi regionali possono comunque precisare le singole ipotesi di variazioni essenziali.

L'elencazione stabilita dal legislatore è stata ulteriormente concretizzata dalla giurisprudenza, che ha chiarito soprattutto in quali ipotesi sussistano delle modifiche sostanziali ai parametri urbanistici ed edilizi, o mutamenti dell'intervento costruttivo precedentemente assentito dal Comune.

Si sono quindi qualificati come variazioni essenziali l'aumento significativo di volumetria, la rilevante inosservanza degli indici di altezza massima e delle distanze dall'edificazione, la realizzazione di corpi di fabbrica ulteriori rispetto a quelli assentiti, l'edificazione in esubero rispetto al rapporto di copertura, le realizzazioni interamente fuori terra dei piani seminterrati, la inosservanza di limiti dimensionali delle opere programmate.

Secondo l'art. 31 del t.u., le opere eseguite con variazioni essenziali sono sanzionate allo stesso modo delle opere realizzate senza permesso o in totale difformità.

e) Interventi eseguiti **in parziale difformità** dal permesso di costruire ai sensi dell'art. 34 del t.u., ossia abusi edilizi meno gravi dei precedenti, rientranti in una categoria residuale rispetto ai tipi già individuati dal legislatore.

L'art. 10 del d.l. n. 76/2020 ha innovato il regime degli abusi edilizi tollerabili, ampliando l'insieme dei parametri che possono essere superati senza incorrere in sanzioni. Secondo il d.l., infatti, il mancato rispetto dell'altezza, dei distacchi, della cubatura, della superficie coperta e di ogni altro parametro delle singole unità immobiliari non costituisce violazione edilizia se contenuto entro il limite del 2 per cento delle misure previste nel titolo abilitativo.

Sono ritenute irrilevanti, ai fini sanzionatori, anche le c.d. tolleranze esecutive: esse si riscontrano nel caso di mere irregolarità geometriche e modifiche alle finiture degli edifici di minima entità, oltre che di diversa collocazione di impianti e opere interne, eseguite durante i lavori per l'attuazione di titoli abilitativi, a condizione che non comportino violazione della disciplina urbanistica ed edilizia e non pregiudichino l'agibilità dell'immobile.

Salve queste indicazioni, il legislatore non fornisce chiare direttrici per delimitare il concetto di totale difformità, che nella prassi viene individuato alla luce delle previsioni dell'art. 32 del t.u. in materia di variazioni essenziali: tutto ciò che non rientra nella categoria tassativamente individuata dal legislatore può essere infatti qualificato come parziale difformità, sulla base delle norme di chiusura stabilite dall'art. 34 del t.u.

Secondo la giurisprudenza, questa tipologia di abuso presuppone innanzitutto che l'intervento costruttivo sia realizzato secondo modalità diverse da quelle stabilite dal progetto, pur nel sostanziale rispetto della tipologia edilizia individuata ai fini del rilascio del permesso di costruire.

Nella prassi, sono state ad es. qualificate come parziali difformità la demolizione e ricostruzione dei muri portanti di un edificio, in luogo del mero consolidamento delle strutture preesistenti; la trasformazione di una tettoia in un porticato, con aggiunta di nuovi pilastri di sostenimento non indicati in progetto; l'abbassamento della quota di un soppalco, non prevista dal progetto; la realizzazione di una scalinata in luogo di una rampa d'accesso a un garage; il modesto innalzamento di un solaio rispetto alla quota originariamente programmata; la trasformazione di un lastrico solare in un terrazzo, non prevista dal progetto; la trasformazione di un sottotetto in un vano abitabile, in contrasto con le previsioni progettuali.

Il trattamento sanzionatorio delle difformità parziali è più mite di quello previsto per le altre tipologie di abuso, in coerenza con elementari esigenze di proporzionalità fra le caratteristiche dell'illecito e le sue conseguenze. Secondo l'art. 34 del t.u., infatti, le opere realizzate devono essere **rimosse o demolite** da parte del responsabile dell'abuso. Tuttavia, qualora la demolizione delle opere possa incidere negativamente sulla porzione dell'edificio realizzata in conformità al permesso, il responsabile sarà tenuto al pagamento di una **sanzione pecuniaria** pari al doppio del costo di produzione (per opere ad uso residenziale) o al doppio del valore venale (per opere ad uso non residenziale).

Come chiarito dalla giurisprudenza, tuttavia, l'ordine di demolire l'opera costituisce la prima e obbligatoria sanzione da irrogare al responsabile. La sostituzione della demolizione con la sanzione pecuniaria può essere adottata soltanto in un secondo momento, quando il destinatario non ha eseguito spontaneamente la demolizione e il Comune ha accertato le effettive difficoltà inerenti all'eliminazione delle opere abusive.

f) Interventi abusivi realizzati su **suoli di proprietà dello Stato** o di **altri enti pubblici** ai sensi dell'art. 35 del t.u.

Si tratta di una peculiare tipologia di abuso, che implica la realizzazione di qualsiasi opera da parte di soggetti che non hanno i requisiti di legittimazione ad ottenere il rilascio del permesso di costruire – o a presentare una s.c.i.a. – in quanto privi di diritto di proprietà o di godimento sui suoli di proprietà pubblica, riservati allo Stato e agli enti pubblici.

Nella prassi, non è del resto infrequente che alcuni edifici vengano realizzati su aree demaniali o rientranti nel patrimonio della p.a., come spiagge, fasce costiere, boschi: si tratta di un fenomeno che caratterizza l'abusivismo edilizio in alcune località turistiche o di particolare bellezza. Ciò spiega la severità del trattamento sanzionatorio previsto dalla legge, che impone la **demolizione** delle opere abusive, senza margini per la loro conservazione.

Specifiche problematiche applicative possono riguardare soprattutto le ipotesi di costruzioni realizzate su beni soggetti a c.d. **sdemanializzazione tacita**, che nel corso del tempo hanno perso la qualità di proprietà pubblica e sono quindi equiparabili a proprietà privata suscettibile di usucapione: ad es. opera realizzata su un'area che un tempo rientrava nell'alveo di un fiume, attualmente deviato su un altro percorso per fattori naturali o canalizzazioni artificiali. La giurisprudenza ha sottolineato, al riguardo, che la sdemanializzazione tacita deve risultare da **comportamenti univoci e concludenti** da cui emerga con certezza la rinuncia alla funzione pubblica del bene. Di conseguenza, il fenomeno non può desumersi dalla pura e semplice circostanza che il bene non sia adibito, anche da lungo tempo, all'uso pubblico, o dalla tolleranza della sua occupazione da parte di privati.

g) Interventi eseguiti in **assenza o difformità dalla s.c.i.a.** ai sensi dell'art. 37 del t.u., in tutti i casi in cui sia prevista la segnalazione.

Si tratta, anche in questo caso, di abusi edilizi minori, in considerazione del fatto che le opere edilizie di maggiore consistenza ed impatto urbanistico restano comunque subordinate al rilascio di un permesso di costruire. Il legislatore sanziona ogni intervento eseguito in assenza o difformità dalla s.c.i.a., senza quindi distinguere fra variazioni di maggiore o minore rilievo rispetto al progetto allegato alla segnalazione.

Questi abusi sono sanzionati mediante la sola irrogazione di una **sanzione pecuniaria**, pari al doppio dell'aumento del valore venale dell'immobile conseguente alla realizzazione degli interventi stessi e comunque in misura non inferiore a 516 euro, salve variazioni imposte dai casi specifici disciplinati dallo stesso art. 37. L'unica ipotesi in cui le opere realizzate sono soggette a **demolizione** si ha nel caso in cui le opere sono realizzate in assenza di s.c.i.a. consistono in risanamenti o restauri conservati effettuate nei centri storici. Spetta in tal caso al Ministero dei Beni culturali esprimere un parere sulla possibilità di conservare le opere, previo pagamento della sanzione pecuniaria, o di procedere alla loro demolizione.

Mutamenti di destinazione d'uso "senza opere"

Un'ipotesi peculiare di abuso edilizio, molto diffusa nella prassi, riguarda il c.d. mutamento di destinazione d'uso senza opere, in cui viene conferita ad un immobile una destinazione economico-sociale incompatibile con le previsioni del PRG, senza l'effettuazione di opere edilizie. Sussiste, in tal caso, l'obbligo di ottenere un titolo edilizio, in difetto del quale l'attività sarà qualificabile come illecita ai sensi degli artt. 30 ss. del t.u.?

Si consideri il caso in cui la società Alfa muti la destinazione di un edificio alberghiero in un edificio residenziale, attraverso la vendita a terzi delle singole stanze, utilizzabili come mini-appartamenti.

Il t.u. non contiene una specifica soluzione del caso, posto che l'art. 10 lascia alla disciplina regionale e locale il compito di stabilire i casi in cui il mutamento di destinazione d'uso senza opere debba essere preceduto da un titolo edilizio: il legislatore ritiene, in ogni caso, che il fenomeno debba avere quantomeno una regolazione minima, attraverso l'indicazione delle ipotesi in cui un titolo edilizio è necessario.

Per risolvere la questione occorrerà quindi esaminare le disposizioni delle leggi regionali, dei piani e dei regolamenti edilizi applicabili al singolo caso concreto.

In alcuni casi, si è ritenuto che attività di tal genere siano assimilabili a forme di lottizzazione abusiva "formale", dato che la cessione degli appartamenti causa la creazione di un organismo diverso da quello preesistente, in violazione di una serie di norme (urbanistiche, tributarie, turistiche, sanitarie, antincendio), con una serie di danni di natura ambientale e fiscale, connessi alla minore recettività delle strutture e alla mancata assunzione di personale (cfr. Tar Toscana, sez. III, 2 maggio 2014, n. 680).

Altra giurisprudenza sottolinea, inoltre, come il mutamento di destinazione senza opere vada sanzionato pure nella parte in cui comporta il mutamento del carico urbanistico, connesso ai differenti flussi di traffico (cfr. Cons. Stato, sez. VI, 13 luglio 2022, n. 5907).

13. La legittimazione degli abusi edilizi: sanatorie e condoni

L'irrogazione di sanzioni a carico dei responsabili degli abusi edilizi, mediante la demolizione delle opere o il pagamento delle sanzioni pecuniarie esaminati nel paragrafo precedente, rappresenta la normale conseguenza dell'accertamento dei singoli illeciti individuati dal legislatore. Non si tratta, tuttavia, di una conseguenza necessaria e assoluta: in taluni casi, infatti, la legge consente ai responsabili degli abusi di **conservare** le opere abusivamente realizzate, sottraendole alla disciplina sanzionatoria prevista dalla legge.

Di primo acchito, queste deroghe sembrano mettere in dubbio l'efficacia stessa dell'intera disciplina dell'attività edilizia, e possono apparire come misure premiali per chi commette degli abusi, se non come dei veri e propri "incentivi" alla violazione delle norme di piano o di legge. Ad uno sguardo più approfondito, si può tuttavia notare come una rigida applicazione dei meccanismi sanzionatori previsti dalla legge possa avere delle **conseguenze inique** a carico del responsabile: ad es., potrebbe sembrare eccessivo imporre la demolizione di opere realizzate con variazioni essenziali rispetto al progetto, ma compatibili con la disciplina del PRG o dei regolamenti edilizi.

Tali conseguenze non possono essere accettate dall'ordinamento.

In simili casi, infatti, una rigida applicazione dei meccanismi sanzionatori avrebbe inoltre l'effetto di violare il generale **principio di ragionevolezza** ricavabile dall'art. 3, c. 2, Cost., che impone di trattare in maniera "diversa" situazioni "diverse": è intuitivo, a questo riguardo, come un conto sia ordinare la demolizione di un'opera realizzata con variazioni essenziali e contraria alle previsioni di piano, un conto sia ordinare la demolizione di un'opera che si discosti in maniera apprezzabile dal progetto, ma che risulti pur sempre compatibile con le previsioni del PRG e, quindi, sostanzialmente permessa dal sistema giuridico e dalle norme che disciplinano l'attività costruttiva.

Proprio per evitare queste conseguenze, la legge ha tipizzato le ipotesi di **sanatoria** degli abusi edilizi, individuando una serie di meccanismi che consentono ai responsabili dell'abuso di legittimare *ex post* le opere realizzate ed evitare quindi la loro demolizione o il pagamento di determinate sanzioni pecuniarie.

Secondo quanto previsto dall'art. 36 del t.u., in caso di interventi realizzati in assenza del permesso di costruire in assenza di s.c.i.a., o in difformità da esso, il responsabile dell'abuso o l'attuale proprietario dell'immobile possono ottenere il permesso in sanatoria, qualora l'intervento risulti **conforme alla disciplina urbanistica ed edilizia** vigente sia al momento della realizzazione dello stesso, sia al momento della presentazione della domanda. Il legislatore prevede quindi la possibilità di ottenere il rilascio di un permesso che riconosce a posteriori la legittimità delle opere realizzate, purché sussista la c.d. **doppia conformità**: le opere devono essere infatti conformi alla disciplina urbanistica vigente nel momento in cui si sarebbe dovuta presentare (o è stata presentata) istanza di permesso o s.c.i.a., e alla disciplina vigente al momento in cui si chiede di sanare l'abuso (c.d. doppia conformità).

La ragione della scelta del legislatore è evidente: da un lato, le opere possono essere legittimate solo se effettivamente conformi alla disciplina vigente all'epoca in cui si sarebbe dovuta presentare l'istanza di rilascio del permesso o la s.c.i.a. volta all'approvazione del progetto effettivamente realizzato; dall'altro, la sanatoria deve essere conforme alle previsioni di piano vigenti al momento del suo rilascio, sulla base del principio di legalità e di salvaguardia del territorio.

Come precisato dalla giurisprudenza, la sanatoria consente la legittimazione degli **abusi edilizi formali**, ossia delle opere edilizie solo formalmente abusive, in quanto eseguite senza concessione o autorizzazione, ma conformi nella sostanza alla disciplina urbanistica applicabile sull'area in cui sono situate.

Il procedimento di rilascio della sanatoria si articola, quindi, in un

accertamento di conformità a carattere tendenzialmente vincolato, in cui non sono comunque esclusi specifici accertamenti tecnici da parte dei competenti uffici comunali.

Al procedimento si applicano, in ogni caso, le generali previsioni della l. n. 241/1990, anche ai fini del preavviso di rigetto dell'istanza ai sensi dell'art. 10 *bis* e della motivazione del provvedimento finale ai sensi dell'art. 3. La sanatoria obbliga comunque il responsabile dell'abuso al pagamento di sanzione pecuniaria, pari al **doppio** del contributo di costruzione calcolato ai sensi dell'art. 16 del t.u. Nel caso di abusi parziali, la somma andrà commisurata alla parte realizzata in difformità.

Secondo quanto stabilisce l'art. 36 del t.u., la presentazione della domanda di sanatoria **sospende i termini** per l'irrogazione di eventuali sanzioni. Nel caso in cui la domanda sia respinta, resta comunque legittimo ed efficace l'ordine di demolizione o di pagamento eventualmente emanato dalla p.a.

Alcune considerazioni particolari riguardano il caso in cui l'amministrazione non concluda il procedimento di sanatoria con un provvedimento. Opera, in tal caso, il particolare meccanismo del "silenzio rigetto": la sanatoria dovrà quindi considerarsi rifiutata.

In tal senso depone anche la recente giurisprudenza della Corte costituzionale: la previsione è ritenuta rispondente alla necessità della difesa del corretto assetto del territorio dagli abusi edilizi, la cui repressione costituisce attività doverosa per l'amministrazione (n. 42/2023).

Un altro strumento idoneo a legittimare le opere abusivamente realizzate è rappresentato dal **condono edilizio**. A differenza di quanto avviene con la sanatoria, attraverso il condono edilizio è possibile legittimare abusi edilizi di tipo sostanziale, ossia opere non conformi alle previsioni del piano vigente al momento della loro realizzazione e al momento in cui si chiede la loro legittimazione. Sempre a differenza della sanatoria, il condono ha carattere **straordinario**, perché opera nelle sole ipotesi previste da singole leggi diverse dal t.u. e per un lasso di tempo determinato: nell'ordinamento italiano, i condoni sono stati disciplinati da leggi speciali del 1985, 1994 e 2003, ed hanno avuto ad oggetto la legittimazione di opere realizzate prima della loro entrata in vigore.

Le singole discipline di legge indicavano le opere suscettibili di condono, escludendo gli abusi di maggiore gravità ed impatto ambientale e paesistico. Alcune norme specificavano il procedimento di formazione del condono ed i criteri di calcolo delle somme dovute per legittimare gli abusi.

Come precisato dalla giurisprudenza, il condono edilizio **non incide sui rapporti privati** regolati dalle norme contenute nel codice civile (es. norme sulle distanze legali). Ciò implica che, anche nel caso in cui le opere sono state condonate, i terzi danneggiati potranno comunque rivolgersi al giudice civile per ottenere tutela nei confronti dell'autore dell'abuso.

Si tratta di un istituto indubbiamente **problematico** sotto il profilo della politica del diritto.

Storicamente, i condoni edilizi non sono giustificati da esigenze di tipo urbanistico, ma da **contingenze economiche**: per lo Stato, può essere infatti comodo ottenere l'immediato versamento di somme di denaro da parte dei responsabili di determinati abusi che autodenunciano gli illeciti pagando le somme prescritte dalla legge, ottenendo in cambio l'immunità da ulteriori procedimenti sanzionatori e la legittimazione delle opere realizzate. Questa scelta ha, tuttavia, notevoli controindicazioni: in primo luogo, il condono può davvero risolversi in una misura "premiale" per chi ha volontariamente violato le previsioni di piano o di legge; in secondo luogo, la prassi dei condoni (edilizi, ma anche tributari) indebolisce il principio di legalità e la certezza del sistema sanzionatorio, perché ingenera nella collettività la convinzione che molte leggi possano essere violate, senza conseguenze particolarmente gravi; in terzo luogo, mette in discussione il principio di uguaglianza, dato che tratta in maniera quasi identica i cittadini che rispettano le leggi ed i cittadini che le violano.

La discussa "sanatoria giurisprudenziale"

Il requisito della "doppia conformità" previsto dall'art. 36 t.u. può apparire iniquo nel caso in cui l'opera abusiva sia difforme dalle previsioni di piano applicabili al momento dell'avvio dei lavori ma conforme alla sopravvenuta disciplina, applicabile al momento in cui viene accertato il precedente abuso.

Secondo una parte della giurisprudenza, si potrebbe ovviare al problema mediante una atipica "sanatoria" degli interventi conformi alla disciplina esistente nel momento in cui si accerta l'esistenza dell'abuso: si eviterebbe, in tal modo, di sanzionare un intervento che – nel momento in cui si esercita il potere di controllo edilizio – non risulta in contrasto con alcun interesse pubblico concreto, a garanzia del buon andamento amministrativo (Tar Sardegna, sez. II, 31 gennaio 2018, n. 53).

La giurisprudenza maggioritaria ritiene, tuttavia, che sia necessario negare la sanatoria di tali opere, a tutela dei principi di legalità, salvaguardia e di imparzialità nel governo del territorio.

Secondo tale orientamento, infatti, ammettere questo tipo di sanatoria significherebbe introdurre surrettiziamente nel sistema giuridico una sorta di "condono atipico", mediante il quale il responsabile di un abuso sostanziale potrebbe trovarsi a beneficiare degli effetti indirettamente sananti della nuova disciplina urbanistica. Sarebbero al contempo violati i principi di tipicità e nominatività dei provvedimenti amministrativi, che non ammettono alcuna sanatoria alternativa rispetto al regime di doppia conformità previsto dall'art. 36 del t.u. (Cons. Stato, sez. IV, 26 aprile 2023, n.4200).

Bibliografia essenziale

S. BATTINI-L. CASINI-G. VESPERINI-C. VITALE (a cura di), *Codice di edilizia e di urbanistica*, Utet, Torino, 2013; F. CARINGELLA-U. DE LUCA, *Codice dell'edilizia ragionato*, Dike, Roma, 2023; G. GUZZO-G. PALLIGIANO, *L'attività edilizia. Titoli, procedure, sanzioni e tutela*, Giuffrè-Francis Lefevre, Milano, 2023; E. LEQUAGLIE, *Commentario al testo unico dell'edilizia*, Maggioli, Rimini, 2022; S. LUCATTINI, *Le sanzioni a tutela del territorio*, Giappichelli, Torino, 2022; F. MASTRAGOSTINO (a cura di), *Il testo unico dell'edilizia*, Bononia University Press, Bologna, 2005; S. MORELLI, *Lineamenti di diritto urbanistico e dell'edilizia*, Dike, Roma, 2023; M.A. SANDULLI (a cura di), *Testo Unico dell'edilizia*, Giuffrè, Milano, 2015.

Parte Seconda

LE OPERE PUBBLICHE

Capitolo IV

LE OPERE PUBBLICHE: NOZIONI FONDAMENTALI

di *Silvia Pellizzari*

1. Opere pubbliche, attività amministrativa e disciplina normativa: introduzione

Fin dalle epoche più antiche la costruzione di grandi opere e manufatti per la soddisfazione delle esigenze della comunità è stata avvertita come compito necessario dei soggetti pubblici. A questo proposito basti pensare alla costruzione delle ingegneristiche opere idrauliche da parte dei popoli fluviali del Nilo o della Mesopotamia al fine di deviare il corso dei fiumi o ancora alle grandi opere di difesa militare e alla realizzazione di strade, ponti, terme ed edifici pubblici avvenuta in epoca romana e di cui ancora oggi si ha testimonianza.

Nelle società moderne la costruzione di opere destinate alla realizzazione di interessi pubblici ha assunto un ruolo sempre più importante per lo sviluppo della collettività e della persona umana. La realizzazione delle opere pubbliche rappresenta quindi una fondamentale manifestazione delle funzioni di uno Stato, intese come espressione della esigenza di soddisfare in concreto un interesse della comunità.

Visto che tale attività deve necessariamente corrispondere alla realizzazione di un interesse pubblico ed è esercitata mediante l'impiego di denaro pubblico, essa non è libera, come sarebbe invece l'attività di un qualsiasi privato – per esempio un imprenditore o anche un filantropo, che intendesse realizzare la medesima opera – ma è soggetta alle regole proprie dell'azione amministrativa. Si tratta di regole che mirano ad assicurare che tale attività sia sempre finalizzata alla cura dell'interesse pubblico e si svolga in modo legale e imparziale, secondo i principi che, come si vedrà, prendono il nome di **evidenza pubblica**.

Il processo per la realizzazione delle opere pubbliche si sviluppa in più fasi e viene a coinvolgere diversi interessi, molti dei quali connessi all'uso del territorio.

Come si vedrà nei capitoli seguenti, infatti, in linea di massima, la complessiva serie procedimentale diretta alla **realizzazione di un'opera pubblica** può essere ripartita in almeno **4 fasi** disciplinate dal c.d. Codice dei contratti pubblici (riformato, da ultimo, con il **d.lgs. n. 36/2023** che ha sostituito la disciplina precedente contenuta nel d.lgs. n. 50/2016). Si tratta di un intervento normativo adottato in attuazione degli impegni assunti dallo Stato italiano con l'ordinamento dell'Unione europea all'interno del Piano Nazionale di Ripresa e Resilienza (PNRR) con l'intento di recepire in maniera più immediata le direttive europee 2014/23/Ue, 2014/24/Ue e 2014/25/Ue.

La normativa del 2016 era stata, fin dall'inizio, in costante evoluzione e aveva subito molteplici revisioni e integrazioni (oltre 500, molte delle quali adottate con il d.lgs. n. 56/2017 detto anche "decreto correttivo" e con il c.d. decreto "Sblocca cantieri", ovvero il d.l. n. 32/2019 conv. con l. n. 55/2019). Ciò aveva comportato, spesso, rigidità sul versante burocratico e inefficienze nella realizzazione di infrastrutture e opere strategiche per l'interesse pubblico.

Con il Codice del 2023 il legislatore si è posto, quindi, l'obiettivo principale di semplificare la disciplina, valorizzando l'esito finale cui la procedura amministrativa deve giungere nel rispetto dei principi concorrenziali (es. la costruzione di un'opera in linea con gli interessi dell'amministrazione e della collettività). A tal fine, si prevedono disposizioni innovative sotto diversi punti di vista.

Innanzitutto, nel nuovo quadro normativo, assumono centralità **tre principi fondamentali**, ovvero il principio del risultato (art. 1), il principio della fiducia tra amministrazione e imprese (art. 2) e il principio dell'accesso al mercato (art. 3). In secondo luogo, per la normativa di attuazione, si è optato per un **rinvio agli Allegati** al testo del d.lgs. n. 36/2023. Secondo questa modalità, nel caso in cui una disposizione richieda di essere integrata da previsioni di dettaglio, il testo della stessa opera un rinvio a uno o più specifici Allegati al Codice che hanno valore di fonte primaria. Quando occorrerà procedere con una o più modifiche agli Allegati, opererà l'istituto della cd. delegificazione, secondo il quale questi ultimi saranno abrogati alla data di entrata in vigore di un corrispondente regolamento governativo o ministeriale (e quindi di una fonte secondaria) che li sostituirà completamente. Questo meccanismo renderà più semplice l'adattamento delle norme di dettaglio richiedendo l'emanazione di una fonte secondaria, anziché di una fonte primaria il cui procedimento di approvazione è decisamente più complesso.

In terzo luogo, si rafforza il ruolo dell'**Autorità nazionale anticorruzione** (ANAC) con riferimento ad alcuni profili essenziali per il nuovo sistema, tra cui, in particolare, le funzioni di vigilanza e di supporto nei confronti delle stazioni appaltanti, la redazione di bandi e documenti tipo, la gestione della Banca dati nazionali dei contratti pubblici quale asse portante del processo di digitalizzazione delle procedure.

Più in generale, ai sensi dell'art. 222 del Codice, all'ANAC spettano le funzioni di vigilanza e controllo sui contratti pubblici nei limiti di quanto previsto dal legislatore. Obiettivo dell'Autorità è inoltre quello di prevenire e contrastare l'illegalità e la corruzione rispetto alla attività negoziale della p.a.

L'Autorità Nazionale Anticorruzione (ANAC)

L'ANAC è una autorità amministrativa indipendente, formata da quattro membri più il Presidente. I componenti sono nominati con decreto del Presidente della Repubblica previa deliberazione del Consiglio dei Ministri, su proposta del Ministro per la pubblica amministrazione e l'innovazione, di concerto con il Ministro per l'attuazione del programma di Governo, previo parere favorevole delle Commissioni parlamentari competenti espresso a maggioranza dei due terzi dei componenti.

I mandati durano sei anni e sono rinnovabili una sola volta. Non possono essere nominati soggetti che rivestono incarichi pubblici elettivi o cariche in partiti politici o in organizzazioni sindacali o che abbiano rivestito tali ruoli nei tre anni precedenti la nomina e, in ogni caso, i componenti non devono essere portatori di interessi di qualsiasi natura che siano in conflitto con le funzioni della Autorità.

Funzione principale dell'ANAC è la prevenzione della corruzione mediante l'attuazione della trasparenza in tutti gli aspetti gestionali e attraverso la vigilanza nell'ambito dei contratti pubblici, degli incarichi e in ogni settore della pubblica amministrazione che potenzialmente possa sviluppare fenomeni corruttivi.

Tali funzioni sono state attribuite inizialmente con la l. n. 190/2012 alla Autorità nazionale anticorruzione e per la valutazione e la trasparenza nelle amministrazioni pubbliche, poi soppressa con il d.l. n. 90/2014 (conv. con l. n. 114/2014), il quale ha istituito l'attuale ANAC, alla quale sono state trasferite le funzioni svolte dall'Autorità per la vigilanza sui contratti pubblici di lavori, servizi e forniture (AVCP, anch'essa soppressa), sorta a seguito della c.d. legge Merloni (l. n. 109/1994).

Infine, nel nuovo Codice, si amplia la possibilità di procedere ad affidamenti diretti o su invito per i **contratti di valore inferiore alle soglie comunitarie** (art. 48) con l'intento di rendere queste procedure più snelle e celeri.

2. Opere pubbliche e lavori pubblici: nozioni

Il punto di partenza per la trattazione della disciplina delle opere pubbliche non può che essere l'esatta individuazione di cosa si intenda per **"opera pubblica"**. La nozione deve essere posta a confronto con altri concetti quali quelli di "**lavoro pubblico**" o di "**opera privata di pubblica utilità**".

In generale quando si parla di "opera" si intende il risultato di una attività umana che si concretizza nella produzione *ex novo* di un bene o nella trasformazione di beni preesistenti. In questo senso l'opera pubblica è l'opera di carattere immobiliare posta in essere dallo Stato o da altro soggetto pubblico, per la realizzazione di un fine pubblico. Tradizionalmente vengono identificati **tre elementi distintivi** delle opere pubbliche:

– un **elemento soggettivo** dato dalla **natura pubblica del soggetto** dal quale l'opera viene realizzata e che, salvo casi eccezionali, ne diviene poi anche proprietario. La titolarità pubblica va intesa in senso giuridico e non come esecuzione materiale che, come si vedrà, può ben essere affidata anche a soggetti terzi e privati. In questo senso le opere pubbliche possono essere, quindi, **statali**, **regionali**, **provinciali**, **comunali**, ecc.;

– un **elemento oggettivo** rappresentato dalla **natura essenzialmente immobiliare della cosa**, cui vanno aggiunte le sue pertinenze;

– e, infine, un **elemento teleologico-finalistico** che ha riguardo alla **destinazione dell'opera alla diretta soddisfazione di un interesse pubblico.** Possiamo così distinguere per esempio le opere militari da quelle civili; le prime sono dirette alla difesa del territorio dello Stato, le seconde costituiscono la categoria più ampia e riguardano, solo per fare alcuni esempi, le opere di edilizia (scuole, musei, tribunali, biblioteche, ecc.), di urbanistica (opere per la gestione di parchi pubblici e giardini), quelle relative al trasporto terrestre (strade pubbliche, parcheggi, ferrovie, metropolitane, funivie, stazioni), aereo (aeroporti, torri di controllo, ecc.), marittimo (porti, fari, moli, ecc.) e fluviale (canali di navigazione, mezzi di irrigazione, ecc.).

I caratteri delle opere pubbliche

Il Comune di Belvedere decide di costruire alcuni edifici sul margine del centro cittadino al fine di darli in locazione a prezzi di mercato. In questo modo intende utilizzare i redditi di cui verrà in possesso per finanziare alcune attività comunali di natura culturale. Gli immobili comunali dati in locazione sono "opere pubbliche"? La risposta è negativa per difetto dell'elemento teleologico. Gli edifici realizzano l'interesse pubblico solo in modo indiretto, attraverso la produzione di reddito, mentre non sono funzionali allo svolgimento di una funzione o di un'attività pubblica.

Il Comune di Rivierolo decide di far costruire su un terreno di sua proprietà un complesso alberghiero da affidare poi in concessione a privati con l'obiettivo di favorire lo sviluppo turistico della zona. L'opera che ne risulta può essere qualificata come opera pubblica e non essere così soggetta al pagamento di un contributo altrimenti dovuto? Anche in questo caso la risposta è negativa. Il complesso alberghiero è opera funzionalmente asservita alla attività di impresa, ed è destinata quindi a soddisfare, in via immediata e diretta, la finalità di lucro imprenditoriale e solo indirettamente l'interesse pubblico.

Strettamente connessa a quella di opera pubblica è la nozione di **"lavoro pubblico"**. Il lavoro pubblico è il presupposto dell'opera (l'opera, in altre parole è il risultato di un lavoro, di una attività che diventa anch'essa pubblica in quanto finalizzata alla realizzazione di un'opera diretta a soddisfare un interesse pubblico). Il lavoro pubblico peraltro potrebbe non essere preordinato alla creazione di un'opera nuova, ma riguardare un'opera esistente al fine di mantenerla in buono stato, ma anche di distruggerla.

In altre parole, nonostante, quindi, l'espressione "lavori pubblici" venga spesso utilizzata come sinonimo di "opere pubbliche", vi è una differenza fra i due concetti.

In particolare, come visto, le opere pubbliche sono manufatti volti alla realizzazione di un fine pubblico o di un pubblico servizio per cui è necessaria la natura pubblica del soggetto/ente che vi provvede, il fine e l'utilizzo (pubblico) dell'opera, la natura immobiliare della stessa.

I lavori pubblici, invece, non danno necessariamente luogo a un nuovo manufatto o a un'opera e possono avere ad oggetto anche un bene privato o destinato a diventare tale.

Si può dire, quindi, che un'opera pubblica è sempre il risultato di un lavoro pubblico, ma di lavoro pubblico si può parlare anche per interventi che non sfociano nella creazione di un qualcosa di nuovo sebbene finiscano sempre con il rapportarsi a un'opera.

In questo senso di lavoro pubblico si può parlare anche nel caso di lavori di ricostruzione, di miglioramento, di ampliamento, di conservazione e di demolizione di un'opera pubblica.

Sul versante normativo, l'art. 2, par. 1, punto 6 della direttiva 2014/24/Ue definisce come appalti pubblici di lavori gli appalti aventi per oggetto una delle seguenti azioni: *a*) l'esecuzione, o la progettazione e l'esecuzione, di lavori relativi a una delle attività di cui all'Allegato II della direttiva, tra cui rientrano, a titolo esemplificativo, costruzioni, nuove costruzioni, restauri, riparazioni, demolizioni, trivellazioni e perforazioni, installazione di impianti, rivestimenti ecc.; *b*) l'esecuzione, oppure la progettazione e l'esecuzione di un'opera; oppure *c*) la realizzazione, con qualsiasi mezzo, di un'opera corrispondente alle esigenze specificate dall'amministrazione aggiudicatrice che esercita un'influenza determinante sul tipo o sulla progettazione dell'opera.

Una definizione analoga è contenuta, per i contratti di concessione, nell'art. 5 della direttiva 2014/23/Ue.

Per opera, invece, tanto le direttive, quanto il Codice (art. 3, c. 1, lett. *bb*), dell'Allegato I.1) indicano «*il risultato di un insieme di lavori, che di per sé esplichi una funzione economica o tecnica*». Secondo le previsioni nazionali, le opere comprendono sia quelle che sono il risultato di un insieme di lavori edilizi o di genio civile, sia quelle di difesa e presidio ambientale, agronomo e forestale, paesaggistica e di ingegneria naturalistica.

Ulteriore distinzione va fatta tra l'opera pubblica e l'**opera privata di pubblica utilità**. Quest'ultima è un'opera che, pur essendo di proprietà privata, consente di soddisfare anche un interesse pubblico, oltre (e in aggiunta) ai bisogni di natura privatistica dei proprietari. Un esempio è quello di una struttura ospedaliera di proprietà di un ente religioso. L'opera è certamente di proprietà privata e quindi difetta del requisito soggettivo per essere definita opera pubblica. Ma, essendo destinata a una funzione di interesse pubblico, può essere inserita nella categoria delle opere private di interesse pubblico.

Opere private di pubblica utilità

Come vanno qualificate le infrastrutture di telecomunicazione mobile realizzate da società private con finalità imprenditoriali ma che allo stesso tempo realizzano un interesse generale di servizio pubblico?

Sebbene la realizzazione delle infrastrutture di telecomunicazione mobile sia di interesse generale esse non sono qualificabili come opere pubbliche, ma come opere private di pubblica utilità in quanto realizzate da soggetti privati, destinate alla gestione di un servizio con criteri imprenditoriali e di proprietà di chi le ha realizzate (Cons. Stato, sez. IV, n. 4847/2003).

3. La disciplina delle opere pubbliche e il riparto di competenze

La rilevanza degli interessi connessi alla realizzazione delle opere pubbliche ha determinato la proliferazione delle fonti normative in materia, molte delle quali hanno ad oggetto la **disciplina dei lavori pubblici, cioè dei modi attraverso i quali si perviene alla realizzazione di un'opera**, più che direttamente quella delle opere pubbliche.

Come anticipato nel paragrafo introduttivo del presente capitolo, il ricorso sempre più frequente agli strumenti contrattuali per l'esecuzione delle opere pubbliche ha richiamato l'attenzione anche delle istituzioni europee, preoccupate che l'importantissimo mercato degli affidamenti dei lavori pubblici alle imprese non sfuggisse ai principi di concorrenza, non discriminazione e alle libertà di stabilimento, prestazione dei servizi e circolazione tutelate dai Trattati. Proprio per questo, già a partire dagli anni '70 del secolo scorso la Comunità europea prima e l'Unione europea poi hanno emanato direttive sempre più precise al fine di un ravvicinamento delle discipline nazionali sui modi di affidamento dei lavori pubblici.

3.1. La normativa europea

L'intervento dell'Unione europea nel settore delle opere pubbliche è dunque ispirato alla esigenza di garantire l'apertura di un **mercato unico europeo** dei lavori pubblici e di assicurare un'effettiva **concorrenza** fra le imprese. L'obiettivo principale è quello di garantire alle imprese con sede in qualsiasi Paese dell'Unione le stesse opportunità e possibilità di concorrere all'affidamento dei lavori pubblici partecipando alle procedure di aggiudicazione (dette "di gara") indette in altro Paese membro.

L'impresa con sede in Francia, l'impresa con sede in Germania e l'impresa con sede in Spagna devono poter partecipare a una gara indetta in Italia la quale sarà disciplinata dai medesimi principi e dalle stesse regole di ispirazione comunitaria e si svolgerà in condizione di parità con tutte le altre imprese italiane, possibili concorrenti.

La disciplina comunitaria nel settore degli appalti pubblici è oggi fondata sulle norme del **Trattato sul funzionamento dell'Unione europea in materia di libera circolazione delle merci (art. 28 TFUE), delle persone (artt. 45-48 TFUE) e dei servizi (art. 56 TFUE) oltre che sulle disposizioni relative al principio di concorrenza (artt. 101 e 106 TFUE).**

Il mercato degli appalti pubblici – accanto a quello dei servizi e delle forniture – rappresenta quindi per l'Unione europea una delle sedi dove assicurare condizioni di concorrenza che si rivelano necessarie affinché gli appalti siano attribuiti in modo non discriminatorio e imparziale e le risorse pubbliche siano utilizzate razionalmente mediante la scelta della migliore offerta presentata.

A questo riguardo e al fine di garantire una disciplina uniforme dei diritti nazionali nel settore degli appalti di lavori diretti alla realizzazione delle opere pubbliche, la politica comunitaria in materia è stata attuata mediante l'emanazione di una serie di direttive, a partire dai primi anni '70 del secolo scorso fino all'epoca più recente, aventi ad oggetto non solo le regole per lo svolgimento delle procedure di affidamento e i criteri applicabili per la scelta del soggetto privato, ma anche i mezzi di tutela esperibili nei confronti dei soggetti pubblici che procedono all'affidamento (direttive 71/304/Cee, 71/305/Cee, 89/440/Cee, 89/665/Cee, 90/531/Cee, 92/13/Cee, 93/37/Cee, 93/38/Cee).

Una prima opera di revisione delle direttive europee più risalenti si è avuta nel 2004 con l'obiettivo di aggiornare e semplificare il quadro giuridico esistente.

In quell'occasione si è giunti alla approvazione definitiva di due direttive comunitarie finalizzate alla ridefinizione dell'assetto e del quadro normativo degli appalti pubblici: la direttiva n. 2004/18/Ce, relativa al coordinamento delle procedure di aggiudicazione degli appalti pubblici di forniture, di servizi e di lavori e la direttiva n. 2004/17/Ce che coordinava le procedure di appalto degli enti erogatori di acqua, di energia e degli enti che forniscono servizi di trasporto (cc.dd. settori speciali). Esse presentavano numerosi aspetti innovativi della disciplina comunitaria degli appalti pubblici in quanto da un lato procedevano alla unificazione di tutte le norme comunitarie in materia di appalti pubblici, dall'altro introducevano profili nuovi e più flessibili diretti alla modernizzazione delle procedure di gara, con l'utilizzo, per esempio, delle aste elettroniche o il ricorso ai sistemi dinamici di acquisto.

Nel dicembre 2011 la Commissione europea ha avviato un ulteriore processo di revisione delle disposizioni sovranazionali in materia di contratti pubblici nei settori ordinari e speciali e di definizione di una disciplina specifica dedicata ai contratti di concessione.

Le proposte sono state approvate in via definitiva dal Parlamento europeo e dal Consiglio dell'Unione europea e pubblicate nella Gazzetta ufficiale dell'Unione europea nel marzo del 2014.

Il "pacchetto" di direttive europee in materia di contratti si è composto quindi:

– della direttiva 2014/23/Ue relativa all'aggiudicazione dei contratti pubblici di concessione;
– della direttiva 2014/24/Ue relativa all'aggiudicazione dei contratti pubblici di appalto;
– della direttiva 2014/25/Ue relativa alle procedure di appalto degli enti erogatori nei settori speciali dell'acqua, dell'energia, dei trasporti e dei servizi postali.

Le direttive 2004/17/Ce e 2004/18/Ce sono state abrogate a partire dal 18 aprile 2016, termine entro il quale gli Stati membri hanno dovuto adeguare i propri ordinamenti alle nuove disposizioni europee in materia. L'ordinamento italiano ha provveduto ad attuare le direttive europee con il già menzionato **d.lgs. n. 50/2016 e successive modifiche sostituito, da ultimo, dal d.lgs. n. 36/2023.**

Del 2007 è invece la direttiva ricorsi n. 66 (2007/66/Ce) che, analogamente agli atti precedenti del 1989 (direttiva 89/665/Cee) e del 1992 (direttiva 92/13/Cee), riguarda gli strumenti di tutela garantiti a quelle imprese che si ritengano pregiudicate dagli atti emananti nel corso delle procedure di gara o dalla avvenuta aggiudicazione dell'appalto ad altro soggetto. In quest'ottica, l'ordinamento comunitario ha individuato alcune condizioni minime che gli Stati membri devono osservare affinché questa tutela sia piena ed effettiva, vale a dire la previsione di una tutela cautelare che preceda la decisione di aggiudicare l'appalto, di una tutela annullatoria degli atti emanati nel corso della procedura fino all'aggiudicazione e, infine, di una tutela risarcitoria dei danni eventualmente prodotti.

Approfondimento: le direttive comunitarie

Le direttive comunitarie sono atti normativi dell'Unione europea i quali, in linea di massima, non contengono, a differenza dei regolamenti comunitari, una normativa direttamente applicabile all'interno degli Stati membri dell'Unione. Esse contengono, invece, prescrizioni dirette agli Stati affinché questi le traducano in norme statali entro il termine indicato dalle direttive medesime. Per esempio, l'art. 3, c. 1 della direttiva 2007/66/Ce prevede che «*Gli Stati membri mettono in vigore le disposizioni legislative, regolamentari e amministrative necessarie per conformarsi alla presente direttiva entro il 20 dicembre 2009. Essi ne informano immediatamente la Commissione».*

Occorre poi dire che la normativa comunitaria in materia di appalti pubblici di lavori si applica solo ai **contratti di valore superiore a una certa soglia.** Si parla così di contratti di appalto sopra o sotto soglia per indicare quelli compresi o sottratti alle regole europee. La ragione è che solo gli appalti pubblici che abbiano un valore monetario significativo sono ritenuti dal legislatore comunitario di interesse significativo per la realizzazione della concorrenza nel mercato unico europeo. In base alle previsioni contenute nel d.lgs. n. 36/2023 la soglia per i lavori pubblici è pari a euro 5.538.000, ma è verificata e eventualmente modificata dalla Commissione europea ogni due anni. Tuttavia, sebbene gli appalti sotto soglia non rientrino direttamente nel campo di applicazione delle direttive e rimangano quindi formalmente disciplinati dalla sola normativa nazionale, il giudice europeo ha più volte sottolineato la necessità del rispetto di alcuni principi Ue anche per gli appalti non rientrati espressamente nella sfera di applicazione delle direttive. Dello stesso avviso è stato anche il giudice amministrativo italiano il quale ha sostenuto che le norme europee ben possono imporsi oltre il formale ambito applicativo delle direttive (i contratti sopra soglia) e ciò al fine di assicurare la trasparenza dell'attività amministrativa e la concorrenza tra i soggetti interessati. Spesso, del resto, i legislatori nazionali applicano disposizioni analoghe per i contratti pubblici di valore superiore o inferiore alla soglia comunitaria.

3.2. La normativa nazionale

Per quanto riguarda la normativa italiana più risalente applicabile alla materia dei lavori pubblici e, in particolare, alle procedure di affidamento, occorre ricordare, oltre alla normativa post-unitaria sulle opere pubbliche (l. n. 2248/1865, allegato F), quella in materia di contabilità dello Stato, contenuta nei r.d. nn. 2440/1923 e 827/1924. Queste ultime erano ispirate non tanto alla necessità di garantire la concorrenza tra i partecipanti, quanto piuttosto all'interesse delle amministrazioni procedenti a scegliere il **contraente migliore**.

Un importante momento di razionalizzazione della normativa in materia di lavori pubblici si è avuto, poi, con l'emanazione della **l. n. 109/1994**, legge quadro in materia di lavori pubblici (c.d. "legge Merloni") e successive modificazioni (l. n. 216/1995 (c.d. Merloni *bis*) e l. n. 415/1998 (c.d. Merloni *ter*)). Questo intervento normativo intendeva creare un quadro unitario per la materia dei lavori pubblici e adeguare la normativa nazionale a quella comunitaria.

Tuttavia, a partire dalla fine degli anni Novanta la disciplina di settore è divenuta sempre più complessa e frammentaria a causa della interazione di più fattori tra cui, oltre al già evidenziato incalzare della normativa dell'Unione europea, vi è stata la riforma degli apparati centrali e periferici delle amministrazioni pubbliche e delle funzioni loro assegnate.

Con l'occasione di dare attuazione alle direttive comunitarie 2004/17/Ce e 2004/18/Ce si è giunti quindi alla approvazione di un testo unico, il d.lgs. n. 163/2006 che ha rappresentato fino al 2016 il **Codice dei contratti pubblici** relativi a **lavori, forniture e servizi**.

Il Codice del 2006 è stato abrogato e sostituito dal **d.lgs. n. 50/2016 che ha dato attuazione alle direttive europee del 2014 e ha colto l'occasione per riordinare la disciplina vigente in materia di contratti pubblici.**

La struttura del codice del 2016 aveva avuto come criterio direttivo la necessità di fornire al settore una disciplina unitaria che consentisse allo stesso tempo una semplificazione della attività amministrativa.

Come anticipato, la normativa del 2016 ha subito molteplici revisioni e integrazioni, molte delle quali adottate con il d.lgs. n. 56/2017 detto anche "decreto correttivo" fino al recente Decreto c.d. "Sblocca cantieri", ovvero il d.l. n. 32/2019 conv. con l. n. 55/2019.

Ancora, con il c.d. Decreto semplificazioni del luglio 2020 (d.l. n. 76/2020 conv. con l. n. 120/2020) erano stati previsti ulteriori interventi semplificatori e acceleratori con particolare riferimento ai contratti di valore inferiore alle soglie comunitarie.

Il quadro appena descritto è stato, infine, sostituito dal d.lgs. n. 36/2023 adottato in attuazione degli impegni assunti dallo Stato italiano con l'ordinamento dell'Unione europea all'interno del Piano Nazionale di Ripresa e Resilienza (PNRR) con l'intento di recepire in maniera più immediata le direttive europee 2014/23/Ue, 2014/24/Ue e 2014/25/Ue.

Tra i principi e criteri direttivi della riforma, la legge di delega (l. n. 78/2022) ha previsto, infatti, quelli di **razionalizzazione, riordino e semplificazione** della disciplina vigente, stante la necessità di una maggior **adesione alle direttive europee**, mediante l'introduzione o il mantenimento di livelli di regolazione corrispondenti a quelli minimi richiesti dalle direttive stesse (divieto di c.d. *gold plating*). Oltre a ciò, si è valorizzato ulteriormente l'intento di snellire la disciplina applicabile ai contratti pubblici di importo inferiore alle soglie di rilevanza europea e di ridurre e rendere maggiormente certi i tempi relativi alle procedure di gara e alla stipula dei contratti anche mediante il ricorso alla digitalizzazione e informatizzazione del procedimento di gara.

Come già si è precisato *supra*, par. 1, particolare rilevanza è assunta ora dalle disposizioni di principio in base alle quali occorre interpretare le disposizioni di dettaglio contenute nel Codice.

Le soglie di rilevanza comunitaria sono previste all'art. 14.

Per quanto riguarda le norme applicabili alle procedure di affidamento sotto soglia, il legislatore nazionale ha previsto il ricorso agli affidamenti diretti o alle procedure negoziate senza bando, a condizione che l'amministrazione procedente non accerti l'esistenza di un interesse transfrontaliero certo (art. 48, c. 2 e art. 50).

Ovviamente a tutte le procedure, indipendentemente dal valore, si applica la disciplina speciale in materia di contenzioso contenuta nel Codice del processo amministrativo (d.lgs. n. 104/2010).

3.3. Il riparto di competenze legislative in materia di lavori pubblici

Fin qui si è trattato della legislazione statale. Ora occorre inquadrare la disciplina delle opere pubbliche nell'ambito del riparto di competenze legislative tra Stato e Regioni in base a quanto previsto dalle disposizioni di cui al titolo V della Costituzione.

È chiaro infatti che la disciplina delle opere pubbliche deve misurarsi con l'articolazione del **potere legislativo fra Stato e Regioni**, come risulta dall'art. 117 Cost., nella sua formulazione riformata nel 2001 (l. cost. n. 3/2001; cfr. anche *supra*, Cap. I).

La materia delle opere pubbliche e dei lavori pubblici non trova espresso riconoscimento né nell'elenco delle materie riservate alla competenza esclusiva dello Stato né in quello delle materie di potestà normativa concorrente. È sorto quindi l'interrogativo se esse rientrino o meno nella competenza legislativa residuale ed esclusiva delle Regioni. La risposta non è così semplice o immediata.

In primo luogo, occorre dire che tra le materie di legislazione concorrente sono elencati i «*porti e gli aeroporti civili*» e le «*grandi reti di trasporto e navigazione*» che vanno certamente comprese nella categoria delle opere pubbliche.

In secondo luogo, in alcune importanti pronunce, la Corte cost. ha chiarito la posizione da assegnare alla materia "lavori pubblici" nel quadro delle competenze delineate dalla Costituzione sostenendo che essa

non va qualificata come una **materia unitaria**, ma è funzionalmente collegata ad altre materie espressamente previste dalle disposizioni costituzionali. In questo senso una eventuale legislazione statale in materia di opere pubbliche potrebbe costituire esercizio della competenza legislativa primaria prevista per una delle materie contenute nella elencazione dell'art. 117, c. 2, Cost. Ciò può avvenire nel caso della attuazione delle direttive comunitarie, le quali realizzano a loro volta la tutela della concorrenza, materia di competenza esclusiva statale.

Occorre inoltre considerare che per alcune particolari categorie di opere il potere legislativo statale potrebbe rivelarsi comunque necessario e legittimato da irrinunciabili esigenze di unità dell'ordinamento. Come si vedrà negli esempi che seguono, infatti, se si ammette che in alcune circostanze è lo Stato il soggetto giuridico tenuto alla realizzazione delle grandi infrastrutture di interesse nazionale, non potrà negarsi che ad esso spetti anche la competenza normativa diretta a disciplinare in via generale e astratta quelle medesime attività di natura amministrativa ed esecutiva.

Le sentenze della Corte cost. n. 303/2003, n. 401/2007 e n. 98/2020

La sent. n. 303/2003 riguarda il giudizio sulla legittimità costituzionale della normativa statale in materia di "grandi opere" di interesse nazionale, vale a dire le infrastrutture e gli insediamenti produttivi strategici (l. n. 446/2001 e d.lgs. n. 190/2002). Il ricorso alla Corte è promosso da varie Regioni, che sostengono di essere competenti nella materia «lavori pubblici di interesse nazionale», visto che essa non rientra tra quelle espressamente assegnate alla competenza esclusiva dello Stato. La normativa emanata dal legislatore statale è poi talmente dettagliata da non poter essere neppure considerata espressione della competenza concorrente statale, che dovrebbe limitarsi alla determinazione dei principi fondamentali. La Corte nega prima di tutto che la materia dei lavori pubblici, non espressamente indicata tra le materie attribuite alla potestà legislativa dello Stato né in quelle affidate alla legislazione concorrente, possa rientrare nella potestà legislativa esclusiva delle Regioni. Secondo la Corte i "lavori pubblici" costituiscono «*ambiti di legislazione che non integrano una vera e propria materia, ma si qualificano a seconda dell'oggetto al quale afferiscono e pertanto possono essere ascritti di volta in volta alla potestà legislativa esclusiva dello Stato ovvero alla potestà legislativa concorrente*». Le norme impugnate coinvolgono quindi per lo più potestà legislative concorrenti quali il governo del territorio, i porti e gli aeroporti, le grandi reti di trasporto o le opere legate alla distribuzione nazionale dell'energia. Nel caso di specie, tuttavia, la legge obiettivo non si limita a determinare i principi fondamentali, ma finisce per disciplinare nel dettaglio (senza spazio per la legge regionale) le funzioni amministrative per la realizzazione in concreto delle c.d. grandi opere di interesse essenzialmente statale o comunque ultra-regionale. Il ragionamento che induce la Corte cost. a considerare nondimeno la normativa statale conforme a Costituzione è piuttosto complesso. L'idea di fondo è che le funzioni amministrative (come programmazione, localizzazione, affidamento ed esecuzione) relative a opere e infrastrutture di interesse nazionale sono affidate allo Stato al fine di garantire «*istanze di unificazione presenti nei più svariati contesti di vita le quali, sul piano dei principi giuridici, trovano sostegno nella proclamazione di unità e indivisibilità della Repubblica*». Onde disciplinare le proprie funzioni amministrative lo Stato deve disporre delle parallele funzioni legislative, anche ove esse interessino materie di competenza regionale concorrente. Il meccanismo non opera certo in assenza di limiti. La deroga introdotta in questo modo al regime ordinario delle competenze legislative deve rispettare, secondo la Corte, i principi di proporzionalità e di adeguatezza e deve essere disposta sulla base di procedure che garantiscano la leale collaborazione fra lo Stato e le Regioni.

Nel 2007, la Corte cost. ha poi dovuto decidere i ricorsi proposti da varie Regioni contro alcune disposizioni del previgente Codice dei contratti pubblici (d.lgs. n. 163/2006), che secondo le Regioni ricorrenti invadevano le attribuzioni regionali. In quella occasione, la Corte ha ricordato che «*i lavori pubblici non integrano una vera e propria materia ma si qualificano a seconda dell'oggetto al quale afferiscono*» e pertanto possono essere ascritti, di volta in volta, a potestà legislative statali o regionali. Le disposizioni del Codice dei contratti pubblici sono dirette a garantire la concorrenza, compresa tra le materie di competenza legislativa statale esclusiva ex art. 117, c. 2, lett. e). Esse sono dirette infatti ad assicurare la più ampia apertura del mercato a tutti gli operatori economici nel rispetto dei principi comunitari della libera circolazione delle merci, della libertà di stabilimento e della libera prestazione di servizi. La normativa unitaria statale assicura l'adozione di procedure uniformi nella scelta del soggetto cui affidare i lavori le quali sono idonee a garantire il rispetto dei principi di parità di trattamento, di non discriminazione, di proporzionalità e di trasparenza.

In un'ottica analoga, in una recente sentenza della Corte cost. (n. 98/2020) si è ricordato che «*le disposizioni del codice dei contratti pubblici [...] regolanti le procedure di gara sono riconducibili alla materia della tutela della concorrenza, e [...] le Regioni, anche ad autonomia speciale, non possono dettare una disciplina da esse difforme*». Ciò vale «*anche per le disposizioni relative ai contratti sotto soglia*». Per queste ragioni la Corte ha dichiarato costituzionalmente illegittime norme regionali di protezione delle imprese locali nell'ambito delle procedure selettive (per esempio, ove riservate a piccole e medie imprese con sede nella regione di riferimento).

4. Le competenze amministrative: i soggetti che realizzano opere pubbliche

Nel paragrafo precedente l'attenzione è stata rivolta alla individuazione della competenza legislativa nel campo dei lavori pubblici. L'obiettivo è stato quello di capire se essa spetti allo Stato (che la esercita attraverso la emanazione di leggi statali) o alle Regioni (che hanno il potere di emanare leggi regionali). Per quanto si è visto, l'indagine è piuttosto complessa data la natura giuridicamente non unitaria dell'oggetto di disciplina, ovvero i lavori pubblici. Quest'ultimo, infatti, comprende al suo interno molteplici profili i quali si ricollegano di volta in volta a materie di competenza esclusiva statale – come la tutela della concorrenza – concorrente – come il governo del territorio – o regionale.

In più, la sentenza della Corte cost. n. 303/2003 di fronte al quesito circa la costituzionalità della legge obiettivo relativa alle grandi opere e infrastrutture statali ha finito con l'affermare che, in alcune circostanze, la competenza legislativa in materia di lavori pubblici deve essere vista in termini flessibili. Allo Stato potrebbe essere riconosciuta la potestà legislativa in conseguenza del fatto che spettano agli organi statali (e non a quelli regionali o locali) le funzioni amministrative necessarie alla realizzazione delle grandi opere di interesse statale in virtù di esigenze di unità e concentrazione degli interessi coinvolti. Al problema di ricondurre la nozione di "lavori pubblici" ad alcuna delle materie previste nelle elencazioni di cui all'art. 117 Cost. se ne somma dunque un altro, ovvero quello legato al riparto di competenze amministrative tra i diversi livelli di governo.

La sentenza della Corte cost. n. 303/2003 sulla c.d. "legge obiettivo"

Il caso riguarda il giudizio sulla legittimità costituzionale della normativa statale in materia di "grandi opere" di interesse nazionale, vale a dire le infrastrutture e gli insediamenti produttivi strategici (l. n. 446/2001 e d.lgs. n. 190/2002). Il ricorso alla Corte è promosso da varie Regioni, che sostengono di essere competenti nella materia «*lavori pubblici di interesse nazionale*», visto che essa non rientra tra quelle espressamente assegnate alla competenza esclusiva dello Stato. La normativa emanata dal legislatore statale è poi talmente dettagliata da non poter essere neppure considerata espressione della competenza concorrente statale, che dovrebbe limitarsi alla determinazione dei principi fondamentali.

La Corte nega prima di tutto che la materia dei lavori pubblici, non espressamente indicata tra le materie attribuite alla potestà legislativa dello Stato né in quelle affidate alla legislazione concorrente, possa rientrare nella potestà legislativa esclusiva delle Regioni. Secondo la Corte i "lavori pubblici" costituiscono «*ambiti di legislazione che non integrano una vera e propria materia, ma si qualificano a seconda dell'oggetto al quale afferiscono e pertanto possono essere ascritti di volta in volta alla potestà legislativa esclusiva dello Stato ovvero alla potestà legislativa concorrente*». Le norme impugnate coinvolgono quindi per lo più potestà legislative concorrenti quali il governo del territorio, i porti e gli aeroporti, le grandi reti di trasporto o le opere legate alla distribuzione nazionale dell'energia.

Nel caso di specie, tuttavia, la legge obiettivo non si limita a determinare i principi fondamentali, ma finisce per disciplinare nel dettaglio (senza spazio per la legge regionale) le funzioni amministrative per la realizzazione in concreto delle c.d. grandi opere di interesse essenzialmente statale o comunque ultra-regionale. Il ragionamento che induce la Corte cost. a considerare nondimeno la normativa statale conforme a Costituzione è piuttosto complesso. L'idea di fondo è che le funzioni amministrative (come programmazione, localizzazione, affidamento e esecuzione) relative a opere e infrastrutture di interesse nazionale sono affidate allo Stato al fine di garantire «*istanze di unificazione presenti nei più svariati contesti di vita le quali, sul piano dei principi giuridici, trovano sostegno nella proclamazione di unità e indivisibilità della Repubblica*». Onde disciplinare le proprie funzioni amministrative lo Stato deve disporre delle parallele funzioni legislative, anche ove esse interessino materie di competenza regionale concorrente. Il meccanismo non opera certo in assenza di limiti. La deroga introdotta in questo modo al regime ordinario delle competenze legislative deve rispettare, secondo la Corte, i principi di proporzionalità e di adeguatezza e deve essere disposta sulla base di procedure che garantiscano la leale collaborazione fra lo Stato e le Regioni.

In teoria l'attività amministrativa – nei lavori pubblici così come in ogni altro settore – dovrebbe costituire attuazione o esecuzione delle previsioni legislative. Per questo motivo, nel sistema costituzionale originario, al soggetto titolare della competenza legislativa in una data materia era assegnata anche la corrispondente potestà amministrativa. Nel quadro costituzionale vigente (dopo la revisione del 2001), questo rapporto di "parallelismo" non è più presente. Indipendentemente dai criteri di riparto della funzione legislativa, infatti, l'art. 118 Cost. prevede che le **funzioni amministrative** siano attribuite in via generale ai Comuni – e quindi al livello territoriale più basso – «*salvo che, per assicurare l'esercizio unitario, siano conferite a Province, Città Metropolitane, Regioni e Stato sulla base dei principi di sussidiarietà, differenziazione e adeguatezza*» (v. anche *supra*, Cap. I, par. 4.3). Per quando riguarda nello specifico la materia dei "lavori pubblici", proprio la già menzionata sentenza della Corte cost. n. 303/2003 lascia intendere che per alcuni tipi di opere – come è per esempio il caso delle grandi infrastrutture – proprio i **principi di sussidiarietà, differenziazione e adeguatezza** possono legittimare l'attrazione delle funzioni amministrative a livello statale. A questo moto ascendente delle competenze amministrative può far seguito, in una certa misura, come visto, quello delle competenze legislative anch'esse attratte a livello statale.

Chiarito quindi l'ambito oggettivo di riferimento della nozione di "opera pubblica" e il riparto di competenze legislative e amministrative tra Stato e Regioni, così come delineato dalla Costituzione, occorre ora dar conto della natura dei soggetti realizzatori delle opere pubbliche.

Punto di riferimento normativo saranno le categorie e le definizioni contenute nel Codice dei contratti pubblici (art. 13, c. 6 e Allegato I.1, d.lgs. n. 36/2023) con la precisazione che esso si riferisce essenzialmente ai soggetti che sono parte attiva delle procedure di affidamento dei lavori a soggetti privati (appalti pubblici o concessioni) e che per questo vengono definiti *stazioni appaltanti* (art. 1, c. 1, lett. *a*), All. I.1) o *enti concedenti* (art. 1, c. 1, lett. *b*), All. I.1).

I soggetti che realizzano le opere pubbliche sono, innanzitutto, le **amministrazioni pubbliche territoriali** (Stato, Regioni, Città metropolitane, Province, Comuni), gli **altri enti pubblici** o comunque le associazioni, unioni, consorzi costituiti dai predetti soggetti (v. anche Cap. VI).

Su questo punto occorre richiamare l'attenzione sulla volontà espressa dal legislatore già nel 2016, ma ribadita nel 2023, di ridurre il numero delle stazioni appaltanti promuovendo la loro riorganizzazione e la loro aggregazione in centrali di committenza qualificate (art. 62 del Codice attuale).

Per quanto riguarda gli organi dello Stato che operano nel settore delle opere pubbliche va ricordato il **Ministero delle infrastrutture e dei trasporti** sorto dall'accorpamento del Ministero delle Infrastrutture e del Ministero dei Trasporti.

Si potrebbe quindi ritenere che vi sia identità fra la categoria degli enti pubblici e quella dei soggetti che realizzano opere pubbliche. Tuttavia, vedremo subito come questo non sia del tutto esatto e come, in particolare ai fini dell'applicazione della normativa europea in materia di affidamenti di lavori pubblici, entri in gioco anche una diversa nozione, quella del c.d. "organismo di diritto pubblico", che si estende oltre quella degli enti pubblici per includere, a certe condizioni, anche soggetti formalmente privati.

4.1. L'organismo di diritto pubblico

La nozione piuttosto controversa di **organismo di diritto pubblico** è nata in ambito europeo ed è poi stata recepita nell'ordinamento interno. In base a quanto previsto dall'art. 1, c. 1, lett. *e*), All. I.1 del d.lgs. n. 23/2023, come già stabilito dall'art. 3, c. 1, lett. *d*) del d.lgs. n. 50/2016, per essere tale, l'organismo di diritto pubblico deve presentare tre caratteri:

1. deve essere dotato di personalità giuridica;

2. indipendentemente dalla forma giuridica, che può essere anche societaria, deve essere stato creato per soddisfare specificatamente esigenze di interesse generale, aventi carattere non industriale o commerciale;

3. deve svolgere una attività finanziata in modo maggioritario dallo Stato, dagli enti pubblici territoriali o da altri organismi di diritto pubblico; in alternativa la gestione dell'attività deve essere soggetta al controllo degli enti appena richiamati oppure, ancora, sul piano organizzativo, l'organo di amministrazione, direzione o vigilanza dell'organismo in questione deve essere costituito da membri dei quali più della metà è designata dallo Stato, dagli enti pubblici territoriali o da altri organismi di diritto pubblico.

Per comprendere la definizione appena richiamata è necessario partire dal diritto dell'Unione europea dove questa figura è nata. L'obiettivo principale dell'ordinamento sovranazionale – vale a dire quello di realizzare un mercato unico concorrenziale anche nel settore degli appalti pubblici, attraverso la sottoposizione delle amministrazioni pubbliche a rigorose procedure – poteva essere facilmente eluso mediante la creazione, da parte delle stesse amministrazioni, di soggetti formalmente privati ma in realtà sottratti alle logiche concorrenziali perché appunto controllati da enti pubblici.

Al fine di evitare tale elusione la Corte di giustizia dapprima e quindi le direttive comunitarie hanno stabilito che anche questi soggetti formalmente privati sono tenuti ad applicare le regole dell'evidenza pubblica per quanto riguarda in particolare l'affidamento ad altri soggetti dei lavori pubblici.

La categoria degli organismi di diritto pubblico è stata quindi creata per **intensificare l'applicazione in ambito nazionale della normativa comunitaria** in materia di appalti pubblici attraverso una nozione elastica e sostanziale del "carattere pubblico" di un determinato soggetto giuridico.

Considerato l'elevato numero e la molteplicità di forme giuridiche che i soggetti operanti nell'ambito dei singoli Stati membri assumevano, la Corte di giustizia europea ha finito, infatti, per considerare che «*un organismo le cui funzioni e la cui composizione sono contemplate dalla legge e che dipende dalla pubblica amministrazione per quanto riguarda la nomina dei suoi membri, la garanzia degli obblighi derivanti dai suoi atti ed il finanziamento degli appalti che esso ha il compito di aggiudicare, rientri nella nozione di "Stato", anche se formalmente non ne fa parte*» (Corte giust., sentenza *Beentjes*, causa C-31/87).

Già con la direttiva 89/440/Ce, quindi, per indicare la categoria delle amministrazioni aggiudicatrici si inizia ad operare il rinvio alla nozione di "organismo di diritto pubblico", comprendente tutti quei soggetti istituiti al fine di soddisfare specificatamente bisogni di interesse generale (aventi carattere non industriale o commerciale), dotati di personalità giuridica e sottoposti a controllo da parte dello Stato, degli enti locali o di altri organismi di diritto pubblico. Come ripreso anche dalle disposizioni più recenti, tale controllo può ben avere diverse forme e caratteri: può avvenire attraverso il finanziamento dell'attività dell'organismo, può riguardare la gestione di quest'ultimo o la nomina di più della metà dei suoi organi di direzione, vigilanza e amministrazione.

I tre requisiti che qualificano l'organismo di diritto pubblico, che devono essere tutti presenti, non hanno mancato di sollevare diversi problemi di ordine interpretativo all'interno degli ordinamenti nazionali.

Innanzitutto, per quanto riguarda il requisito della personalità giuridica si è dibattuto se vi rientrasse la sola personalità giuridica di diritto pubblico o se bastasse quella di diritto privato. Per l'ordinamento italiano, il problema è risolto dal Codice dei contratti pubblici che consente che l'organismo di diritto pubblico abbia forma anche societaria.

La risoluzione di questo primo quesito ne pone tuttavia subito un altro: è possibile che un organismo avente la forma giuridica di società per azioni soddisfi in concreto bisogni di interesse generale privi di carattere industriale o commerciale? In altre parole, ciò che non è chiaro è il modo in cui il requisito positivo del soddisfacimento di bisogni di interesse generale vada coordinato con quello negativo di attività non industriale e commerciale.

Al riguardo, infatti, nell'ordinamento nazionale, non pongono particolari problemi di ordine interpretativo il requisito della personalità giuridica – che deve essere inteso come sinonimo, in senso ampio, di soggettività giuridica – e il requisito dell'influenza pubblica dominante – che è integrato dal verificarsi di almeno uno dei tre fattori (partecipazione, finanziamento o controllo pubblico) previsti dalla norma –, quanto, piuttosto, il requisito c.d. "teleologico" il quale ha richiesto molteplici interventi da parte della giurisprudenza nazionale ed eurounitaria volti a definirne alcune linee guida agli interpreti.

Innanzitutto, in merito al significato di "esigenze di interesse generale", la giurisprudenza comunitaria ha precisato che queste costituiscono una categoria ampia all'interno della quale deve essere rinvenuta la sotto-categoria dei bisogni "non industriali e commerciali", i quali devono essere individuati in base al contesto di riferimento e alle finalità perseguite dalle direttive in tema di appalti (si veda causa C-373/2000, *Adolf Truley GmH*).

Sulla base di questa premessa, sono sorte due delle questioni interpretative di maggiore rilevanza, vale a dire *i*) la possibilità di definire organismo di diritto pubblico anche quel soggetto che opera in un regime concorrenziale; i) la necessità o meno che l'organismo eserciti l'attività di interesse generale in modo esclusivo, nel caso in cui il medesimo soggetto svolga anche altre attività, addirittura con carattere prevalente.

Quanto al primo aspetto, si sono registrate alcune oscillazioni da parte della giurisprudenza eurounitaria.

Alla fine degli anni '90 si sono avuto i due *leading cases* in materia (causa C-44/96, *Mannesmann* e causa C-360/96, *BFI Holding*), orientati nel senso di considerare l'agire in concorrenza come un semplice elemento indiziario e, quindi, superabile.

Successivamente, in un caso sorto su impulso del giudice italiano (causa C-223/99, *Agorà c. Ente Autonomo Fiera internazionale di Milano*), la Corte di Giustizia si è espressa nel senso di escludere la qualifica di organismo di diritto pubblico nel caso in cui il soggetto agisse in concorrenza e con metodo economico.

Da ultimo, si è invece definito un orientamento più in linea con quello originario e recepito anche dal Consiglio di Stato e dalla Corte di Cassazione, che non considera determinante il fatto che una società operi in un mercato concorrenziale ai fini dell'esclusione della sua qualifica di organismo di diritto pubblico. Si tratta, infatti, esclusivamente di un indizio presuntivo, superabile con prova contraria, e non di un elemento dirimente.

Così, nella sentenza *Taitotalo*, causa C-18/01, in una controversia riguardante una società per azioni, la quale affidava in appalto servizi di riqualificazione e di costruzione di opere allo scopo di realizzare edifici destinati ad essere dati in locazione a imprese, il giudice comunitario ha sostenuto che per qualificare l'organismo di diritto pubblico occorre in ultima analisi verificare «*se l'organismo in esame esercita la propria attività in regime di concorrenza dato che l'esistenza di tale concorrenza può costituire un indizio a sostegno del fatto che vi sia il carattere industriale o commerciale*».

Ciò che diviene determinate, però, non è il contesto concorrenziale di per sé, ma la circostanza che l'organismo operi in normali condizioni di mercato, persegua lo scopo di lucro e, soprattutto, subisca le perdite connesse all'esercizio della sua attività. In questo caso, infatti, è poco probabile che i bisogni che esso mira a soddisfare abbiano carattere non industriale o commerciale.

In analoga direzione si è espressa anche la giurisprudenza del Consiglio di Stato per cui «*la dimostrazione che l'attività venga esercitata dal sog-*

getto con metodo non economico, senza rischio di impresa, in un mercato non concorrenziale, è utile al fine di ritenere sussistente il requisito teleologico. La circostanza secondo cui, in concreto, tali compiti siano svolti non con metodo economico, ma mediante l'esercizio di una attività che non implichi assunzione del rischio di impresa, può desumersi, innanzitutto, da una connotazione interna dell'assetto societario e, in particolare, dall'esistenza di relazioni finanziarie con l'ente pubblico che assicurano, secondo diverse modalità, la dazione di risorse in grado di consentire la permanenza sul mercato dell'organismo, nonché da un elemento esterno, indiziario, costituito dal contesto in cui l'attività viene esercitata, ossia dall'esistenza o meno di un mercato di beni e servizi oggetto delle prestazioni erogate, con la precisazione che la mancanza di un mercato non può derivare dal fatto che in esso operi il solo soggetto sottoposto alla mano pubblica, ma occorre stabilire se un mercato abbia la possibilità di esistere, valutando le caratteristiche dei beni e dei servizi offerti, i loro prezzi, nonché la presenza – anche solo potenziale – di più fornitori» (Cons. Stato, sez. V, n. 570/2013; Cons. Stato, sez. VI, n. 1574/2012).

Ancora, «*occorre che il soggetto non fondi la sua attività principale solo su criteri di rendimento, efficacia e redditività e che non assuma su di sé i rischi collegati allo svolgimento dell'attività (i quali devono ricadere sulla pubblica amministrazione controllante), e che il servizio d'interesse generale, oggetto dell'attività, non possa essere rifiutato per mere ragioni di convenienza economica*» (da ultimo così Cons. Stato, sez. V, n. 6534/2018).

Legato a questo primo profilo problematico, si è posto quello dato da società che svolgono altre attività di lucro oltre a quella di interesse generale. Si tratta dei casi in cui gli organismi da qualificare svolgono solo in parte attività di interesse generale prive di carattere industriale e commerciale.

Nella già richiamata sentenza *Mannesmann*, causa C-44/96, la Corte di giustizia ha precisato che il perseguimento e il soddisfacimento di bisogni di interesse generale può costituire una parte anche poco rilevante delle attività effettivamente svolte dall'ente. La nozione, quindi, può anche comprendere organismi che svolgono attività promiscue e molteplici rappresentate anche, ma non solo, da attività aventi carattere commerciale e industriale. In altre parole, la qualificazione come "organismo di diritto pubblico" determinerebbe la sottoposizione alla disciplina pubblicistica di tutte le attività poste in essere dell'ente, non essendo ammissibile un organismo di diritto pubblico "*in parte qua*".

Nasce così la c.d. teoria del contagio, volta ad evitare la formazione di zone franche all'interno delle quali si realizzi una indebita elusione della normativa comunitaria, nonché a perseguire la certezza del diritto, in forza della quale non è possibile scindere i campi di azione di un medesimo ente.

Secondo tale dottrina – contestata da ultimo da alcune decisioni del giudice amministrativo di primo grado, ma ancora dominante –, un soggetto dovrebbe, quindi, rispettare le regole in materia di procedure di evidenza pubblica anche per l'affidamento di appalti di lavori relativi ad attività del tutto estranee al fine di interesse generale.

Sul punto la Corte di Cassazione ha precisato che gli organismi di diritto pubblico si distinguono dalle c.d. imprese pubbliche regolate dalla direttiva 2004/17 che operano nei c.d. settori speciali alle quali non si applica la teoria del contagio (caso di Poste italiane spa).

Alcuni casi significativi: gli enti fieristici, l'ente nazionale risi, ACI Global spa e Poste Italiane spa

Gli enti fiera sono soggetti giuridici autonomi creati per l'organizzazione di eventi e manifestazioni dirette alla promozione delle attività economiche legate a un determinato territorio. Nell'ordinamento italiano si è posto il problema se essi rientrassero nella nozione di "organismo di diritto pubblico". In un primo momento, decidendo in merito ad una controversia relativa all'affidamento da parte dell'Ente Autonomo Fiera Internazionale di Milano di un appalto per la costruzione di nuovi padiglioni espositivi, il giudice amministrativo ha considerato l'ente un organismo di diritto pubblico, soffermandosi sulla sua specifica funzione di soddisfacimento di bisogni di interesse generale, e indipendentemente dallo svolgimento di attività di carattere commerciale. Qualche anno più tardi lo stesso giudice è giunto però a conclusioni diverse, escludendo che l'Ente Fiera di Milano sia un organismo di diritto pubblico in virtù del carattere essenzialmente commerciale della attività fieristica legata alla promozione e alla commercializzazione di prodotti e servizi complementari rispetto alla attività produttiva imprenditoriale. In tema, come già ricordato, si è espressa nel 2001 anche la Corte di Giustizia nella causa C-223/99, per cui in tema di Enti promotori di Fiere e di Enti autonomi sì è esclusa la qualifica di "amministrazioni aggiudicatrici", in quanto operanti in ambiente concorrenziale e caratterizzati da gestioni fondate su criteri di rendimento, di efficacia e di redditività. Nella stessa direzione si sono espresse anche le Sezioni Unite della Corte di Cassazione civile nella ordinanza n. 17567/2019, dove è stato stabilito che «*la società privata che gestisce gli eventi fieristici non è un organismo di diritto pubblico, in quanto carente del requisito teleologico di cui all'art. 3, comma 1, lett.* d*), del d.lgs. n. 50/2016*». Per questo i giudizi avverso le gare indette da organismi di diritto privato rientrano nella giurisdizione del giudice ordinario (in questo senso anche Tar Puglia, Bari, sentenza n. 205/2020).

In un altro giudizio di fronte al giudice amministrativo italiano si è posto il quesito se l'Ente nazionale risi, costituito per la promozione e la tutela del mercato del riso in Italia, dovesse essere qualificato come "organismo di diritto pubblico" ai fini della applicazione delle regole sull'evidenza pubblica. Per il giudice è pacifico che in capo all'ente sussistono due dei tre caratteri che individuano la figura dell'organismo di diritto pubblico vale a dire la personalità giuridica e il finanziamento o il controllo maggioritario da parte dello Stato. Più controverso appare il riconoscimento del carattere teleologico legato alle finalità di interesse generale. Come visto, infatti, a tal fine si richiede la presenza di un doppio requisito: *a*) un primo di carattere positivo, per cui l'organismo deve essere istituito per soddisfare esigenze di carattere generale, *b*) un secondo di carattere negativo, che impone che si tratti di esigenze aventi natura non industriale o commerciale. Nel caso di specie l'Ente è dotato di una pluralità di attribuzioni alcune rivolte al perseguimento di interessi di più evidente valenza generale (tra cui la tutela della collettività dei consumatori e degli utenti, i rapporti istituzionali periodici con i Ministeri e gli organismi comunitari ed internazionali, la collaborazione con l'attività di vigilanza per la repressione delle frodi nel commercio interno del riso, l'assistenza e consulenza per un corretto impiego dei ritrovati tecnologici), altre rivolte in modo più immediato e diretto al perseguimento di interessi di carattere industriale o commerciale (promozione e sviluppo degli scambi commerciali nazionali e internazionali svolti attraverso l'esercizio di attività aventi natura squisitamente privatistica). Il giudice conclude che l'Ente è un organismo di diritto pubblico anche se la soddisfazione di bisogni di interesse generale costituisce solo una parte delle sue attività. In altre parole, la qualità di organismo di diritto pubblico non dipende dall'importanza relativa che, nell'attività dell'organismo medesimo, è rivestita dal soddisfacimento di bisogni di interesse generale di carattere non industriale o commerciale essendo sufficiente che il perseguimento di tali bisogni rientri tra i compiti istituzionali dell'organismo di cui si discute, anche senza carattere di preminenza.

In una vicenda decisa dal Tar Lazio in primo grado si era ritenuto che la società ACI Global spa non era un organismo di diritto pubblico, in quanto svolgeva l'attività di soccorso e assistenza stradale (con relativo tracciamento elettronico dei veicoli) in un mercato concorrenziale. In sede di impugnazione, il Consiglio di Stato ha invece inquadrato la vicenda in termini diversi. Il fatto che il settore del soccorso stradale sia aperto alla concorrenza non depone, infatti, in via esclusiva nel senso della non qualificabilità come organismo di diritto pubblico di ACI Global spa, anche in ragione del fatto che prevalenti indici fattuali e sistematici sono orientati in senso opposto. In merito al requisito teleologico, si deve rilevare che ACI Global spa è stata istituita al precipuo fine di perseguire il compito di pubblico interesse, consistente nel soccorso e l'assistenza stradale, coessenziale alla *mission* istituzionale di ACI (Ente pubblico non economico). Inoltre, si deve dare atto che la società riceve finanziamenti pubblici per il perseguimento dell'interesse pubblico per il quale è stata costituita e il suo capitale è interamente detenuto da un ente pubblico non economico, ossia ACI; non depone in senso contrario né la veste societaria né la circostanza per cui ACI Global spa possa conseguire utili dal momento che le perdite sono in ogni caso ripianate dall'ente pubblico, evidenziandosi in tal modo la mancanza di un effettivo rischio di impresa. Essa, pertanto, è un organismo di diritto pubblico e deve essere assoggetta alle regole dell'evidenza pubblica.

Infine, la giurisprudenza della Corte di Cassazione in due occasioni ha stabilito che non sono soggetti alla disciplina dell'evidenza pubblica i servizi diversi da quelli riguardanti i servizi postali (art. 120, d.lgs. n. 50/2016) svolti dal gruppo Poste italiane spa nella misura in cui siano stati liberalizzati (si veda Cass. n. 8511/2012, con riferimento ad un appalto per servizio c.d. "postamat") e che non rilevino direttamente ai fini dell'espletamento del servizio pubblico (Cass. n. 4988/2018 in relazione ad un appalto riguardante il servizio sostitutivo di mensa). Tali rami di impresa non solo svolgono prevalentemente attività che si inseriscono in un contesto di mercato concorrenziale, ma hanno anche una finalità economica e industriale. In ragione di ciò, non risulterebbe funzionale sottoporre tali attività alla disciplina fissata per i contratti pubblici. A tal fine non rileva che l'impresa pubblica si sia autonomamente vincolata a tali regole, dal momento che essa opera già in condizioni normali di mercato sopportando i rischi ad esso connessi. Sulla questione il Tar Lazio ha esercitato un rinvio pregiudiziale alla Corte di Giustizia per verificare la applicabilità della "teoria del contagio" in merito alle attività del Gruppo Poste italiane spa. Con sentenza del 28 ottobre 2020 la Corte di Giustizia ha stabilito che Poste Italiane spa riveste la qualità di impresa pubblica e non di organismo di diritto pubblico, trattandosi di una società che opera in condizioni normali di mercato, che mira a realizzare un profitto e sostiene le perdite risultanti dall'esercizio delle sue attività.

5. Le fasi necessarie per la realizzazione delle opere e dei lavori pubblici

Chiarito l'ambito di applicazione soggettiva delle regole relative alle procedure di evidenza pubblica, occorre ora procedere alla trattazione delle fasi necessarie per la realizzazione delle opere e dei lavori pubblici. L'attività negoziale della pubblica amministrazione in materia di lavori pubblici e opere pubbliche si articola essenzialmente in quattro fasi che verranno analizzate nel dettaglio nei capitoli successivi.

Per fornire sin d'ora un quadro generale, si tratta delle fasi di: *a*) **programmazione**; *b*) **progettazione**; *c*) **scelta del contraente** e aggiudicazione del contratto; *d*) **esecuzione del contratto**.

Di conseguenza, per la realizzazione di un lavoro pubblico o di un'opera pubblica occorre:

A) Una **fase preliminare di programmazione** (su cui v. più diffusamente *infra*, Cap. V) mediante la quale viene espressa la volontà preventiva di realizzare un gruppo di lavori o opere secondo una visione organica. In particolare, il principio di programmazione è ricostruito sulla base di due atti fondamentali: il programma triennale (il quale deve prevedere l'attività di realizzazione dei lavori che siano di importo superiore ai 150.000 euro) e l'elenco annuale dei lavori da eseguire. Entrambi sono finalizzati a concretizzare i principi di legalità, imparzialità e buon andamento dell'azione amministrativa di cui all'art. 97 Cost. responsabilizzando in questo modo l'operato delle singole amministrazioni. L'attività di programmazione deve essere preceduta da una analisi dei bisogni e delle esigenze per individuare gli interventi necessari al loro soddisfacimento. Sulla base di tali valutazioni si redigono poi i diversi studi di fattibilità tecnica ed economica per le singole iniziative.

Nello specifico, sulla base di quanto previsto dall'art. 37 del Codice (Programmazione dei lavori e degli acquisti di beni e servizi) le amministrazioni aggiudicatrici adottano il **programma triennale** dei lavori pubblici e i relativi **aggiornamenti annuali**. Il programma triennale dei lavori pubblici deve essere approvato nel rispetto dei documenti programmatori e in coerenza con il bilancio. Per gli enti locali, in particolare, occorre rispettare le norme che disciplinano la programmazione economico-finanziaria degli enti.

Il programma triennale indica altresì i lavori da avviare nella prima annualità che costituiscono perciò l'elenco annuale dei lavori pubblici. Si tratta dei lavori per i quali è prevista in bilancio la copertura finanziaria e l'avvio della procedura di affidamento nel corso dell'anno. Per ogni lavoro inserito nell'elenco annuale deve essere riportata l'indicazione dei mezzi finanziari stanziati. Inoltre, per i lavori di importo pari o superiore alla soglia di rilevanza europea (euro 5.538.000), il c. 2 dell'art. 37 del Codice precisa che l'inserimento nel programma triennale è subordinato alla previa approvazione del documento di fattibilità delle alternative progettuali, mentre l'inclusione nell'elenco annuale è possibile dopo l'approvazione del documento di indirizzo della progettazione. In entrambi i casi si tratta di atti preliminari al progetto di fattibilità tecnica ed economica.

Da quanto detto si comprende che il programma triennale è un documento che necessita di un costante monitoraggio e aggiornamento. Esso è infatti redatto ogni anno scorrendo l'annualità pregressa e aggiornando i programmi precedentemente approvati. In determinati casi (es. anticipazione di lavori), i programmi triennali possono comunque essere modificati nel corso dell'anno previa apposita approvazione dell'organo competente.

B) Per la realizzazione e l'affidamento dei lavori e delle opere è poi necessaria la **fase di progettazione** che, in base a successivi approfondimenti tecnici, mira ad assicurare, in particolare, il soddisfacimento dei fabbisogni della collettività; la qualità architettonica, tecnico-funzionale e di relazione al contesto dell'opera; la conformità alle norme ambientali, urbanistiche e di tutela dei beni culturali e paesaggistici; il rispetto di quanto previsto dalla normativa in materia di tutela della salute e della sicurezza; un limitato consumo del suolo; il rispetto dei vincoli idrogeologici, sismici e forestali; il risparmio e l'efficientemente energetico, nonché la valutazione del ciclo di vita e della manutenibilità delle opere; l'accessibilità e adattabilità secondo quanto previsto dalle disposizioni vigenti in materia di barriere architettoniche.

In estrema sintesi (e rinviando per ulteriori approfondimenti al Cap. V), si può dire che la fase di progettazione è finalizzata alla **realizzazione di un intervento di qualità, tecnicamente valido** e realizzato secondo il **miglior rapporto tra i benefici e i costi globali di costruzione, manutenzione e gestione.**

Nella sua elaborazione, l'interesse pubblico al quale l'intervento è direttamente preordinato (per esempio, nel caso di una strada, l'interesse alla pubblica viabilità) dovrà essere contemperato con tutti gli altri interessi che insistono sul territorio nel quale l'opera andrà a collocarsi. È importante considerare che tra gli interessi che vengono in evidenza ve ne sono alcuni che possono anche contrapporsi all'interesse primario dell'opera, come per esempio gli interessi ambientali, urbanistici, di tutela dei beni culturali o paesaggistici o di salvaguardia del suolo. In questo senso il progetto di fattibilità tecnica ed economica comprende tutte le indagini e gli studi necessari per la definizione degli interessi in gioco anche attraverso indagini geologiche e studi preliminari sull'impatto ambientale.

Il progetto dovrebbe essere conforme alle previsioni urbanistiche di piano. Una delle più importanti funzioni della progettazione è proprio quella di verificare la **compatibilità dell'opera con gli strumenti urbanistici**. Se tuttavia dovesse essere scelta una localizzazione non conforme al piano urbanistico vigente, la pubblica amministrazione procedente potrebbe avviare un procedimento di variante che consenta di superare la difformità. Già da tempo, peraltro, la legislazione ha previsto ipotesi nelle quali, a determinate condizioni, l'approvazione del progetto determina di per sé l'effetto automatico di variante al piano.

La complessità della fase di progettazione ha portato il legislatore a cercare, con il nuovo Codice, soluzioni per realizzare una maggior semplificazione.

In primo luogo, l'art. 38 del Codice ha previsto un peculiare procedimento per la localizzazione e approvazione delle opere che si fonda sull'istituto della conferenza di servizi di cui all'art. 14 *bis* della l. n. 241/1990 (c.d. conferenza di servizi decisoria) per cui l'amministrazione procedente «convoca. ai fini dell'approvazione del progetto di fattibilità tecnica ed economica nonché della localizzazione dell'opera, una conferenza di servizi [...] a cui partecipano tutte le amministrazioni interessate, ivi comprese le regioni, le province autonome, i comuni incisi dall'opera e le amministrazioni preposte alla tutela ambientale, del patrimonio culturale, del paesaggio e della salute» (c. 3).

Con la conferenza di servizi si persegue l'intento di riunire intorno a un tavolo tutte le amministrazioni interessate ai differenti aspetti pubblici legati al progetto per consentire a ognuna di pronunciarsi in merito allo stesso e di valutare in modo condiviso e in tempi più rapidi le risultanze di procedimenti connessi (es. verifica preventiva dell'interesse archeologico, valutazione di impatto ambientale – VIA, esiti del dibattito pubblico).

In secondo luogo, il nuovo Codice ha rivisto la disciplina in materia di progettazione riducendo a due i tre precedenti gradi di realizzazione. In particolare dopo il progetto di fattibilità tecnica ed economica non segue più il progetto definitivo, ma già il progetto esecutivo (art. 41).

Con il progetto di fattibilità tecnica ed economica (art. 41, c. 6) si intende individuare, tra più soluzioni, quella che presenta il miglior rapporto tra costi e benefici per la collettività date le specifiche esigenze da soddisfare.

Il progetto esecutivo (art. 41, c. 8) determina in modo dettagliato i lavori da realizzare, il costo previsto e i tempi di realizzazione in modo tale che ogni elemento di forma, qualità, dimensione e prezzo risulti identificato.

Secondo quanto disposto dall'art. 41, c. 2, è l'Allegato I.7 a definire i contenuti dei due livelli di progettazione appena descritti.

Va segnalato, inoltre, che il nuovo Codice dedica particolare attenzione anche ai documenti tecnici che l'amministrazione deve predisporre prima di avviare i due livelli di progettazione. Si tratta del quadro delle necessità, del documento di fattibilità delle alternative progettuali e del documento di indirizzo della progettazione (art. 41, cc. 2 e 3). Il primo dà conto delle esigenze e dei fabbisogni della pubblica amministrazione e degli obiettivi da perseguire. Il secondo è obbligatorio solo per lavori di importo superiore alla soglia comunitaria e contiene una prima individuazione e analisi delle possibili soluzioni progettuali, la comparazione tra le alternative considerate e l'individuazione della soluzione che presenta il miglior rapporto tra costi e benefici per la collettività e l'ambiente. Il terzo indica, in rapporto alla dimensione, alla specifica tipologia e alla categoria dell'intervento da realizzare, le caratteristiche, i requisiti e gli elaborati progettuali necessari per la definizione di ogni livello della progettazione.

Le prestazioni relative alla progettazione possono essere espletate da uffici tecnici interni delle stazioni appaltanti oppure possono essere affidate a professionisti e operatori economici privati competenti per servizi di architettura e ingegneria.

C) Segue **la realizzazione dei lavori o delle opere** che può essere svolta direttamente da parte della pubblica amministrazione procedente o, molto più frequentemente, mediante **l'affidamento a terzi con il ricorso alle procedure di appalto o di concessione**. In altre parole, nella maggior parte dei casi le opere pubbliche vengono eseguite proprio affidando i lavori a un soggetto privato attraverso un vero e proprio contratto di appalto o di concessione. Tale contratto va tuttavia affidato nel rispetto delle **regole di "evidenza pubblica"**, poste a garanzia della legittimità, della convenienza e dell'imparzialità dell'azione amministrativa. Per questo si parla anche di "**contratti ad evidenza pubblica**". Essi consistono sì in atti negoziali (analoghi a quelli posti in essere da qualsiasi soggetto dell'ordinamento), ma, a differenza di quelli conclusi tra due privati, sono preceduti da una procedura di carattere pubblico che permette di dare evidenza e rilievo giuridico ai motivi che spingono il soggetto pubblico a realizzare l'opera e alle attività che esso pone in essere a questo fine. Con la determina a contrarre si apre dunque la **fase di scelta del contraente e aggiudicazione del contratto**.

Per quanto riguarda l'affidamento di lavori e opere, le amministrazioni aggiudicatrici sono chiamate a garantire la qualità delle prestazioni e il rispetto di una serie di principi, oggi declinati espressamente dagli artt. da 1 a 11 del Codice. Oltre ai principi già richiamati del risultato, della fiducia e dell'accesso al mercato, alla luce dei quali tutte le disposizioni del Codice vanno interpretate (art. 4), si richiamano i principi di: i) buona fede e tutela dell'affidamento (art. 5); ii) solidarietà e sussidiarietà orizzontale (art. 6); auto-organizzazione amministrativa (art. 7); autonomia contrattuale e divieto di prestazioni d'opera intellettuale a titolo gratuito (art. 8); conservazione dell'equilibrio contrattuale (art. 9); tassatività delle cause di esclusione e massima partecipazione alla gara (art. 10); applicazione dei contratti collettivi nazionali di settore (art. 11). (v. Cap. VI).

Contratti pubblici di appalto e contratti pubblici di concessione

I contratti pubblici di appalto sono contratti pubblici a titolo oneroso in cui l'amministrazione corrisponde all'operatore privato un prezzo per i lavori pubblici realizzati. I contratti pubblici di concessione, invece, trasferiscono al soggetto privato il diritto di gestire l'opera pubblica oggetto dei lavori affidati e, con esso, un rischio di impresa per cui la remunerazione dell'attività prestata a favore dell'amministrazione deve essere recuperata nel mercato dall'utenza finale (es. gestione di un parcheggio pubblico soggetto a pagamento).

D) Rimane, infine, da inquadrare la **fase esecutiva del contratto** nell'ambito della quale gli operatori economici risultati aggiudicatari del contratto sono tenuti a eseguirlo rispettando i documenti di gara e adempiendo a quanto concordato con l'amministrazione. Essi sono tenuti, inoltre, a rispettare le norme in materia ambientale, sociale e del lavoro stabilite dalla normativa europea e nazionale.

In questa fase entrano in gioco più soggetti tenuti a controllare il rispetto di diversi profili rilevanti.

Il Codice stabilisce espressamente (art. 114) che l'esecuzione dei contratti di lavori e opere è diretta dal **responsabile unico del progetto** (RUP), figura organizzativa oggi disciplinata dall'art. 15 del Codice. In sede di esecuzione il RUP assicura il controllo sui livelli di qualità delle prestazioni. La disposizione precisa inoltre che il RUP si avvale del direttore dell'esecuzione, del direttore dei lavori, del coordinatore in materia di salute e sicurezza, nonché del collaudatore e del verificatore della conformità per accertare il corretto ed effettivo svolgimento delle funzioni affidate.

Va, però, detto che, a norma dell'art. 15, il RUP, nominato tra i dipendenti assunti anche a tempo determinato della Stazione appaltante, è tenuto, più in generale, ad assicurare il completamento dell'intervento pubblico nei termini previsti e nel rispetto degli obiettivi connessi al suo incarico svolgendo attività rilevanti anche nelle fasi di programmazione, progettazione e affidamento.

Altra figura particolarmente significativa è quella del **direttore dei lavori** che è individuato su proposta del RUP per il coordinamento, la direzione e il controllo tecnico, contabile e amministrativo dell'esecuzione del contratto e dell'intervento in esso dedotto affinché i lavori siano eseguiti a regola d'arte.

Il direttore dei lavori ha la responsabilità di interloquire in via esclusiva con l'esecutore in merito agli aspetti tecnici ed economici del contratto.

Come si è certamente capito, perciò, ciascuna di queste macrofasi si articola a sua volta in una pluralità di sottofasi, spesso anche assai complesse, sulle quali ci si soffermerà nei capitoli che seguono.

Fin d'ora uno schema può essere utile per rappresentare quanto detto:

6. I soggetti privati esecutori delle opere pubbliche (rinvio)

Dopo aver visto quali sono i soggetti cui è demandata la realizzazione delle opere pubbliche, vale a dire i soggetti pubblici e gli "organismi di diritto pubblico", quale categoria in cui finiscono per rientrare anche soggetti formalmente privati, l'attenzione viene ora rivolta a quei soggetti privati che potrebbero essere i materiali esecutori dell'opera pubblica a seguito di una procedura di affidamento, rinviando ai capitoli seguenti la più ampia trattazione dei requisiti che essi devono presentare in concreto per potersi aggiudicare un contratto di appalto.

In generale, si può dire che gli esecutori delle opere pubbliche svolgono una attività di impresa e sono quindi **imprenditori**.

Tuttavia, può accadere che varie imprese si associno temporaneamente solo al fine di realizzare il lavoro pubblico in caso di aggiudicazione dell'appalto, secondo l'istituto della **associazione temporanea di imprese**. Molto spesso dunque i soggetti che partecipano alle gare pubbliche di lavori non sono singoli imprenditori, ma raggruppamenti di imprese più o meno stabili. In questa sede, analizzeremo quindi le associazioni temporanee di imprese, le società per l'esecuzione congiunta di lavori, i consorzi e il GEIE (gruppo europeo di interesse economico).

L'**associazione temporanea di imprese (ATI)** rappresenta un insieme di imprenditori accomunati dallo scopo di partecipare alla procedura di affidamento di uno specifico contratto pubblico, mediante presentazione di una unica offerta. Nella associazione temporanea possono confluire, quindi, più imprese spinte dall'intento di mettere in comune risorse tecniche, finanziarie ed organizzative.

I componenti della associazione temporanea di imprese una volta divenuti affidatari del lavoro pubblico da eseguire possono dar vita a una **società per l'esecuzione congiunta dei lavori** (e quindi a un organismo dotato di soggettività giuridica stabile) che può assumere forme giuridiche diverse (società in nome collettivo, società in accomandita semplice, società per azioni, società in accomandita per azioni, società a responsabilità limitata). In genere, la società permane in vita fino a che l'opera non viene realizzata, ma nulla toglie che le imprese provvedano al suo scioglimento anche in un momento anteriore.

Per il diritto privato, inoltre, i **consorzi** sono contratti mediante i quali più imprenditori istituiscono un'organizzazione comune per la disciplina o per lo svolgimento di determinate fasi delle rispettive imprese. Anche essi sono ammessi a partecipare alle gare per lavori pubblici alle medesime condizioni previste per i raggruppamenti temporanei di imprese. Ai fini della disciplina sui lavori pubblici il consorzio viene definito "stabile" quando è costituito da almeno tre imprese che intendono operare in modo congiunto nel settore degli appalti di lavori pubblici attraverso una comune struttura di impresa e per un periodo di tempo non inferiore a cinque anni.

Il **GEIE** o contratto di **gruppo europeo di interesse economico**, infine, è una figura creata nell'ordinamento europeo con il regolamento comunitario n. 2137/1985, ed è previsto nell'ordinamento italiano dal d.lgs. n. 240/1991. Il gruppo deve essere composto da almeno due imprese aventi l'amministrazione centrale in diversi Stati membri delle Unione europea con l'obiettivo di agevolare e sviluppare l'attività dei partecipanti alle procedure di gara. Il ruolo del GEIE è quindi quello di coordinare ed organizzare in via ausiliaria le prestazioni richieste alle singole imprese operative.

Bibliografia essenziale

A. Cavina, *Organismo di diritto pubblico e mercato concorrenziale: un indizio che non fa una prova*, in *Urb. app.*, 2007, 507 ss.; A. Cavina, *Organismo di diritto *pubblico e settori speciali: l'interesse generale e il nesso di strumentalità*, in *Urb. app.*, 2019, 213 ss.; M. Chiarelli, *La 'soft regulation' e il caso delle nuove linee guida ANAC*, in *federalismi.it*, 2019; M.P. Chiti, *Impresa pubblica e organismo di diritto pubblico: nuove forme di soggettività giuridica o nozioni funzionali?*, in *Servizi pubbl. app.*, 2004, 67 ss.; M.P. Chiti, *Il nuovo codice dei contratti pubblici – Il sistema delle fonti nella nuova disciplina dei contratti pubblici*, in *Giorn. dir. amm.*, 2016, 436 ss.; M.P. Chiti, *Il decreto "Sblocca Cantieri": ambizioni e limiti*, in *Giorn. dir. amm.*, 2019, 719 ss.; A. Cianflone-G. Giovannini, *L'appalto di opere pubbliche*, XI ed., Giuffrè, Milano, 2003; A. Clarizia, *Problemi generali in tema di lavori pubblici tra legislazione statale e regionale*, in *App. urb. ed.*, 2004, 5 ss.; R. De Nictolis, *Il nuovo codice dei contratti pubblici*, in *Urb. app.*, 2016, 503 ss.; R. De Nictolis, *Le novità sui contratti pubblici recati dal D.L. n. 32/2019 "Sblocca Cantieri"*, in *Urb. app.*, 2019, 443 ss.; S. Fantini-H. Simonetti (a cura di), *Il nuovo corso dei contratti pubblici. Principi e regole in cerca di ordine (d. leg. 31 marzo 2023, n. 36)*, Gli Speciali del Foro Italiano, Roma, La Tribuna, n. 1/2023; L. Fiorentino, *Il nuovo codice degli appalti: un'occasione per modernizzare il sistema*, in *Giorn. dir. amm.*, 2016, 425 ss.; R. Gracili-L. Mele, *Competenze e attribuzioni in materia di lavori pubblici (Stato, Regioni e enti locali) dopo le modifiche del titolo quinto della Costituzione e la più recente giurisprudenza della Corte costituzionale*, in *Foro amm.-Tar*, 2004, 277 ss.; M. Libertini, *Organismo di diritto pubblico, rischio di impresa e concorrenza: una relazione ancora incerta*, in *Contr. e impr.*, 2008, 1202; N. Longobardi, *L'Autorità nazionale anticorruzione e la nuova normativa sui contratti pubblici*, in *Dir. e proc. amm.*, 2017, 15 ss.; B. Mameli, *L'organismo di diritto pubblico – profili sostanziali e processuali*, Giuffrè, Milano, 2003; G. Napolitano, *Il nuovo Codice dei contratti pubblici: i principi generali*, in *Gior. dir. amm.*, 3, 2023, 287 ss.; A. Nardone, *I poteri di vigilanza, controllo e regolazione dell'ANAC: natura giuridica e strumento di tutela*, in *Foro amm.*, 2019, 1131 ss.; L.R. Perfetti (a cura di), *Codice dei contratti pubblici commentato – D.lgs. 31 marzo 2023, n. 36*, Wolters Kluver Italia, Milano, 2023; M. Protto, *Il (terzo) nuovo Codice dei contratti pubblici*, in *Giur. it.*, 8.9/2023, 1949 ss.; V. Salvatore, *Diritto comunitario degli appalti pubblici: incidenza nell'ordinamento italiano delle direttive sulle procedure di aggiudicazione*, Giuffrè, Milano, 2003; M.A. Sandulli, *Il concetto di opera pubblica*, in AA.VV., *I lavori pubblici*, vol. X, in *Tratt. di dir. amm.*, diretto da G. Santaniello, Cedam, Padova, 1990, 3 ss.; M.A. Sandulli-R. de Nictolis-R. Garofoli (a cura di), *Trattato sui contratti pubblici*, Giuffrè, Milano, 2008; R. Villata (a cura di), *L'appalto di opere pubbliche*, II ed., Cedam, Padova, 2004; S. Vinti, *Limiti funzionali all'autonomia negoziale della pubblica amministrazione nell'appalto di opere pubbliche*, Cedam, Padova, 2008; S. Vinti, *Organismo di diritto pubblico*, in *www. treccani.it*, *Diritto on-line*, 2016.

Capitolo V

LA REALIZZAZIONE DELL'OPERA PUBBLICA

di *Christian Ferrazzi*

1. La localizzazione e la programmazione

Le opere pubbliche sono destinate a essere fisicamente collocate nel territorio.

La scelta del luogo ove realizzare l'opera (c.d. localizzazione) è rimessa alla valutazione della pubblica amministrazione. Essa dispone al riguardo di **discrezionalità** sia per quanto riguarda la valutazione complessiva degli interessi che vanno considerati nella pianificazione del territorio, sia per quanto riguarda l'apprezzamento di profili di natura tecnica.

Abbiamo visto (al precedente Cap. II) che, quando a intervenire fisicamente sul territorio sono i soggetti privati, il loro intervento costruttivo deve rispettare gli strumenti di pianificazione e le altre regole urbanistiche ed edilizie. Sappiamo anche che i privati possono costruire solo dopo avere ottenuto uno specifico titolo edilizio, che legittima l'attività edificatoria (cfr. *supra*, Cap. III).

Ma cosa succede quando si tratta invece di costruire un'opera pubblica? Valgono in tali casi gli stessi limiti e le stesse regole che valgono per le opere private?

In via generale, la risposta è positiva.

Anche le opere pubbliche devono, in linea di principio, conformarsi alle previsioni degli strumenti urbanistici. Anzi, secondo l'impostazione dell'ancora vigente legge urbanistica, è all'interno degli stessi strumenti urbanistici che è contenuta «*la rete delle principali linee di comunicazioni stradali, ferroviarie, elettriche, navigabili esistenti e in programma*» (art. 5, c. 2, lett. *c*), l. n. 1150/1942, riguardo al p.t.c.p.) ovvero la previsione delle «*aree da riservare ad edifici pubblici o di uso pubblico nonché ad opere ed impianti di interesse collettivo o sociale*» (art. 7, c. 2, n. 4, l. n. 1150/1942, riguardo al PRG). Si tratta, come noto, delle c.d. localizzazioni, che assieme alla zonizzazione rappresentano il contenuto tipico e più importante del piano regolatore generale (cfr. *supra*, Cap. II). Tale impostazione è stata confermata anche successivamente dal legislatore che – per le opere non comunali – prevede che l'atto con il quale viene approvato il progetto preliminare o definitivo da parte dell'autorità competente «*è trasmesso al consiglio comunale, che può disporre l'adozione della corrispondente variante allo strumento urbanistico*» (art. 19, c. 3, d.p.r. n. 327/2001).

Analogamente, sempre in linea di principio, la realizzazione delle opere pubbliche deve essere preceduta dal rilascio di apposito titolo edilizio.

Sotto tali profili, dunque, non sembrerebbero sussistere differenze rispetto a quanto avviene per le opere edilizie private.

Sennonché, le regole generali testé enunciate sono soggette a una pluralità di eccezioni.

La presenza di tali eccezioni si spiega se si considera il contrasto immanente fra la **tendenziale rigidità che caratterizza gli strumenti urbanistici** – pensati per regolare lo sviluppo urbano in una prospettiva temporale di medio e lungo periodo – e il **costante fluire e mutare dell'interesse pubblico**, in particolare con riferimento all'esigenza di procedere alla realizzazione di nuove opere pubbliche, di cui non si avvertiva la necessità nel momento di stesura dei piani urbanistici.

Vanno poi considerate le esigenze di coordinamento determinate dal fatto che molto spesso **non vi è coincidenza** fra i soggetti titolari dei poteri di pianificazione urbanistica (Comuni e Regioni o Province) e i soggetti competenti alla realizzazione delle opere pubbliche (che ben possono essere amministrazioni diverse, come quelle statali).

Che fare dunque in tali casi?

La risposta più immediata e più semplice è, naturalmente, quella di provvedere ad attualizzare le scelte di pianificazione attraverso una normale variante al piano urbanistico che tenga conto della necessità di inserire l'opera pubblica.

Si tratta, tuttavia, di una risposta che soddisfa solo in parte l'esigenza che abbiamo sottolineato. Le ordinarie procedure di variante ai piani urbanistici, infatti, risultano complesse e articolate e mal si conciliano con la necessità di adeguarsi in modo rapido ed elastico ai cambiamenti delle esigenze pubbliche.

Sotto tale profilo, possiamo osservare come la situazione di potenziale contrasto fra strumenti urbanistici già approvati e l'emersione di nuove esigenze di cura dell'interesse pubblico sia un aspetto che non riguarda solo il campo delle opere pubbliche.

Al contrario, la tradizionale rigidità degli strumenti di pianificazione territoriale rappresenta un **problema interno alla stessa dimensione urbanistica**. Ci si è ben presto accorti, infatti, che la vagheggiata costruzione di un sistema incentrato su più livelli rigidi di pianificazione ciascuno condizionante il successivo (c.d. sistema a piramide o a cannocchiale: cfr. *supra*, Cap. II) non era in realtà, sotto più profili, praticamente sostenibile. Di qui, la previsione di modalità e procedure che garantissero la necessaria flessibilità al sistema, anche attraverso la previsione di ipotesi nelle quali, a determinate condizioni, l'approvazione di strumenti di pianificazione sottordinata consente al contempo la variazione dello strumento sovraordinato.

Anche nel settore di cui ci occupiamo, l'esigenza di garantire un migliore coordinamento fra strumenti urbanistici e opere pubbliche ha determinato l'introduzione di particolari procedure che consentono – in determinate ipotesi – la realizzazione di opere difformi rispetto alle previsioni di piano, senza che sia necessario ricorrere agli ordinari strumenti di variante ai piani urbanistici.

Di conseguenza, accanto al citato modello previsto in via generale dalla legge urbanistica del 1942 – che, come detto, postula la originaria conformità urbanistica dell'opera pubblica – sono stati nel tempo introdotti, per determinate ipotesi ritenute meritevoli di particolare attenzione, **regimi speciali e derogatori** per la localizzazione delle opere pubbliche.

Va tuttavia fin d'ora osservato come tali regimi speciali, per la loro diffusione e importanza, realizzano nei fatti un sostanziale svuotamento del principio della conformità urbanistica di tutte le opere da realizzare sul territorio, quantomeno come inteso in senso tradizionale.

È pur vero, infatti, che la previsione – nell'ambito delle procedure speciali – di strumenti che con diverse modalità ricollegano all'approvazione dei progetti delle opere l'effetto di variante automatica dello strumento urbanistico in qualche modo salva formalmente il principio di conformità fra pianificazione e opere pubbliche (perché l'opera realizzata sarà pur sempre conforme al piano, seppur *modificato*).

Ma il fatto è, in primo luogo, che queste varianti si producono spesso a prescindere e anche contro la volontà del soggetto cui è attribuita la potestà di pianificazione (in primo luogo il Comune).

Inoltre è chiaro che, nella sostanza, in questo contesto la previsione urbanistica si trova a seguire anziché precedere l'approvazione dei progetti delle opere. In altre parole, gli strumenti di pianificazione, anziché essere il punto di riferimento del sistema, sono piegati ad adattarsi alle scelte assunte in sedi e contesti a essi estranei.

In definitiva, si perviene al risultato per cui è la stessa procedura di localizzazione dell'opera pubblica ad assumere un contenuto sostanzialmente pianificatorio, innovativo dello strumento urbanistico, i cui contenuti vengono sotto questo profilo eterodeterminati.

1.1. Le infrastrutture strategiche e di preminente interesse nazionale

Nell'ambito della materia in esame, un'attenzione particolare è stata tradizionalmente rivolta nei confronti delle opere di particolare impatto e rilievo a livello nazionale, oggetto di regolamentazioni speciali e distinte rispetto a quelle delle altre opere pubbliche.

Così è stato, innanzitutto, per le *infrastrutture strategiche* disciplinate dalla c.d. *legge obiettivo* (l. n. 443/2001: art. 1, c. 1) e dagli artt. 161 ss. d.lgs. n. 163/2006, per le quali erano stati previsti moduli decisionali per la localizzazione che consentivano la partecipazione dei diversi livelli di governo territoriale coinvolti, ma assegnando loro un ruolo e un peso differente e privilegiando in definitiva, almeno in parte, il decisionismo centrale nei confronti delle eventuali resistenze locali.

Nel vigore del successivo codice dei contratti (d.lgs. n. 50/2016), il sistema delle infrastrutture strategiche era stato sostituito con quello delle *infrastrutture prioritarie*. La finalità era quella di superare i percorsi deliberativi preferenziali della citata *legge obiettivo* – riconducendo anche tali infrastrutture alle regole generali previste per l'approvazione e la realizzazione delle *normali* opere pubbliche – e di potenziare, al contempo, speciali forme di programmazione dedicate agli interventi infrastrutturali di maggiore rilevo nazionale.

Il nuovo codice dei contratti pubblici (d.lgs. n. 36/2023) disciplina all'art. 39 le *infrastrutture strategiche e di preminente interesse nazionale*. Esso torna a incidere sui procedimenti di approvazione e localizzazione di tali opere, richiamando le disposizioni generali previste dall'art. 38, d.lgs. n. 36/2023, per le altre opere di interesse statale (cfr. subito *infra*, par. 1.2), ma al contempo introducendo specifiche differenze. In particolare, riducendo talune tempistiche procedimentali e stabilendo la possibilità di ricorrere a un modulo decisionale alternativo e più rapido nel caso di dissensi sulla decisone finale espressi da amministrazioni preposte alla tutela ambientale, paesaggistico-territoriale, dei beni culturali o alla tutela della salute e della pubblica incolumità dei cittadini. Specificamente, ai sensi dell'art. 39, c. 8, d.lgs. n. 36/2023, in presenza dei predetti dissensi qualificati, la normale procedura di superamento del dissenso prevista dall'art. 14 *quinquies*, c. 1, l. n. 241/1990 (cfr. *infra*, par. 1.2) «*può essere sostituita dall'adozione di un decreto del Presidente del Consiglio dei ministri, su proposta del Ministro delle infrastrutture e trasporti, previa deliberazione del CIPESS, integrato dai presidenti delle regioni o delle province autonome interessate, sentita la Conferenza unificata*».

1.2. Le opere di interesse statale

Regole specifiche sono previste dal **d.p.r. n. 383/1994** per la localizzazione delle **opere statali**, per le **opere insistenti sul demanio statale** e per le **opere comunque definibili di interesse statale** (fra le quali sono comprese anche quelle dei concessionari, anche privati, di lavori o servizi pubblici).

Come anticipato, per tali opere il problema della localizzazione è particolarmente delicato in considerazione della necessità di raccordare gli interessi statali sottesi alla realizzazione dell'opera pubblica con quelli locali che si esprimono attraverso il riconoscimento delle potestà di pianificazione urbanistica.

A tal riguardo, è previsto per le opere in esame un **accertamento di conformità** alle prescrizioni urbanistiche ed edilizie effettuato dallo **Stato** d'intesa con la **Regione** interessata, nel termine di sessanta giorni a partire dalla richiesta statale (art. 2, d.p.r. n. 383/1994). Nel silenzio della legge, si ritiene che il consenso possa intervenire anche successivamente all'approvazione del progetto da parte dell'amministrazione statale. Non è invece contemplato, in questa fase, l'intervento del Comune sul cui territorio pure è destinata a essere collocata l'opera.

Nel caso in cui l'accertamento di conformità urbanistica abbia **esito negativo** ovvero l'intesa non venga comunque raggiunta, la decisione è rimessa a una **conferenza di servizi** alla quale partecipano la Regione, i Comuni interessati (previa deliberazione dei loro organi rappresentativi), le amministrazioni statali e tutti gli enti comunque tenuti a rilasciare atti di assenso in relazione all'opera in esame (art. 3, c. 1, d.p.r. n. 383/1994).

Con particolare riferimento ai Comuni, considerata la competenza consiliare in tema di pianificazione urbanistica (art. 42, c. 2, lett. *b*), d.lgs. n. 267/2000), è necessario che il rappresentante dell'amministrazione sia investito da un'apposita delibera del consiglio comunale, il quale deve previamente pronunciarsi sulla localizzazione.

Per le regole operative della conferenza di servizi, il d.p.r. n. 383/1994 rimanda a quanto previsto in via generale su tale istituto dalla legge sul procedimento amministrativo (l. n. 241/1990, artt. da 14 a 14 *quinquies*). Ai sensi di tali disposizioni sono regolate le forme procedimentali di svolgimento della conferenza, le modalità di manifestazione delle volontà delle amministrazioni partecipanti e quelle di espressione delle decisone conclusiva della conferenza medesima.

Sul tema è ora intervenuto l'art. 38 del d.lgs. n. 36/2023, il quale precisa che, ai fini dell'approvazione del progetto di fattibilità tecnico-economica e della conseguente localizzazione dell'opera, si procede con una conferenza di servizi semplificata, ai sensi dell'art. 14 *bis*, l. n. 241/1990 e detta ulteriori previsioni procedimentali, disciplinando tra l'altro uno specifico sub-procedimento preliminare nel caso di opere sottoposte a previo parere del Consiglio superiore dei lavori pubblici o del Provveditorato interregionale per le opere pubbliche.

La determinazione con cui l'amministrazione procedente conclude la conferenza di servizi sostituisce a ogni effetto tutti gli atti di assenso, comunque denominati, di competenza delle amministrazioni e dei gestori di beni o servizi pubblici interessati e perfeziona l'intesa tra gli enti interessati ai fini della localizzazione dell'opera: essa produce anche l'effetto **di modificare lo strumento urbanistico difforme quanto alla localizzazione dell'opera pubblica e comprende, tra l'altro, i titoli abilitativi necessari alla sua realizzazione.**

Ci si deve domandare che cosa succeda nel caso in cui alcuni dei soggetti interessati, partecipanti alla conferenza di servizi, non siano d'accordo circa l'approvazione del progetto e la conseguente localizzazione dell'opera.

Nel caso di dissenso, è previsto in linea generale che l'approvazione dei progetti possa comunque intervenire – valutate le risultanze della conferenza e tenuto conto delle posizioni prevalenti ivi espresse – sulla base dell'**intesa fra l'amministrazione statale procedente e la Regione (o le Province autonome di Trento e Bolzano).**

Se però a mancare è proprio l'accordo della Regione o se comunque il dissenso viene espresso da amministrazioni statali preposte alla tutela ambientale, paesaggistico-territoriale, dei beni culturali o della salute e della pubblica incolumità dei cittadini, la decisione ultima **spetterà comunque allo Stato**, per il tramite del Consiglio dei ministri (art. 14 *quinquies*, l. n. 241/1990; art. 81, c. 4, d.p.r. n. 616/1977).

In particolare, in presenza del dissenso espresso dai soggetti indicati, si apre una nuova fase procedimentale, incardinata presso la Presidenza del Consiglio dei ministri, volta a ricercare – sulla base del principio di leale collaborazione tra le istituzioni – una possibile soluzione condivisa.

Se, tuttavia, anche tale ulteriore tentativo di composizione fallisce, la questione è rimessa in via definitiva al Consiglio dei ministri, che assume la decisone finale.

Va peraltro ricordato come la procedura di cui al d.p.r. n. 383/1994 non trovi applicazione generalizzata per tutte le opere di interesse statale. Vi sono alcune fattispecie che sono regolate da discipline speciali: come, ad esempio, gli *impianti di produzione dell'energia elettrica* (l. n. 880/1973).

Sul tema, va poi ricordato il tentativo di rafforzare le procedure di raccordo fra il livello locale e quello nazionale operato dall'**art. 55 del d.lgs. n. 112/1998**, con espresso riferimento alla *localizzazione delle opere* di interesse statale (il riferimento è alle «*opere pubbliche di interesse di amministrazioni diverse dalle Regioni e dagli enti locali*»).

In particolare, la disposizione prevede che – per poter attivare le relative procedure di localizzazione – le singole amministrazioni interessate presentino ogni anno alle Regione **il quadro complessivo delle opere e degli interventi previsti nella propria programmazione triennale da realizzarsi nel territorio regionale** (sulla programmazione si veda *supra*, Cap. IV, par. 2.1, nonché più diffusamente *infra*, par. 1.4).

Quando l'approvazione dei progetti determina la variazione degli strumenti urbanistici, l'amministrazione procedente è tenuta a predisporre uno **studio relativo agli effetti urbanistici, territoriali e ambientali** dell'opera e alle misure necessarie per il suo inserimento nel territorio comunale.

Va infine ricordato che, sempre per le medesime opere (statali, su demanio statale e di interesse statale), il t.u. edilizia ribadisce che l'accertamento di conformità operato ai sensi del d.p.r. n. 383/1994 esclude la necessità di uno specifico titolo edilizio per la realizzazione dell'opera (art. 7, c. 1, lett. *b*), d.p.r. n. 380/2001).

La caserma dei Carabinieri

Per far fronte alle esigenze istituzionali dell'Arma dei Carabinieri, si vuole realizzare nel territorio del Comune Alfa un nuovo complesso edilizio destinato a sede di comando provinciale.

Il luogo prescelto si trova tuttavia all'interno di una riserva naturale, in zona vincolata sotto il profilo paesaggistico e destinata dal vigente strumento urbanistico comunale a parco pubblico.

Accertata la *difformità* dell'opera rispetto alle previsioni del piano regolatore, si convoca la conferenza di servizi prevista dall'art. 3, d.p.r. n. 393/1994.

La conferenza, con la partecipazione di un rappresentante del Comune delegato dal sindaco Comune, decide in senso positivo alla localizzazione, derogando così alle previsioni urbanistiche vigenti.

Alcune associazioni ambientalistiche, preoccupate dall'impatto dell'edificio all'interno della riserva naturale, si rivolgono al giudice amministrativo per impedirne la realizzazione.

Il giudice accoglie il ricorso, ritenendo la determinazione della conferenza di servizi illegittima sotto diversi profili.

In primo luogo il giudice – dopo avere evidenziato come l'art. 3, d.p.r. n. 383/1994 prescriva che la partecipazione dei Comuni alla conferenza di servizi debba esplicarsi «*previa deliberazione degli organi rappresentativi*» e dopo aver sottolineato come la deliberazione della conferenza di servizi ex art. 3, d.p.r. n. 383/1994 sia idonea a modificare lo strumento urbanistico generale quanto alla localizzazione di opere pubbliche di interesse statale – ricorda anche che nell'ambito dell'ordinamento degli enti locali la competenza a pronunciarsi sui piani urbanistici spetta al consiglio comunale (art. 42, d.lgs. n. 267/2000). Di conseguenza, la partecipazione alla conferenza di servizi da parte del Comune sarebbe dovuta avvenire per il tramite di un **rappresentante nominato dal consiglio comunale** e non invece dal sindaco. Ne consegue che le determinazioni della conferenza di servizi sono innanzitutto illegittime in quanto **assunte senza il valido concorso della volontà di un rappresentante del Comune a ciò abilitato**.

Secondariamente, il giudice rileva un ulteriore profilo di illegittimità del provvedimento di localizzazione dell'opera pubblica nella circostanza che l'amministrazione statale non si sia preoccupata di rispettare le previsioni di cui all'art. 55, d.lgs. n. 112/1998. Non solo infatti, sul piano formale, essa non ha proceduto all'annuale presentazione del programma triennale degli interventi destinati a essere realizzati sul territorio regionale, ma sul piano sostanziale – cosa che il giudice ritiene ancora più grave – non si è preoccupata di presentare lo **studio circa gli effetti urbanistici e ambientali dell'intervento**. Secondo il giudice amministrativo, l'attività di studio sulla incidenza urbanistica territoriale e ambientale dell'opera – comprensiva della previsione delle possibili misure per rendere compatibile l'intervento e consentire il suo inserimento nel territorio – è invece necessariamente prodromica rispetto alla deliberazione della conferenza di servizi.

Per tali ragioni, gli atti di localizzazione dell'opera vengono annullati.

1.3. Gli accordi di programma e le opere di interesse comunale

Il citato nuovo art. 38, d.lgs. n. 36/2023, disciplina espressamente l'utilizzo dell'istituto della conferenza di servizi di cui alla l. n. 241/1990 ai fini della localizzazione e conseguente variazione degli strumenti urbanistici anche per le opere di interesse locale.

Un'altra possibilità di localizzare opere pubbliche in difformità dalle previsioni degli strumenti urbanistici è, inoltre, prevista dalla disciplina in tema di **accordo di programma** (art. 34, d.lgs. n. 267/2000).

Si tratta di un modulo convenzionale a cui possono fare ricorso le pubbliche amministrazioni allorché sia necessario definire e attuare opere, interventi o programmi di intervento che richiedono l'azione integrata e coordinata di due o più Comuni, Province, Regioni, amministrazioni statali e altri soggetti pubblici.

Questo strumento può essere utilizzato anche per l'approvazione delle opere pubbliche e per la conseguente modificazione degli strumenti urbanistici.

In particolare, la conclusione dell'accordo è promossa – a seconda della competenza primaria o prevalente sull'opera o sugli interventi o sui programmi di intervento – dal Presidente della Regione, da quello della Provincia o dal sindaco.

L'accordo presuppone il consenso unanime dei partecipanti e può essere approvato, a seconda dei casi, con atto formale del Presidente della Regione, del Presidente della Provincia o del sindaco ed è pubblicato nel bollettino ufficiale della Regione.

Quando l'accordo avente a oggetto l'opera pubblica è adottato con decreto del Presidente della Regione, esso è in grado di determinare nei casi di difformità – e a condizione che vi sia l'assenso del Comune interessato – la conseguente variazione degli strumenti urbanistici (art. 34, c. 4, d.lgs. n. 267/2000).

Inoltre, sempre a condizione che vi sia l'assenso del Comune e che l'accordo sia stato pubblicato sul bollettino ufficiale regionale, la legge esclude pure la necessità di specifici titoli edilizi per la realizzazione dell'opera (art. 7, c. 1, lett. *a*), d.p.r. n. 380/2001).

Quanto infine alle **opere di interesse comunale** difformi dallo strumento urbanistico, l'art. 19, d.p.r. n. 327/2001 (t.u. espropriazioni) stabilisce che – ove non si sia già proceduto per il tramite di una conferenza di servizi, di un accordo di programma, di una intesa ovvero di un altro atto che in base alla legislazione vigente comporti la variante al piano urbanistico – l'atto con il quale il **consiglio comunale procede all'approvazione del progetto** preliminare o definitivo dell'opera rappresenta al contempo **adozione della variante** allo strumento urbanistico.

In tale caso, se la Regione o l'ente da questa delegato all'approvazione del piano urbanistico comunale (ad esempio la Provincia) non manifesta il proprio dissenso entro il termine di novanta giorni dal ricevimento della delibera consiliare, la variante si intende approvata. In tal caso, il consiglio comunale in una successiva seduta ne dispone l'efficacia.

In questo caso, dunque, non si pongono problemi soggettivi di interferenza fra le potestà pianificatorie e quelle relative alla realizzazione dell'opera pubblica, dal momento che entrambe spettano in prima battuta all'amministrazione comunale.

L'intento della disposizione, dunque, è solamente quello di prevedere un meccanismo accelerato per addivenire alla variazione dello strumento urbanistico da parte del medesimo Comune che l'ha formato.

Sotto il profilo edilizio, infine, anche in questo caso la legge prevede che le opere pubbliche dei Comuni deliberate dal consiglio comunale ovvero dalla giunta comunale siano **esentate dall'ottenimento del titolo abilitativo** (permesso di costruire o s.c.i.a., cfr. Cap. III).

Perché ciò sia possibile, tuttavia, è necessario che l'approvazione sia accompagnata dalla **validazione del progetto**, come disciplinata dalla normativa sui lavori pubblici (cfr. art. 7, c. 1, lett. *c*), d.p.r. n. 380/2001).

1.4. La programmazione

Si è finora visto come esistano diversi strumenti che mirano a garantire un certo grado di flessibilità al sistema della pianificazione urbanistica, in relazione alla introduzione di opere pubbliche in essa originariamente non previste.

Nel tentativo di inquadrare comunque tale flessibilità all'interno di una cornice di riferimento dotata di una qualche stabilità, si è introdotto lo strumento della **programmazione dei lavori pubblici**.

Essa ha assunto un ruolo significativo, occupando in qualche modo il vuoto prodotto dalla perdita di centralità del momento pianificatorio.

La programmazione è stata introdotta dalla c.d. **legge Merloni** (l. n. 109/1994, art. 14), con l'intento di evitare le dispersioni delle risorse economico finanziarie della pubblica amministrazione e di assicurare che le scelte sulle opere da eseguire non siano frutto di decisioni estemporanee, ma seguano per quanto possibile criteri volti a garantire il migliore perseguimento degli interessi pubblici.

Essa è ora regolata dall'art. 37, d.lgs. n. 36/2023 e dal relativo Allegato I.5.

Secondo tali previsioni, la realizzazione dei lavori di **importo pari o superiore a 150.000 euro** si svolge sulla base di un **programma triennale** (che le pubbliche amministrazioni predispongono e aggiornano annualmente) e di un **elenco dei lavori annuale**: cioè, dei lavori da realizzare concretamente nell'anno di riferimento. Gli atti di programmazione devono essere resi accessibili tramite specifiche forme di pubblicità su *internet* (art. 37, c. 4, d.lgs. n. 36/2023).

Il programma triennale viene predisposto e approvato nel rispetto dei documenti di programmazione previsti dalla normativa vigente e della normativa urbanistica e *in coerenza con il bilancio*. Ciò al fine di consentire che l'approvazione intervenga una volta che siano note le risorse economiche concretamente disponibili.

Nel programma devono essere inserite anche le opere pubbliche incompiute (al fine della previsione del loro completamento o dell'individuazione di soluzioni alternative, quali il riutilizzo, la cessione a terzi o quella estrema della demolizione) e individuati i lavori complessi e quelli realizzabili tramite concessione di lavori o partenariato pubblico privato.

L'elenco annuale rappresenta lo strumento attuativo della programmazione. L'inserimento al suo interno di lavori presuppone, tra l'altro, la puntuale copertura finanziaria nel bilancio dell'ente e la conformità agli strumenti urbanistici.

Il citato Allegato I.5 al d.lgs. n. 36/2023 prevede dettagliate regole operative relative alla redazione e ai contenuti del programma triennale e dell'elenco annuale.

Esso contiene inoltre gli schemi tipo del programma triennale, con l'indicazione delle specifiche "schede" che lo compongono (relative, tra l'altro, al quadro delle risorse necessarie per la realizzazione dei lavori previsti, all'elenco delle opere incompiute, all'elenco dei lavori contenuti nel programma e di quelli che compongono l'elenco annuale).

2. L'espropriazione delle aree

Le opere pubbliche possono essere edificate su aree che già appartengono alle pubbliche amministrazioni che intendono realizzarle. In questo caso, evidentemente, non si pone alcun problema di acquisizione.

Molto più spesso, invece, le aree interessate sono in proprietà di soggetti terzi. In tali ipotesi è dunque necessario, prima di procedere alla materiale edificazione dell'opera, procurarsi la disponibilità delle aree.

Ciò può avvenire in vari modi.

I soggetti privati – ai fini che qui rilevano – possono acquisire la proprietà di beni attraverso l'utilizzo di negozi giuridici, e in particolare dei **contratti**, disciplinati dalle regole del codice civile (artt. 1321 ss.). Ciò che caratterizza il contratto è la sua natura consensuale: esso si può concludere – e dunque la proprietà di un bene può essere trasferita da un soggetto a un altro, quando questo sia l'oggetto del contratto – unicamente se tutte le parti coinvolte sono d'accordo.

Anche la pubblica amministrazione, per il perseguimento delle proprie finalità istituzionali, può fare ricorso ai contratti. Anch'essa, infatti, dispone di una **generale capacità di diritto privato**.

Così, ad esempio, una amministrazione che intenda realizzare un'opera pubblica su un determinato terreno in proprietà di privati, ma anche di una diversa amministrazione, potrebbe acquisire la proprietà dell'area offrendo in cambio una diversa area in sua proprietà: facendo ricorso, cioè, a un **contratto di permuta**.

Ugualmente, l'amministrazione potrebbe in astratto decidere di acquisire l'area attraverso un **contratto di compravendita**.

Tuttavia, la ricordata natura consensuale dei contratti non consente, come esposto, di prescindere dalla volontà della controparte.

Il proprietario, quindi, potrebbe non voler cedere il suo bene. Oppure, potrebbe chiedere un prezzo superiore a quello che l'amministrazione è disposta a pagare.

In tali ipotesi, la compravendita non potrebbe essere conclusa e verrebbe così vanificata la finalità di interesse generale che si intendeva perseguire con la costruzione dell'opera pubblica.

Per ovviare a tali inconvenienti, la legge tradizionalmente consente alle pubbliche amministrazioni di acquisire la proprietà delle aree necessarie attraverso il ricorso a speciali **poteri *ablatori***, cioè di trasferimento coattivo della proprietà. Il provvedimento che costituisce il tipico esercizio di tali poteri è il **decreto di esproprio**.

In quanto provvedimento amministrativo, l'espropriazione è atto unilaterale e imperativo. Essa produce i suoi effetti anche a prescindere dalla volontà del proprietario, il cui eventuale dissenso non è in grado di impedire la perdita dell'area, il suo trasferimento alla mano pubblica e la conseguente edificazione dell'opera pubblica.

L'espropriazione trova la sua prima disciplina nella Costituzione e in particolare nell'art. 42, il quale stabilisce che «*la proprietà privata può essere, nei casi preveduti dalla legge, e salvo indennizzo, espropriata per motivi d'interesse generale*» (**art. 42, c. 3, Cost.**).

Da tale breve disposizione possiamo ricavare alcuni principi generali e in particolare:

a) che la proprietà può essere coattivamente sottratta al legittimo titolare;

b) che ciò può accadere solo per far fronte a esigenze di carattere generale;

c) che è comunque dovuta al proprietario una qualche forma di ristoro economico (indennizzo);

d) che la disciplina dell'espropriazione deve essere fissata dalla legge (c.d. "riserva di legge").

Su tali basi, le regole fondamentali che disciplinano l'espropriazione della proprietà privata sono attualmente contenute nel **d.p.r. n. 327/2001 (testo unico in materia di espropriazione per pubblica utilità)**.

Va peraltro ricordato che – per gli ambiti di relativa competenza – a tale fonte si affiancano le regole introdotte dalla legislazione regionale: che deve tuttavia conformarsi ai principi generali contenuti nel testo unico statale.

Oggetto della disciplina è l'espropriazione di beni immobili, ma anche di diritti relativi a immobili.

Possono essere espropriati non solo beni di proprietà privata, ma anche beni appartenenti **ad altre pubbliche amministrazioni**, con l'eccezione dei beni demaniali.

L'espropriazione è ammessa innanzitutto quando sia funzionale alla realizzazione di **opere pubbliche** e più genericamente per opere, anche private, **di pubblica utilità** (cfr. *supra*, Cap. IV).

La potestà espropriativa e la competenza ad adottare gli atti del relativo procedimento sono di norma attribuite all'autorità competente alla realizzazione dell'opera pubblica o di pubblica utilità. Se tuttavia l'opera viene realizzata da un **concessionario** o tramite **contraente generale**, a essi può essere delegato l'esercizio dei relativi poteri espropriativi (art. 6, c. 8, d.p.r. n. 327/2001). Infine, nel caso in cui l'espropriazione sia effettuata per consentire la realizzazione di un'**opera privata** di pubblica utilità, la potestà espropriativa spetta all'amministrazione che emana il provvedimento con il quale viene dichiarata la pubblica utilità dell'opera medesima.

L'**autorità espropriante** non coincide dunque sempre necessariamente con il **beneficiario** dell'espropriazione.

Il provvedimento di espropriazione determina effetti assai penetranti nei confronti del destinatario. Per tale ragione, esso deve essere preceduto da un articolato complesso di garanzie procedimentali.

In particolare, la legge prevede che all'espropriazione si arrivi solo seguendo un percorso che comprende, in via ordinaria, le seguenti fasi:

a) imposizione sul bene **del vincolo preordinato all'esproprio**;
b) **dichiarazione di pubblica utilità** dell'opera da realizzare;
c) determinazione dell'**indennità** di esproprio;
d) **decreto di esproprio**;
e) emanazione del **pagamento** dell'indennità definitiva.

Nelle pagine che seguono esamineremo alcuni dei principali profili che caratterizzano tali fasi.

2.1. L'imposizione del vincolo preordinato all'esproprio

Il primo adempimento necessario per potere procedere all'acquisizione coattiva dell'area su cui si intende costruire l'opera pubblica è rappresentato dalla imposizione (o apposizione) sull'area di un vincolo preordinato all'esproprio.

Si tratta di un vincolo con il quale l'amministrazione in un certo senso "prenota" quella determinata area, sottraendola al suo normale utilizzo per destinarla a ospitare l'opera pubblica.

Come abbiamo già visto nel Cap. II, il vincolo determina l'**inedificabilità** del bene assoggettato, al fine di evitare che – mentre l'amministrazione porta a termine le complesse procedure per realizzare l'opera pubblica – il bene stesso subisca trasformazioni idonee a impedirla o comunque a renderla più difficoltosa.

La fase di imposizione del vincolo ci riporta parzialmente alle considerazioni svolte in precedenza sulla sovrapposizione della materia dei lavori pubblici e di quella urbanistica.

I profili di contatto sono del tutto evidenti.

L'**art. 9**, d.p.r. n. 327/2001 stabilisce infatti che un determinato bene è sottoposto al vincolo preordinato all'esproprio quando diventa efficace l'atto di **approvazione del piano urbanistico generale**, ovvero una sua variante, che prevede la realizzazione di un'opera pubblica o di pubblica utilità.

Il successivo **art. 10** prevede poi che – quando la realizzazione dell'opera non è prevista dal piano – il vincolo preordinato all'esproprio può essere disposto su iniziativa dell'amministrazione competente all'approvazione del progetto, attraverso il ricorso a una **conferenza di servizi**, a un **accordo di programma**, a una **intesa** ovvero a un altro atto che in base alla legislazione vigente comporti la **variante al piano urbanistico**. Lo stesso art. 10 richiama poi la procedura di apposizione del vincolo prevista dall'art. 19, c. 2, del medesimo d.p.r. n. 327/2001.

In altre parole, vanno richiamate le regole sulla **localizzazione** dell'opera pubblica che sono già stata esaminate in precedenza e alle quali conviene dunque rinviare (*supra*, par. 1).

È opportuno, tuttavia, aggiungere in questa sede alcune rilevanti precisazioni.

In primo luogo va ricordato che, in considerazione delle gravi conseguenze che il sorgere del vincolo produce nei confronti del proprietario, la legge prescrive che gli debba essere inviata – **almeno venti giorni prima** dell'emanazione dell'atto con cui si procede a imporre il vincolo – la **comunicazione di avvio del relativo procedimento** (art. 11, d.p.r. n. 327/2001).

L'adempimento – previsto in via generale dagli artt. 7 ss. della legge sul procedimento amministrativo (l. n. 241/1990) – ha la funzione di informare l'interessato dell'avvio di un procedimento che lo riguarda, al fine di offrigli la possibilità di partecipare al procedimento medesimo, prendendo visione dei relativi atti e presentando memorie scritte e documenti.

La partecipazione consente al privato di far valere davanti all'amministrazione le ragioni per le quali sarebbe meglio che essa localizzasse l'opera in luoghi o con modalità differenti.

Il privato potrebbe supportare le proprie argomentazioni con riferimento a ragioni di interesse generale, ma più frequentemente – in quanto proprietario – tenderà a rappresentare le conseguenze gravemente pregiudizievoli che le soluzioni di localizzazione ipotizzate determinerebbero, ove approvate, nella sua sfera giuridica.

Al riguardo si ricordi che, nel confronto con gli interessi generali perseguiti dall'amministrazione, gli interessi del singolo non sono strutturalmente destinati a soccombere, sempre e comunque. Al contrario il **principio di proporzionalità**, che deve costantemente ispirare l'azione amministrativa, impedisce il sacrificio degli interessi privati nella misura non strettamente necessaria alla tutela dell'interesse pubblico. Di conseguenza, a fronte di più soluzioni che garantiscano egualmente gli interessi generali, l'amministrazione è tenuta a optare per quella che meno pregiudica le posizioni dei singoli.

Va precisato che la comunicazione di avvio del procedimento non è tuttavia richiesta per tutti gli atti di imposizione del vincolo. Restano **esclusi**, infatti, i casi di imposizione tramite **piano urbanistico** (o sua **variante generale**).

L'esclusione si spiega con il fatto che, già secondo la legge sul procedimento amministrativo, la comunicazione di avvio del procedimento non è in linea di principio necessaria, tra l'altro, per gli atti amministrativi generali e di pianificazione (art. 13, c. 1, l. n. 241/1990): fra i quali rientrano appunti gli atti di pianificazione urbanistica. In tali casi, infatti, rimangono ferme le regole proprie della formazione dei piani, che prevedono forme speciali di partecipazione (art. 13, c. 1, l. n. 241/1990 e art. 11, c. 5, d.p.r. n. 327/2001).

Inoltre, anche con riferimento agli atti per i quali la comunicazione è prevista (variante parziale al piano urbanistico, conferenza di servizi, accordo di programma, intesa), la legge stabilisce che – nel caso in cui i destinatari siano in numero **superiore a cinquanta** – essa venga effettuata tramite **pubblici avvisi** (e su *internet*) anziché, come normale, per mezzo di comunicazione personale.

La comunicazione, ove prevista, deve essere inviata a coloro che risultino proprietari sulla base delle *mappe catastali*. L'amministrazione non ha infatti l'onere di svolgere ulteriori specifiche indagini per individuare coloro che siano effettivamente proprietari.

Si deve poi osservare come – nel disciplinare i vincoli espropriativi – il legislatore del t.u. abbia tendenzialmente recepito le indicazioni fornite dalla Corte costituzionale in alcune fondamentali pronunce (nn. **55/1968** e **179/1999**).

Come già anticipato nel Cap. II, infatti, l'imposizione del vincolo preordinato all'espropriazione determina, pur in mancanza dell'effettivo trasferimento della proprietà, un **sostanziale svuotamento del diritto di proprietà** che – in assenza dell'indennizzo previsto dalla costituzione (art. 42, c. 3) – non può che essere temporalmente determinato.

Di conseguenza, la legge ora prevede che il vincolo preordinato all'esproprio abbia una **durata massima di cinque anni**. Limiti diversi possono essere fissati dalle leggi regionali.

Entro tale data, deve essere emanato l'atto successivo della procedura espropriativa: la dichiarazione di pubblica utilità (cfr. *infra*). Se ciò non avviene, **il vincolo decade**.

L'intervenuta decadenza, tuttavia, non impedisce che l'amministrazione possa **reiterare il vincolo** a condizione che di ciò venga data **congrua motivazione** (che è necessaria anche se la reiterazione sia contenuta in una variante generale dello strumento urbanistico).

La reiterazione del vincolo oltre il quinquennio di originaria validità determina altresì l'obbligo dell'amministrazione di corrispondere un **indennizzo** per la prolungata compressione dei diritti del proprietario (Corte cost. n. 179/1999).

Tale indennizzo – con disposizione asseritamente provvisoria («*in attesa di una organica risistemazione della materia*») – viene commisurato all'**entità del danno effettivamente prodotto** con la reiterazione (art. 39, d.p.r. n. 327/2001).

In questo contesto, è importante distinguere fra vincoli **espropriativi** e vincoli meramente **conformativi**.

Questi ultimi sono determinati dalle ordinarie regole che disciplinano – e dunque limitano – l'edificabilità nelle varie zone, con risultati concreti in termini di possibilità edificatoria anche molto diversi da zona a zona (e con conseguenze anche molto pesanti per i proprietari, a seconda che le loro aree vengano inquadrate in una determinata zona anziché in un'altra).

In linea generale, dunque, si può dire che i vincoli espropriativi sono posti a titolo particolare sui beni, mentre i vincoli conformativi hanno natura generale e attengono a intere categorie di beni, considerati anche per zone territoriali. Sennonché la citata sentenza Corte cost. n. 179/1999 ha precisato che non costituiscono vincoli espropriativi quelli che comportano una destinazione che – ancorché di contenuto specifico – sia tuttavia realizzabile a iniziativa privata o promiscua pubblico-privata: tali vincoli, infatti, sono attuabili anche dal soggetto privato proprietario del bene, senza necessità di previa espropriazione.

In concreto, non sempre la distinzione fra le due categorie è agevole.

Nondimeno, da essa derivano importanti effetti pratici. In particolare, i **vincoli conformativi**, a differenza di quelli espropriativi:

a) non sono soggetti a decadenza;
b) non sono indennizzabili;
c) incidono, in senso sfavorevole al proprietario, sulla determinazione del valore dell'indennità di espropriazione.

Una reiterazione poco meditata

Il sig. Tizio è proprietario di un terreno sul quale, nel 1987, è stato imposto con variante al PRG un vincolo espropriativo a verde pubblico.

Il vincolo viene reiterato con successiva variante nel 1999.

Nei cinque anni successivi, il Comune non compie alcuna attività e, conseguentemente, il vincolo decade nel 2004.

Nel 2009 il Comune **reitera nuovamente il vincolo**, senza indicare le specifiche ragioni della sua scelta.

Il sig. Tizio si rivolge allora al giudice amministrativo, che annulla la delibera di reiterazione del vincolo.

Il giudice ritiene che la reiterazione del vincolo – soprattutto se avviene a notevole distanza di tempo dall'originaria imposizione – sia legittima sul piano amministrativo solo a seguito dell'**accertamento della sua persistente attualità**, verificata a seguito di una nuova e adeguata comparazione degli interessi pubblici e privati coinvolti e con giustificazione delle scelte urbanistiche: tanto più dettagliata e concreta **quante più volte viene ripetuta la reiterazione del vincolo**.

Specificamente, l'amministrazione è chiamata a verificare la sussistenza di alcuni parametri oggettivi:

a) la persistenza dell'interesse pubblico e la sua attualità;

b) l'indicazione delle ragioni del ritardo nella realizzazione dell'opera pubblica;

c) la precisazione delle iniziative mediante le quali il procedimento ablativo verrà portato a compimento;

d) la ragionevole dimostrazione, sulla scorta della situazione dei luoghi, che la rinnovazione del vincolo sull'area stessa è necessaria per realizzare l'opera.

Ciascuno di questi parametri dovrebbe essere valutato nella fase istruttoria del procedimento e, conseguentemente, **esplicitato nella motivazione**.

Viene invece escluso che la necessità di accompagnare la reiterazione con il pagamento dell'indennizzo – come imposto dalla sentenza della Corte cost. n. 179/1999 – valga a indebolire l'obbligo motivazionale richiesto.

Gli obblighi di **motivazione** e di **indennizzo**, infatti, sono posti su piani distinti e operano quindi **congiuntamente**.

2.2. La dichiarazione di pubblica utilità

Ulteriore presupposto per addivenire all'espropriazione del bene è rappresentato dalla **dichiarazione di pubblica utilità** dell'opera da realizzare.

Essa rappresenta l'atto conclusivo di un **autonomo procedimento**, la cui finalità è quella di attestare la sussistenza delle ragioni di **interesse generale** che sole, secondo la Costituzione, consentono l'ablazione dei beni privati (art. 42, c. 3, Cost.).

La pubblica utilità può essere disposta, ai sensi dell'art. 12, c. 1, d.p.r. n. 327/2001:

a) attraverso l'atto con il quale l'autorità espropriante **approva il progetto definitivo** (da intendersi, dopo l'entrata in vigore del d.lgs. n. 36/2023, quale progetto di fattibilità tecnico-economica) dell'opera pubblica o di pubblica utilità;

b) con l'atto di approvazione dei **piani** urbanistici attuativi (piano particolareggiato, piano di lottizzazione, piano di recupero, piano di ricostruzione, piano delle aree da destinare a insediamenti produttivi);

c) quando, in base alla normativa vigente, **equivale a dichiarazione di pubblica utilità** l'approvazione di uno strumento urbanistico, la definizione di una conferenza di servizi o il perfezionamento di un accordo di programma, ovvero il rilascio di una concessione, di una autorizzazione o di un atto avente effetti equivalenti (alcune di tali ipotesi sono state esaminate *supra*, al par. 1.2 e al par. 1.3).

Come già per l'imposizione del vincolo espropriativo, anche per la dichiarazione di pubblica utilità è prevista la **comunicazione di avvio del relativo procedimento** al proprietario dell'area ove è prevista la realizzazione dell'opera. Vengono richiamate le particolari forme di pubblicità previste dall'art. 11, c. 2, nel caso in cui i destinatari siano in numero superiore a cinquanta (art. 16, c. 5, d.p.r. n. 327/2001).

La dichiarazione in linea generale può essere emanata fino a quando non sia decaduto il vincolo preordinato all'esproprio (art. 13, c. 1, d.p.r. n. 327/2001). Tuttavia, qualora al momento della dichiarazione tale vincolo non sia stato ancora apposto, la dichiarazione di pubblica utilità diventa efficace al momento dell'apposizione (art. 12, c. 3, d.p.r. n. 327/2001).

A sua volta, la dichiarazione di pubblica utilità può indicare il **termine entro il quale deve essere emanato il decreto di esproprio.** Ove non sia diversamente disposto, il termine è di **cinque anni**. Prima della scadenza, tuttavia, il termine può essere prorogato, a fronte di giustificate ragioni (art. 13, cc. 3-5, d.p.r. n. 327/2001).

Sono comunque fatte salve le disposizioni pianificatorie che prevedono termini diversi: ad esempio, dieci anni per le opere previste dai piani particolareggiati.

L'inutile decorso del termine – o della sua proroga – provoca l'inefficacia sopravvenuta della dichiarazione di pubblica utilità.

2.3. Fasi e vicende ulteriori

Una volta dichiarata la pubblica utilità dell'opera e, naturalmente, entro il suo termine di efficacia – e determinata l'indennità di espropriazione (artt. 20-22, d.p.r. n. 327/2001), è possibile procedere alla emanazione del **decreto di esproprio** (art. 23).

Esso determina l'estinzione del diritto di proprietà in capo all'originario proprietario e il suo trasferimento in capo al beneficiario dell'espropriazione. Gli effetti giuridici dell'espropriazione sono sospensivamente condizionati alla circostanza che il decreto sia notificato ed eseguito.

La notificazione al proprietario avviene nelle forme degli atti processuali civili, con un avviso contenente l'indicazione del luogo, del giorno e dell'ora in cui è prevista l'esecuzione del decreto di espropriazione, che non può avvenire prima di sette giorni.

L'esecuzione consiste nella materiale immissione nel possesso del beneficiario dell'esproprio, accompagnata dalla redazione di apposito verbale.

Il decreto di esproprio è quindi trascritto presso l'ufficio dei registri immobiliari.

Una volta prodottasi l'espropriazione del diritto di proprietà, si estinguono automaticamente tutti gli altri diritti, reali o personali, gravanti sul bene espropriato (a meno che non siano comunque compatibili con i fini cui l'espropriazione è preordinata), che potranno eventualmente essere fatti valere unicamente sull'indennità di esproprio.

Come anticipato, la privazione del diritto dell'originario proprietario fa sorgere in capo al medesimo il diritto alla **percezione dell'indennità**.

Per lungo tempo, il valore di tale indennità è stato determinato attraverso un articolato meccanismo – si calcolava la media del valore venale del bene e del reddito dominicale rivalutato, ridotto del quaranta per cento – che determinava un ristoro sensibilmente inferiore al valore effettivo del bene (approssimativamente, fra il 30 e il 50% del valore reale).

Su tale criterio, tuttavia, è intervenuta la Corte costituzionale che – su impulso della Corte europea dei diritti dell'uomo (Cedu) – lo ha dichiarato illegittimo (Corte cost. n. **348/2007**).

Attualmente, il nuovo art. 37, c. 1, d.p.r. n. 327/2001, come sostituito dall'art. 2, c. 89, l. n. 244/2007, correla l'ammontare dell'indennità di espropriazione direttamente al **valore venale del bene**. Nel caso in cui l'espropriazione sia finalizzata all'attuazione di interventi di riforma economico-sociale, tuttavia, l'indennità è ridotta di un quarto.

In casi di particolare urgenza, tali da non consentire lo svolgersi delle ordinarie procedure di esproprio, può essere emanato decreto motivato che determina in via provvisoria l'indennità di espropriazione e che dispone anche **l'occupazione anticipata** dei beni immobili necessari (c.d. **occupazione d'urgenza**: art. 22 *bis*, d.p.r. n. 327/2001).

3. La progettazione

La realizzazione dei lavori pubblici presuppone che esistano a monte dei progetti, ai quali gli operatori che vengono individuati (secondo le modalità indicate al Cap. VI) per la esecuzione materiale dei lavori devono conformarsi.

La disciplina dell'attività di progettazione è attualmente contenuta negli artt. 41-47, d.lgs. n. 36/2023.

Ma in cosa consiste esattamente?

Si tratta di un'attività di carattere complesso, che costituisce la sintesi dei molteplici e sfaccettati interessi, pubblici e privati, che ruotano attorno alla realizzazione dell'opera pubblica. In particolare, la progettazione deve garantire, in un idealmente armonico equilibrio, il soddisfacimento dei fabbisogni collettivi, la qualità architettonica e tecnica dell'opera e il suo corretto inserimento nei luoghi destinati a ospitarla, il rispetto delle norme ambientali, urbanistiche e di tutela dei beni culturali e paesaggistici nonché dei vari tipi di vincoli imposti sul territorio (fra cui quelli idro-geologici, sismici e forestali). Al contempo, la progettazione deve farsi carico degli obiettivi di risparmio ed efficienza energetica, valutare le prospettive dell'intero ciclo di vita e delle opere e garantire l'accessibilità eliminando o riducendo le barriere architettoniche. A tali fini, è incoraggiato il progressivo uso di metodi e strumenti di gestione informativa digitale delle costruzioni (art. 43, c. 1, d.lgs. n. 36/2023).

Tradizionalmente, la progettazione era articolata su tre livelli: progetto preliminare (poi, progetto di fattibilità tecnico-economica), progetto definitivo e progetto esecutivo.

Il nuovo codice dei contratti pubblici ha operato uno sforzo di semplificazione, limitando i livelli di progettazione a due.

In particolare:

a) il ***progetto di fattibilità*** tecnico-economica individua – a partire dalle indagini e verifiche preventive – la migliore soluzione secondo un rapporto costi/benefici. Esso comprende tutte le indagini e gli studi necessari a garantire le finalità complessive della progettazione (nei termini dinanzi appena indicati), nonché gli **schemi grafici** che consentono di individuare le caratteristiche fondamentali (dimensionali, tipologiche, funzionali e tecnologiche) dei lavori da realizzare, con le relative stime economiche. Il progetto di fattibilità deve inoltre consentire l'avvio della procedura espropriativa e deve contenere tutti gli elementi necessari al rilascio delle prescritte autorizzazioni e approvazioni.

Alla base del progetto di fattibilità vi è lo svolgimento di una complessa e articolata serie di verifiche tecniche (indagini geologiche, geotecniche, idrologiche, idrauliche e archeologiche, studi sull'impatto ambientale, analisi delle aree impegnate con relative fasce di rispetto e delle necessarie misure di salvaguardia e di compensazione e mitigazione ambientale, limiti di spesa) volte a consentire, tra l'altro, la localizzazione dell'opera, la valutazione dell'impatto ambientale e l'individuazione del computo estimativo e del cronoprogramma.

b) Il ***progetto esecutivo*** deve essere redatto in conformità al progetto di fattibilità. Esso determina in ogni dettaglio i lavori da realizzare, il relativo costo previsto e il cronoprogramma e deve essere sviluppato a un livello di definizione tale da consentire che ogni elemento sia identificabile in forma, tipologia, qualità, dimensione e prezzo. Il progetto esecutivo inoltre comprende il piano di manutenzione dell'opera e delle sue parti, in relazione al ciclo di vita.

Va peraltro osservato che, nel rispetto delle caratteristiche ora indicate, la dettagliata definizione degli specifici contenuti dei due livelli progettuali è contenuta nell'Allegato I.7 al codice dei contratti.

Nel rispetto delle previsioni normative, spetta alla stazione appaltante, in rapporto alla tipologia e alla dimensione dell'intervento, indicare le caratteristiche, i requisiti e gli elaborati progettuali necessari per la definizione di ogni fase della progettazione.

Per gli interventi di manutenzione ordinaria o straordinaria può essere omesso il primo livello di progettazione, a condizione che il progetto esecutivo contenga tutti gli elementi previsti per il livello omesso (art. 41, c. 5, d.lgs. n. 36/2023).

Nell'ipotesi di realizzazione di lavori pubblici all'interno di aree di interesse archeologico, la legge prevede la **verifica preventiva dell'interesse archeologico** dei relativi progetti, salvo che si tratti di interventi che non comportano nuova edificazione o scavi al di sotto delle quote già raggiunte da manufatti esistenti (art. 41, c. 4, e Allegato I.8 al d.lgs. n. 36/2023).

A tal fine, le stazioni appaltanti inviano copia del progetto di fattibilità prima della sua approvazione alla Soprintendenza, per i provvedimenti di competenza. In particolare – sulla base degli esiti di carotaggi, prospezioni, saggi archeologici e, ove necessario, veri e propri scavi – il Soprintendente detta le necessarie prescrizioni di tutela.

L'anticipazione della verifica se da un lato vale a meglio tutelare i beni archeologici, dall'altro consente di anticipare l'emersione di criticità che potrebbero creare difficoltà impreviste in fase di esecuzione (con conseguente necessità di sospensioni dei lavori e redazione di varianti).

È inoltre prevista – quale misura di carattere generale – una procedura di **verifica dei progetti** (art. 42, d.lgs. n. 36/2023).

Essa deve svolgersi durante lo sviluppo della progettazione (nel caso di affidamento congiunto di progettazione ed esecuzione, la verifica del progetto di fattibilità deve avvenire prima dell'avvio della procedura di affidamento e quella del progetto esecutivo prima dell'inizio dei lavori) e consiste nel controllo che la stazione appaltante compie circa la rispondenza del progetto rispetto alle proprie esigenze e la sua conformità normativa. La verifica richiede il contraddittorio con il progettista e mira ad accertare la completezza e la coerenza della progettazione. In pratica, lo scopo è poter essere ragionevolmente sicuri che – una volta avviati i lavori – sia ridotto al minimo il rischio di varianti in corso d'opera e, in ogni caso, di contenziosi con l'impresa esecutrice: garantendo, così, che i lavori possano essere positivamente portati a conclusione nei termini previsti, producendo un'opera destinata a durare nel tempo e a essere utilizzata in sicurezza.

L'atto finale della verifica si definisce *validazione* ed è sottoscritto dal RUP. Gli estremi dell'avvenuta validazione devono essere indicati negli atti di indizione della gara per l'affidamento dei lavori.

Per i progetti di fattibilità relativi a grandi opere infrastrutturali di particolare rilevanza sociale e impatto sull'ambiente e sul territorio può – e, in alcuni casi specificamente indicati, deve – essere indetta una speciale procedura di **dibattito pubblico**, volta a favorire l'evidenziazione degli interessi dei vari soggetti coinvolti dalla realizzazione delle opere (art. 40, d.lgs. n. 36/2023).

L'art. 38, d.lgs. n. 36/2023 detta regole specifiche relative alle procedure di approvazione dei progetti, richiamando al riguardo le regole generali della l. n. 241/1990, ivi comprese quelle in tema di conferenza dei servizi, anche con riferimento alla localizzazione e al tracciato delle opere e alla gestione delle interferenze.

3.1. I progettisti

Una volta inquadrati, sia pure per sommi capi, i contenuti della progettazione, ci dobbiamo ora domandare a **quali soggetti** la legge affidi il compito di progettare le opere pubbliche.

Al riguardo, è chiaro che in astratto alla progettazione potrebbero egualmente provvedere sia soggetti che operano all'interno delle p.a., sia soggetti a essa esterni.

Va subito precisato che, quando ci si riferisce alla progettazione c.d. "interna", questa viene tradizionalmente intesa *in senso ampio*. Essa non è infatti limitata ai casi in cui effettivamente coloro che si fanno carico della progettazione appartengano all'amministrazione committente: ma comprende, più in generale, anche le ipotesi in cui ci si rivolga a strutture esterne rispetto all'amministrazione committente, ma pur sempre riconducibili al novero delle p.a. e funzionalmente destinate proprio a offrire supporto tecnico-progettuale. Anche in questi casi, infatti, la progettazione rimane pur sempre un affare interno alla pubblica amministrazione, sia pure intesa in senso ampio.

Fatta tale precisazione, si osserva come la vigente disciplina appaia ispirata al principio di tendenziale equivalenza tra la progettazione interna e quella esterna.

In particolare, il tendenziale favore per la progettazione interna che caratterizzava il vecchio sistema del d.lgs. n. 163/2006 (e che veniva giustificato con ragioni di economicità: non apparendo ragionevole pagare per ottenere all'esterno prestazioni che ben si sarebbero potute ottenere all'interno della struttura organizzativa) era già stato attenuato dal successivo codice dei contratti pubblici del 2016 (cfr. art. 24, c. 1, d.lgs. n. 50/2016).

La disciplina vigente, pur non disciplinando più espressamente tale aspetto, appare ispirata al principio di equivalenza.

Il novero dei soggetti *esterni* abilitati alla progettazione è elencato specificamente all'art. 66 del d.lgs. n. 36/2023 (cfr. riquadro).

Sempre per quanto riguarda i soggetti incaricati della progettazione, dobbiamo poi ricordare due ulteriori profili.

Il primo è che la progettazione – sia essa interna o esterna – deve comunque essere sempre concretamente svolta da soggetti **in possesso dell'abilitazione** per l'esercizio della relativa professione.

I soggetti affidatari della progettazione esterna

La progettazione esterna può essere affidata:

a) a liberi professionisti singoli o associati (compresi – nel caso di interventi inerenti al restauro e alla manutenzione di beni mobili e delle superfici decorate di beni architettonici – i soggetti con qualifica di restauratore di beni culturali ai sensi della vigente normativa);

b) a società di professionisti;

c) a società di ingegneria;

d) a prestatori di servizi di ingegneria e architettura identificati con i codici CPV da 74200000-1 a 74276400-8 e da 74310000-5 a 74323100-0 e 74874000-6 stabiliti in altri Stati membri, costituiti conformemente alla legislazione vigente nei rispettivi Paesi;

e) altri soggetti abilitati in forza del diritto nazionale a offrire sul mercato servizi di ingegneria e di architettura;

f) a raggruppamenti temporanei costituiti dai soggetti di cui alle lett. *a*), *b*), *c*), *d*) ed e);

g) a consorzi stabili di società di professionisti e di società di ingegneria, anche in forma mista, formati da non meno di tre consorziati che abbiano operato nei settori dei servizi di ingegneria e architettura.

Il secondo profilo da tenere a mente è che non sempre la progettazione e l'esecuzione delle opere pubbliche sono attività separate e distinte.

L'affidamento degli appalti pubblici in materia di lavori, infatti, potrebbe avere ad oggetto – astrattamente – prestazioni relative alla sola materiale esecuzione dei lavori medesimi oppure, in alternativa, prestazioni miste di progettazione (esecutiva) e di esecuzione (c.d. *appalto integrato*).

Il legislatore italiano, nel corso degli anni, ha disciplinato tale profilo in modo ondivago, arrivando con il d.lgs. n. 50/2016 a vietare in linea di principio (seppur con non trascurabili eccezioni) gli appalti integrati e stabilendo invece che gli appalti di lavori venissero affidati ponendo a base della gara direttamente il *progetto esecutivo*.

La vigente disciplina è ispirata al principio opposto e consente alle stazioni appaltanti il ricorso generalizzato all'appalto integrato (con la sola esclusione delle opere di manutenzione ordinaria: art. 44, c. 1, d.lgs. n. 36/2023), seppur previa indicazione delle motivazioni tecniche che giustificano tale scelta (c. 2). In tale ipotesi, dunque, alla base della gara verrà posto il progetto di fattibilità tecnico-economica e l'appalto avrà ad oggetto la progettazione esecutiva dell'opera e la sua esecuzione, che verranno dunque svolte congiuntamente dal medesimo operatore.

3.2. Le procedure di affidamento degli incarichi di progettazione

Anche per gli **incarichi** relativi ai servizi di progettazione – come per gli appalti e le concessioni di lavori – l'individuazione del soggetto contraente della p.a. deve avvenire nel rispetto delle regole dell'**evidenza pubblica**.

Le procedure saranno analizzate più dettagliatamente al Cap. VI.

Si ricorda qui solo la possibilità di acquisire la progettazione (a partire dal progetto di fattibilità tecnico-economica) – anziché quale prestazione svolta dal professionista incaricato a seguito delle procedure d'affidamento ordinarie – con una specifica procedura concorsuale, aperta alla partecipazione di una pluralità di concorrenti, che può prevedere anche la corresponsione di premi in denaro da assegnare al vincitore e agli autori degli altri progetti ritenuti comunque meritevoli: è quanto previsto per l'ipotesi del **concorso di progettazione** (cfr. art. 46, d.lgs. n. 36/2023). Mentre, dunque, con l'ordinario appalto di progettazione la stazione appaltante individua un progettista cui affidare l'incarico di progettazione, con il concorso di progettazione essa acquisisce direttamente un progetto già confezionato, scegliendolo tra i diversi presentati nell'ambito del concorso.

Non attiene invece direttamente alla progettazione il diverso strumento del **concorso di idee** (art. 46, c. 4, d.lgs. n. 36/2023). Esso si colloca in una fase ancora embrionale del procedimento di ideazione e realizzazione dell'opera pubblica e mira a fornire alla stazione appaltante spunti illuminanti («*proposta ideativa*») circa il tipo di opera pubblica che potrebbe essere opportuno realizzare in un determinato contesto, da remunerare con il riconoscimento di un congruo premio. In tale fase, la legge è chiara nell'indicare la natura solo preliminare dell'idea acquisita con il concorso: se essa risulterà convincente per la stazione appaltante, allora sarà possibile metterla a base di un successivo concorso di progettazione o di un appalto di servizi di progettazione: e dare così avvio alla progettazione vera e propria.

Per concludere, va ricordato in generale che il sistema dei lavori pubblici prevede appositi strumenti e procedure che servono – dopo che i lavori sono stati terminati – a verificare che quanto concretamente realizzato corrisponda a quanto era stato previsto dal progetto: si tratta del **collaudo** di cui, tra l'altro, ci occuperemo al prossimo par. 5.4.

4. L'affidamento dei lavori pubblici: rinvio

Dopo che la progettazione è terminata, si può naturalmente procedere alla materiale esecuzione dell'opera. Tale argomento verrà trattato immediatamente di seguito nel par. 5.

Prima di dare inizio all'esecuzione, tuttavia, è necessario individuare, per il tramite di appositi procedimenti di gara a evidenza pubblica, l'operatore economico che si occuperà dell'esecuzione medesima. Come anticipato, tali procedure d'affidamento – in ragione della particolare ampiezza del tema – sono trattate in dettaglio in un capitolo a parte, alla cui lettura si rimanda (si tratta del successivo Cap. VI, che conclude il presente volume).

5. L'esecuzione

La materiale esecuzione dei lavori rappresenta l'ultimo tassello delle articolate serie procedimentali finalizzate alla realizzazione dell'opera pubblica ed è affidata all'operatore economico individuato sulla base delle apposite procedure a evidenza pubblica (dettagliatamente analizzate nel successivo Cap. VI).

Con essa, dunque, viene data **esecuzione al contratto** sottoscritto tra la stazione appaltante e l'operatore economico.

Come già indicato al par. 3.1, l'esecuzione può essere l'unica prestazione contrattuale richiesta all'operatore economico, ma può invece anche accompagnarsi alla **progettazione esecutiva** (c.d. **appalto integrato**).

Poiché, come detto, l'esecuzione materiale dell'opera pubblica è in realtà esecuzione del **contratto** stipulato fra l'operatore economico e la stazione appaltante, ne consegue che nell'ambito di essa le parti, in linea di principio, sono poste fra di loro in **condizioni di parità**.

È vero che la legge attribuisce alle pubbliche amministrazioni molti e penetranti poteri pubblicistici, che si esplicano attraverso atti – provvedimenti amministrativi, che trovano la loro disciplina in generale nella l. n. 241/1990 e nella normativa pubblicistica che regola l'azione della p.a. – che possono imporsi ai destinatari anche se essi non sono d'accordo (tale è, ad esempio, il provvedimento con il quale viene espropriato l'immobile per realizzare un'opera pubblica).

Tuttavia, quando ricorrono ai contratti, le pubbliche amministrazioni rinunciano alle speciali prerogative che caratterizzano i provvedimenti amministrativi per sottoporsi alle regole e ai principi che normalmente disciplinano i rapporti fra i soggetti privati.

Tale realtà si esprime anche attraverso la differente **posizione giuridica soggettiva** che viene riconosciuta al privato nei riguardi della pubblica amministrazione: interesse legittimo, a fronte di un provvedimento amministrativo; diritto soggettivo, a fronte di un contratto.

L'**interesse legittimo** garantisce al suo titolare la pretesa a che la pubblica amministrazione eserciti i suoi poteri rispettando le regole che ne disciplinano l'esercizio: ma non garantisce che il rispetto di tali regole gli procuri l'utilità sostanziale, il bene della vita al quale realmente aspira.

Il titolare di un **diritto soggettivo**, invece, si vede riconosciuta dall'ordinamento proprio la pretesa a ottenere quel bene della vita.

Per comprendere con un esempio tali concetti, si consideri la differenza che intercorre fra la posizione di un'impresa che partecipa a una procedura a evidenza pubblica con l'intento di aggiudicarsi un certo contratto per l'esecuzione di un'opera pubblica (cfr. *infra* Cap. VI) e quella della stessa impresa che – dopo aver vinto la gara, stipulato il contratto e realizzato l'opera – intende ottenere in cambio il corrispettivo pattuito:

a) nel primo caso (partecipazione alla gara), l'impresa è titolare di un **interesse legittimo.** Essa **può pretendere** che la procedura a evidenza pubblica venga gestita dall'amministrazione nel rispetto della legge, del bando di gara, dei principi di buona amministrazione, ecc.: ma **non può pretendere** di vincere la gara e di ottenere dunque l'utilità sostanziale alla quale aspira. Se un'altra impresa ha presentato un'offerta migliore, il provvedimento di aggiudicazione spetterà a quest'ultima;

b) nel secondo caso (esecuzione del contratto), l'impresa che ha correttamente eseguito i lavori è titolare di un **diritto soggettivo**. Essa **può pretendere** l'utilità sostanziale, rappresentata in questo caso dal pagamento del corrispettivo. Si può dunque dire che il pagamento **le spetta**.

La fase della materiale esecuzione dell'opera pubblica è disciplinata innanzitutto dalle disposizioni del codice civile che regolano in generale i contratti e la loro l'esecuzione (art. 1321 ss. c.c.) e, in particolare, il **contratto di appalto.** Quest'ultimo è lo specifico contratto «*col quale una parte assume, con organizzazione dei mezzi necessari e con gestione a proprio rischio, il compimento di una opera o di un servizio verso un corrispettivo in danaro*» (art. 1655 c.c.).

La nozione di appalto contenuta nel codice civile non coincide con quella di appalto pubblico stabilita dal d.lgs. n. 36/2023: nel senso che un appalto pubblico non è semplicemente un contratto di appalto (civilistico), in cui una delle parti contraenti sia una pubblica amministrazione.

Si considerano **appalti pubblici**, infatti, tutti i contratti stipulati tra stazioni appaltanti e operatori economici «*aventi per oggetto l'esecuzione di lavori, la fornitura di prodotti e la prestazione di servizi*» (art. 2, c. 1, lett. *b*), Allegato I.1 al d.lgs. n. 36/2023). Si tratta, dunque, di una nozione che ha un oggetto più esteso di quella dell'appalto civilistico.

Come emerge dal confronto fra le due definizioni, infatti, il contratto di appalto (regolato dal codice civile) ha per oggetto unicamente il compimento di un'opera – attraverso l'esecuzione dei relativi lavori – o la prestazione di servizi.

L'appalto pubblico invece – oltre a lavori e servizi – comprende anche la fornitura di prodotti: nozione estranea, come visto, all'appalto civilistico.

Sotto il nome di appalto pubblico, dunque, più che uno specifico tipo di contratto, vengono raggruppati in una nozione unitaria l'insieme degli schemi contrattuali – cioè dei singoli tipi di contratto, disciplinati dal diritto privato – ai quali la pubblica amministrazione può fare ricorso per ottenere lavori, servizi e forniture.

Nella nozione di appalto pubblico rientrano perciò anche le tipologie contrattuali attraverso le quali, nel sistema del codice civile, si realizza la fornitura di prodotti. Sono dunque *appalti pubblici* – oltre al contratto (civilistico) di appalto – anche contratti quali la compravendita, la somministrazione, il *leasing*, ecc. Tali contratti trovano un'autonoma regolazione nel sistema privatistico, distinta da quella del citato contratto di appalto (civilistico) di cui all'art. 1655 c.c. Così, ad esempio, la compravendita è regolata sempre dal codice civile, ma all'art. 1470 e seguenti.

La natura complessa della nozione di appalto pubblico è del resto confermata anche dal fatto che, nella stessa terminologia impiegata dal d.lgs. n. 36/2023, si distingue fra appalti pubblici di lavori, di servizi e di forniture.

Specificamente, per quanto qui di interesse, costituisce **appalto pubblico di lavori** il contratto stipulato fra una stazione appaltate e un operatore economico avente a oggetto l'esecuzione di lavori, da sola ovvero unitamente alla relativa progettazione esecutiva (c.d. appalto integrato).

È inoltre importante ricordare che la realizzazione di lavori pubblici – oltre che tramite lo schema ora illustrato del contratto di appalto (pubblico) – può essere ottenuta anche tramite ricorso a un diverso tipo contrattuale: la **concessione di lavori (pubblici)**.

Il *nomen* impiegato potrebbe generare qualche perplessità, essendo il termine "concessione" tradizionalmente volto a designare una specifica categoria di provvedimenti amministrativi, fra i quali rientrano, ad esempio, la tradizionale concessione edilizia (ora, permesso di costruire) ovvero la concessione di beni pubblici.

Nel caso della concessione di lavori, invece, siamo in presenza di un vero e proprio *contratto* fra una stazione appaltante e un operatore economico, attraverso il quale la prima affida al secondo l'esecuzione di lavori (analogamente a quanto avviene con l'appalto pubblico di lavori), ovvero la progettazione esecutiva e l'esecuzione di lavori.

Ma in cosa differiscono allora le due figure contrattuali?

Sul punto si tornerà nel successivo Cap. VI, qui basti ricordare che la principale differenza risiede nel diverso schema economico sottostante. Nel caso di *appalto pubblico di lavori*, infatti, la stazione appaltante commissiona i lavori all'appaltatore e gli corrisponde in cambio un corrispettivo in denaro. Il rapporto è dunque bilaterale, fra stazione appaltante e operatore economico.

Nel caso della *concessione di lavori*, invece, la stazione appaltante commissione i lavori all'operatore economico, ma il corrispettivo della prestazione di quest'ultimo non viene pagato dalla stazione appaltante, bensì – in linea di principio – dagli utenti privati che utilizzeranno l'opera realizzata in esecuzione del contratto di concessione. L'operatore economico, dunque, ottiene dalla stazione appaltante non un corrispettivo in denaro, ma la possibilità di gestire per un certo periodo di tempo l'opera pubblica e di farne propri i proventi. In realtà, la situazione può risultare più complessa ed è possibile che – in determinati casi – venga pagato anche un corrispettivo da parte della stazione appaltante: ma esso eventualmente si aggiunge al diritto di gestione dell'opera, non potendo mai sostituirlo. Il rapporto in questo caso è dunque di tipo trilaterale e intercorre fra stazione appaltante che commissiona l'opera, operatore economico che la realizza e gli utenti che ne ripagano i costi. Esempio classico si rinviene nel caso di realizzazione di un'autostrada, ove gli automobilisti attraverso il pagamento dei pedaggi forniscono il corrispettivo all'impresa che l'ha realizzata. È importante notare che, nell'ambito di tale schema contrattuale, l'operatore economico si assume il **rischio della gestione** dell'opera. Ciò significa che ove tale gestione si riveli meno redditizia di quanto previsto e non sia sufficiente a ripagare i costi di realizzazione, le passività rimarranno a carico del costruttore (ciò significa anche che la ricordata previsione secondo cui la gestione può essere accompagnata dal pagamento di un prezzo non può essere intesa nel senso di impegnare la stazione appaltante a ripianare le eventuali passività della gestione, posto che ciò comporterebbe l'assunzione del relativo rischio).

Si è dinanzi detto della natura tendenzialmente paritetica e privatistica del rapporto sussistente fra stazione appaltante e operatore economico per l'esecuzione dell'opera pubblica, incentrato sul contatto di appalto regolato dal codice civile e sulla relativa disciplina privatistica.

Bisogna tuttavia precisare come il carattere pubblico di una delle parti del contratto non sia privo di conseguenze.

Infatti, le stesse esigenze di tutela delle risorse pubbliche che inducono a far precedere la stipulazione del contratto da una complessa e articolata fase di scelta del contraente richiedono che anche la fase d'esecuzione del contratto sia circondata di **speciali garanzie e formalità**, in grado di tutelare l'interesse dell'amministrazione committente a ottenere la corretta e tempestiva esecuzione delle prestazioni promesse dall'operatore economico.

Ne consegue la previsione di una disciplina speciale dell'esecuzione dei lavori pubblici che si discosta sotto diversi profili dai normali principi del sistema privatistico: di alcune di queste particolari regole ci occuperemo nei paragrafi che seguono.

5.1. Il responsabile unico del procedimento (RUP) e la direzione lavori (DL)

Nell'ambito della fase esecutiva, un ruolo fondamentale è ricoperto (come già si è accennato: v. *supra*, Cap. IV, par. 2.1) dalle figure del responsabile unico del progetto (RUP) e del direttore lavori (DL).

Essi rappresentano, con modalità e funzioni diverse, la stazione appaltante nei suoi rapporti con l'impresa che esegue i lavori e hanno il compito di controllare che l'esecuzione dei lavori sia corretta e tempestiva.

Il **RUP** corrisponde alla figura del **responsabile del procedimento** prevista in linea generale dagli artt. 4 ss., l. n. 241/1990.

La normativa sui contratti pubblici gli affida funzioni in realtà non limitate alla sola fase esecutiva. Al contrario, come la sua stessa denominazione suggerisce – responsabile unico del progetto – si tratta di una figura destinata ad accompagnare tutte le serie procedimentali funzionali alla realizzazione dell'opera pubblica, comprensive della programmazione, della progettazione, dell'affidamento e, appunto, dell'esecuzione (cfr. art. 15, c. 1, d.lgs. n. 36/2023).

Il RUP è normalmente un **dipendente** di ruolo dell'amministrazione appaltante in possesso di competenze professionali adeguate e può essere affiancato da una struttura di supporto, composta anche da personale esterno specialmente qualificato.

Il RUP dirige l'esecuzione dei lavori, controllando la qualità delle prestazioni (art. 114, c. 1, d.lgs. n. 36/2023). A seconda dei casi, gli spettano compiti e poteri decisori, di vigilanza e istruttori.

Istituto tipico della sola fase esecutiva è invece quello della **direzione lavori (DL)**, prevista dall'art. 114, d.lgs. n. 36/2023.

Il direttore dei lavori è individuato dalla stazione appaltante, su proposta del RUP e, nel caso di interventi di particolare complessità, può essere coadiuvato da un ufficio di direzione dei lavori, composto da direttori operativi e ispettori di cantiere.

A lui spettano il controllo tecnico, contabile e amministrativo dell'esecuzione dell'intervento, ivi compresa l'accettazione dei materiali da impiegare, affinché i lavori siano eseguiti a regola d'arte e in conformità al progetto e al contratto.

Anche quando l'incarico sia ricoperto da professionisti esterni, la DL è pur sempre organo dell'amministrazione e rappresenta il punto di riferimento e l'interlocutore diretto dell'appaltatore presso di essa.

Il ruolo della DL consiste nella sorveglianza delle attività dell'esecutore dei lavori. Ciò può richiedere che la DL impartisca istruzioni e **ordini di servizio**, ai quali l'appaltatore è tenuto a uniformarsi (salva la possibilità e l'onere di formulare per iscritto le proprie **riserve**, nel caso in cui ne contesti i contenuti), ovvero che indirizzi segnalazioni al RUP.

Nei rapporti con quest'ultimo, il DL appare in una posizione sottordinata. Le decisioni più importanti che riguardano la fase esecutiva vedono infatti la significativa partecipazione del DL, chiamato a esprimere il suo qualificato punto di vista, ma la scelta finale spetta pur sempre al RUP ovvero alla stazione appaltante su proposta del RUP.

5.2. Avvio, svolgimento e interruzione dei lavori

L'esecuzione ha inizio con la **consegna lavori**, operazione che si svolge in contraddittorio fra le parti e attraverso la quale l'esecutore acquista la piena disponibilità dell'area destinata a ospitare il cantiere.

Della consegna si fa menzione in un apposito **verbale di consegna**.

Da tale momento inizia a decorrere il **termine** contrattualmente previsto per la conclusione dei lavori. Si tratta di un termine molto importante perché il suo eventuale superamento espone l'appaltatore a responsabilità per inadempimento e, se del caso, al pagamento di **penali** a favore della stazione appaltante.

La stazione appaltante può tuttavia disporre legittime **sospensioni dei lavori** nel caso di circostanze speciali che impediscono temporaneamente l'utile prosecuzione dei lavori (ad esempio in caso di condizioni meteorologiche avverse), ovvero per ragioni di necessità o di pubblico interesse ovvero per predisporre e approvare una perizia di variante (art. 121, d.lgs. n. 36/2023).

Lo svolgimento dei lavori, come dinanzi anticipato, è scandito da un **cronoprogramma**, il cui rispetto è verificato dalla DL.

Lo svolgimento dei lavori può subire una brusca interruzione nelle ipotesi di **scioglimento anticipato del contratto**.

Al riguardo, va ricordato che in linea di principio nel sistema del diritto privato il contratto una volta stipulato vincola le parti contraenti che non possono sciogliersi unilateralmente dagli obblighi assunti, salvo i casi previsti da specifiche disposizioni di legge (l'art. 1372, c. 1, c.c. stabilisce che «*il contratto ha forza di legge tra le parti. Non può essere sciolto che per mutuo consenso o per cause ammesse dalla legge*»). La valenza di tale principio anche nel caso in cui una parte del contratto sia un soggetto pubblico (a differenza di quanto accade, invece, nel caso degli accordi procedimentali *ex* art. 11, l. n. 241/1990, nei quali il recesso unilaterale dell'amministrazione è sempre ammesso per sopravvenute ragioni di pubblico interesse) è ribadita dall'art. 21 *sexies*, l. n. 241/1990, ai sensi del quale «*il recesso unilaterale dai contratti della pubblica amministrazione è ammesso nei casi previsti dalla legge o dal contratto*».

Proprio nella materia di lavori pubblici esiste una di tali disposizioni.

Si tratta dell'art. 123, d.lgs. n. 36/2023, il quale prevede la possibilità per la stazione appaltante di **recedere in qualunque tempo dal contratto**. In tal caso, tuttavia, l'appaltatore deve ricevere il pagamento:

a) dei lavori eseguiti;
b) del valore dei materiali utili esistenti in cantiere;

c) di un indennizzo per la mancata possibilità di svolgere i lavori mancanti, fissato in una somma pari al decimo dell'importo delle opere non eseguite.

Sempre nel sistema del diritto privato, al di fuori dell'ipotesi di recesso, il vincolo contrattuale può sempre esser sciolto attraverso *risoluzione* in determinate ipotesi, fra le quali in particolare viene in rilievo la **risoluzione per inadempimento**, che si verifica quando una delle parti del contratto viene meno agli obblighi assunti e non rispetta dunque l'accordo sottoscritto (art. 1453 ss. c.c.).

A tale previsione generale si ricollega l'art. 122, cc. 3 e 4, d.lgs. n. 36/2023, che prevede la **risoluzione del contratto** *per grave inadempimento o ritardo*, disciplinandone il relativo procedimento (relazione del DL al RUP, contestazione degli addebiti all'appaltatore, controdeduzioni, deliberazione della stazione appaltante).

Ulteriori specifiche ipotesi di risoluzione in tema di lavori pubblici sono previste:

a) *facoltativamente* (la stazione appaltante *può* risolvere il contratto), al verificarsi di situazioni gravemente incompatibili con i principi dell'evidenza pubblica (modificazioni contrattuali che avrebbero richiesto una nuova procedura di gara ovvero che determinino aumenti di prezzo oltre determinate soglie; accertamento che l'appaltatore, per i suoi precedenti penali, avrebbe dovuto essere escluso *ab origine* dalla procedura di gara ovvero che quest'ultima si era comunque svolta in modo illegittimo: cfr. art. 122, c. 1, d.lgs. n. 36/2023);

b) *obbligatoriamente* (la stazione appaltante *deve* risolvere il contratto), per ragioni connesse alla successiva condanna per gravi **reati** da parte dell'appaltatore ovvero alla decadenza dell'**attestazione di qualificazione** in conseguenza di falsificazioni o dichiarazioni mendaci (cfr. art. 122, c. 2, d.lgs. n. 36/2023).

In caso di risoluzione del contratto, come pure in caso di fallimento dell'appaltatore ovvero di dichiarazione giudiziale di inefficacia del contratto, si pone l'esigenza di portare a termine i lavori non completati. In tal caso la stazione appaltante ha, in linea di principio, la possibilità di evitare il ricorso a una ulteriore procedura di gara per la scelta del nuovo contraente e più semplicemente può tentare di sottoscrivere direttamente un ulteriore contratto rivolgendosi a tal fine, in ordine progressivo, ai soggetti che nella gara già svolta si erano classificati in graduatoria dopo l'originario vincitore (cioè, appunto, il soggetto con il quale il contratto era stato stipulato e poi risolto).

5.3. Le varianti in corso d'opera e altre modificazioni dell'oggetto del contratto

In linea generale, l'esecuzione dell'opera pubblica deve avvenire nel rispetto del progetto predisposto.

Astrattamente, si tratta di un principio che tutela sia il committente che l'appaltatore, posto che entrambi potrebbero avere interesse a non subire, per iniziativa della controparte contrattuale, modifiche progettuali rispetto a quanto originariamente pattuito.

Dal punto di vista pratico, tuttavia, la tendenziale **limitazione** delle varianti rappresenta innanzitutto un elemento di tutela della pubblica amministrazione dai rischi di incontrollato aumento della spesa preventivata, sovente determinati da comportamenti poco limpidi di pubblici amministratori e operatori economici.

Al contempo, il rispetto del progetto originario rappresenta altresì una garanzia per la concorrenza fra le imprese, che potrebbe risultare compromessa ove il soggetto vincitore della procedura a evidenza pubblica per la scelta del contraente dell'amministrazione potesse poi realizzare un'opera diversa da quella posta a base della gara.

Di qui la cautela con la quale il legislatore ammette il ricorso alle varianti.

Preliminarmente, va ricordato come si possa distinguere fra:

a) **varianti quantitative**, che lasciano inalterato il progetto dell'opera ma determinano un aumento dei costi relativi;

b) **varianti qualitative**, che modificano il progetto dell'opera, ma senza variazione del corrispettivo previsto;

c) **varianti miste**, che comprendono sia variazioni qualitative che quantitative.

Si distingue poi tra varianti in senso proprio, che si collegano comunque pur sempre all'opera originariamente prevista, e lavori extracontrattuali, nell'ipotesi contraria.

Nella prospettiva civilistica del contratto d'appalto – salvo alcune ipotesi specifiche nelle quali una delle parti del contratto può comunque pretendere le varianti – il ricorso a esse è sempre ammesso, alla sola condizione che, nel rispetto del principio consensualistico e paritetico che informa la disciplina dei contratti, entrambe le parti contraenti siano d'accordo (art. 1659 c.c.).

Nel caso dei lavori pubblici, invece, le particolari esigenze di tutela di cui s'è detto fanno sì che, in linea di principio, le varianti non siano ammesse – nemmeno se la stazione appaltante e l'operatore economico sono d'accordo – se non in casi particolari (**principio di tassatività delle varianti**).

In particolare, secondo l'art. 120, d.lgs. n. 36/2023, le modifiche al contratto – che devono comunque essere previamente autorizzate dal RUP – sono possibili esclusivamente:

a) nel caso in cui la possibilità di modifica fosse prevista a monte nei documenti di gara. Si deve trattare di previsioni chiare, precise e inequivocabili, che fissano portata, natura e condizioni di eventuali modifiche. Nel rispetto di tali parametri, le modifiche sono possibili a prescindere dal loro valore monetario, con esclusione tuttavia delle modifiche che avrebbero l'effetto di alterare la natura generale del contratto;

b) nel caso di lavori supplementari non previsti ma che si siano resi necessari, ove il cambiamento del contraente risulterebbe impraticabile per motivi tecnici o economici ovvero comporterebbe per l'amministrazione notevoli disguidi o sostanziali incrementi dei costi. In tali ipotesi le modifiche sono ammesse a condizione che l'eventuale aumento di prezzo sia contenuto entro il 50 per cento del valore del contratto iniziale;

c) nel caso di modifiche determinate da circostanze impreviste e imprevedibili per l'amministrazione, ivi compresa la sopravvenienza di nuove disposizioni normative o di provvedimenti di enti e autorità, sempre che non venga alterata la natura generale del contratto (si tratta delle *varianti in corso d'opera* in senso stretto). Anche per tali ipotesi le modifiche sono ammesse a condizione che l'eventuale aumento di prezzo sia contenuto entro il 50 per cento del valore del contratto iniziale;

d) nel caso di modifiche non sostanziali;

e) nel caso di modifiche che mantengono la struttura del contratto inalterata e il cui valore sia inferiore a quello delle soglie di rilevanza comunitaria e al 15 per centro del valore iniziale del contratto.

Al di fuori delle ipotesi anzidette, le eventuali modifiche contrattuali richiedono il ricorso a una **nuova procedura d'appalto**.

Esaminate le principali ipotesi nelle quali sono ammissibili le modificazioni, si pone l'ulteriore problema di verificare se esse richiedano comunque l'accordo di entrambe le parti o se invece se ne possa prescindere.

La risposta a tale quesito mette in evidenza la già citata compresenza, nel contratto di appalto di lavori pubblici, di profili strettamente consensualistici tipici dello strumento contrattuale e di quelli pubblicistici connessi alla natura di una delle parti contraenti.

Al riguardo, viene in particolare rilievo quanto stabilito dall'art. 120, c. 9, d.lgs. n. 36/2023, il quale prevede la possibilità della stazione appaltante di imporre all'appaltatore le variazioni «*fino a concorrenza di un quinto dell'importo del contratto*» e il conseguente obbligo dell'appaltatore di eseguire quanto richiesto senza possibilità di chiedere la risoluzione del contratto (c.d. **quinto d'obbligo**). Nel rispetto del principio consensualistico, tuttavia, tale possibilità deve essere stata espressamente prevista a monte nei documenti di gara.

5.4. Il collaudo

Il collaudo è l'attività successiva alla conclusione dei lavori attraverso la quale si verifica la corretta esecuzione, a regola d'arte, dell'opera e la sua corrispondenza rispetto a quanto previsto dal contratto e dal progetto.

Ha altresì la funzione di consentire le verifiche tecniche previste dalle normative di settore e di controllare la correttezza dei dati della contabilità dei lavori e dai documenti giustificativi.

Esso è disciplinato in via primaria dall'art. 116, d.lgs. n. 36/2023, che rinvia per i profili operativi all'Allegato II.14 al codice.

Il collaudo deve essere compiuto nei **sei mesi** successivi all'ultimazione dei lavori (**un anno** per le opere di particolare complessità) ed è affidato a un collaudatore o a una commissione di collaudo, composta di tre membri, scelti fra i dipendenti della stazione appaltante o tra quelli di altre amministrazioni pubbliche (ovvero, in caso di accertate carenze, a professionisti esterni) in possesso di specifici requisiti professionali e di elevata e specifica qualificazione in relazione ai lavori da verificare.

Sono previste rigide incompatibilità in capo ai collaudatori. In particolare, tra l'altro:

a) non devono avere svolto alcuna funzione di controllo, verifica, progettazione, approvazione, autorizzazione, vigilanza o direzione dei lavori sottoposti al collaudo;

b) non devono avere avuto nell'ultimo triennio rapporti di lavoro o di consulenza con il soggetto che ha eseguito i lavori;

c) non possono fare parte di organismi che abbiano funzioni di vigilanza, di controllo o giurisdizionali.

L'attività di verifica e controllo svolta dai collaudatori – in costante contraddittorio con l'appaltatore – deve essere formalizzata in un apposito **certificato di collaudo**.

Il certificato ha carattere provvisorio fino a quando non intervenga l'approvazione da parte della stazione appaltante.

L'**approvazione** è l'atto con il quale la stazione appaltante fa proprie le conclusioni espresse dal collaudatore ed esprime la volontà di accettare l'opera, con effetto liberatorio sull'appaltatore.

Si tratta di un risultato non necessariamente scontato: fino a quando non abbia proceduto all'approvazione, infatti, la stazione appaltante ha la possibilità di procedere a un nuovo collaudo.

L'approvazione si intende comunque tacitamente rilasciata se la medesima stazione appaltante non si pronuncia entro il termine di due anni e due mesi dall'emissione del certificato di collaudo.

Nel caso di lavori di importo inferiore alla soglia europea, è possibile il ricorso a un documento semplificato, il **certificato di regolare esecuzione**, frutto di una verifica semplificata, rimessa direttamente al direttore dei lavori.

In particolare, per i lavori di importo pari o inferiore a 1 milione di euro, alla stazione appaltante è sempre riconosciuta la facoltà di sostituire il certificato di collaudo con quello di regolare esecuzione. Per i lavori di importo superiore a 1 milione di euro (ma inferiore alla soglia di rilevanza comunitaria), il certificato di collaudo può essere sostituito dal certificato di regolare esecuzione nei casi espressamente individuati dalla legge. L'emissione del certificato di regolare esecuzione deve intervenire non oltre tre mesi dalla data di ultimazione dei lavori.

Bibliografia essenziale

A. Cancrini-F. Casadei, *La fase di esecuzione del nuovo Codice dei contratti pubblici*, EPC, Roma, 2023; F. Caringella, *Manuale dei contratti pubblici*, Dike, Roma, 2019; F. Caringella-P. Mantini-M. Giustiniani, *Il nuovo diritto dei contratti pubblici*, Dike, Roma, 2016; S. Cattaneo, *Pianificazione urbanistica, edilizia ed espropriazione*, Giuffrè, Milano, 2009; R. Chieppa-M. Santise-H. Simonetti-R. Tuccillo, *Il nuovo codice dei contratti pubblici*, La Tribuna, Piacenza, 2023; M.L. Chimenti, *Nuovo diritto degli appalti*, Nel diritto, Roma, 2016; A. Cianflone-G. Giovannini, *L'appalto di opere pubbliche*, Giuffrè, Milano, 2012; C. Contessa, *Il contenzioso e la giurisprudenza in materia di appalti pubblici*, La Tribuna, Piacenza, 2020; M.G. Creta-M. Paradisi, *L'esecuzione dei lavori pubblici*, Experta, Forlì, 2006; A. Crosetti, *La disciplina delle opere pubbliche*, Maggioli, Rimini, 2007; A. Crosetti-A. Police-M. Spasiano, *Diritto urbanistico e dei lavori pubblici*, Giappichelli, Torino, 2007; R. De Nictolis, *Manuale degli appalti pubblici*, EPC Libri, Roma, 2008; R. Garofoli-G. Ferrari, *Codice dell'espropriazione e della perequazione urbanistica*, Nel diritto, Roma, 2013; R. Garofoli-G. Ferrari, *La nuova disciplina degli appalti pubblici*, Nel diritto, Roma, 2016; R. Garofoli-G. Fer-

RARI, *Manuale dei contratti pubblici*, Neldiritto Editore, Molfetta, 2023; A. MASSARI, *Guida al nuovo codice dei contratti pubblici*, Maggioli, Rimini, 2016; F. MASTRAGOSTINO, *Diritto dei contratti pubblici*, Giappichelli, Torino, 2017; G.C. MENGOLI, *Manuale di diritto urbanistico*, Giuffrè, Milano, 2009; M.A. SANDULLI-R. DE NICTOLIS-R. GAROFOLI, *Trattato sui contratti pubblici*, Giuffrè, Milano, 2008; P. SANTORO, *Manuale dei contratti pubblici*, Maggioli, Rimini, 2006.

Capitolo VI

L'AFFIDAMENTO DEI LAVORI PUBBLICI

di *Leopoldo Zuanelli Brambilla*

1. L'attività negoziale della pubblica amministrazione, l'evidenza pubblica e i principi generali

All'evidenza pubblica si è già accennato nei capitoli che precedono (cfr. *supra*, Cap. IV e Cap. V). Occorre ora chiarire il concetto e contestualizzarlo all'interno del tema oggetto di esame in questa partizione, con l'aiuto di un esempio.

Allo scopo di fornire ai propri atleti una vasca olimpionica dove allenarsi e disputare gare federali, l'assemblea di una associazione sportiva dilettantistica delibera di costruire un impianto natatorio. Accantonata una somma di denaro pari al prezzo dell'opera da realizzare, i lavori vengono affidati ad un imprenditore edile della zona, che gli associati conoscono bene perché appassionato nuotatore, il quale ricambia il favore applicando un forte sconto.

Il contratto con il quale l'imprenditore (chiamato in questo contesto *appaltatore*) assume, in cambio di un corrispettivo in denaro, il compimento dei lavori su incarico dell'associazione (che si usa allora chiamare *committente*), in virtù del quale l'organizzazione dei mezzi necessari e la gestione operativa ricadono a proprio rischio, prende il nome di **contratto di appalto**. Al rapporto negoziale in tal modo individuato si applicano le norme di diritto privato previste dal codice civile (e in particolare gli artt. 1655 ss.), così come la giurisdizione deputata a risolvere eventuali controversie inerenti alla formazione o alla esecuzione del contratto è quella del giudice ordinario (nella fattispecie il *giudice civile*).

Anche una amministrazione comunale vorrebbe costruire una piscina lunga 50 metri, con annesse vasche per i tuffi e il riscaldamento, perché all'interno del proprio territorio non ne esistono e la collettività ha espresso in più occasioni l'urgenza di una tale opera, la quale potrebbe peraltro essere destinata ad ospitare manifestazioni di rilievo, oltre che corsi e attività rivolti indistintamente a tutta la cittadinanza. Pure in questa fattispecie i rapporti giuridici tra il Comune (il quale in tali contesti prende il nome di *stazione appaltante*) e l'operatore economico che realizzerà i lavori (il quale mantiene la denominazione di *appaltatore*) possono essere regolati da un contratto d'appalto, disciplinato da clausole molto simili a quelle che si applicano ai contratti tra privati: modalità di esecuzione dei lavori, consegna, vizi e simili. In questo modo, la pubblica amministrazione cura gli interessi pubblici che le sono affidati (nell'esempio ora visto, la pratica di attività sportiva da parte della popolazione) attraverso gli stessi **strumenti negoziali** a disposizione dei cittadini.

I contratti tramite i quali le autorità amministrative si procurano le cose di cui hanno bisogno (o, come si usa dire in questi casi, le *forniture*), dagli arredi per gli uffici alle autoscale per i Vigili del Fuoco, o realizzano i lavori e i servizi che si rendono necessari, dalle piscine alla ristorazione collettiva, come quella offerta dagli atenei ai propri studenti, rientrano in ciò che si è soliti definire **attività negoziale della p.a.**, appunto perché ciò che regola una determinata situazione giuridica non è (soltanto) un provvedimento amministrativo, nel quale l'ente pubblico agisce come autorità, ma un contratto di diritto comune, nella cui cornice l'amministrazione è equiparata, con le necessarie precisazioni che si vedranno, ad un soggetto di diritto privato.

Tuttavia, volendo concludere l'esempio dal quale si è partiti, il Comune non può decidere di stipulare senz'altro un contratto di appalto di lavori con l'impresa del caso precedente, solo perché il titolare di questa abbia realizzato altre strutture di qualità in passato e nemmeno perché arrivi a proporre un prezzo particolarmente favorevole. Così facendo, infatti, la p.a. verrebbe meno ad uno dei principi cardine dell'attività amministrativa, che è il **principio di imparzialità** (ora codificato all'art. 97

Cost. in endiadi con quello di buon andamento), il quale impone, tra il resto, il divieto di favoritismi, discriminazioni e preferenze; è quindi necessario che la scelta del contraente si basi su altri profili e venga effettuata all'esito di un procedimento definito dalla legge.

Per questo motivo, già dal Regno d'Italia esistono nel nostro ordinamento **regole di diritto amministrativo** (si vedano per esempio il r.d. 18 novembre 1923, n. 2440, e il relativo regolamento di esecuzione, n. 827/1924 di Vittorio Emanuele III, entrambi sull'amministrazione del patrimonio e sulla contabilità generale dello Stato), in base alle quali i contratti che una amministrazione voglia stipulare per la realizzazione di lavori pubblici devono essere *preceduti* da un procedimento amministrativo nel corso del quale la stazione appaltante rende pubblica l'intenzione di realizzare una data opera, manifesta i requisiti che chi vuole realizzarla deve possedere, specifica i criteri di valutazione delle proposte e infine decide a quale dei soggetti partecipanti affidare i lavori. Si usa definire tali atti ed attività con l'espressione ***procedure ad evidenza pubblica*** (cfr. Cap. IV), volendo con ciò appunto significare l'intenzione – da un lato – di rendere trasparente e accessibile a chi ne ha interesse l'intero procedimento che precede la stipula del contratto e – dall'altro – di individuare il contraente privato in modo oggettivo, nel rispetto di una serie di principi, primo tra tutti, appunto, quello di imparzialità. Ciò che cambia, dunque, rispetto al caso della piscina voluta da un privato, è che in questi casi prima di addivenire al contratto d'appalto vero e proprio – il quale, come anticipato, ha contenuti sostanzialmente analoghi a quelli tratteggiati dal codice civile – vi è una fase prettamente di diritto amministrativo, prevista dalla legge in ossequio ai principi costituzionali e alle regole del diritto europeo, che non è presente nei contratti stipulati direttamente da persone fisiche o giuridiche di diritto privato.

In queste situazioni, peraltro, le attività svolte dalle pubbliche amministrazioni sono, secondo il tradizionale insegnamento della dottrina, esercizio di **poteri gestionali**, più che di poteri autoritativi veri e propri. Siffatti poteri corrispondono, come si è visto, ad attività che anche i soggetti privati possono compiere, con la differenza che esse acquisiscono natura pubblicistica qualora a realizzarle sia una amministrazione. In tali casi, dunque, pur adottando atti di natura non autoritativa, la p.a. non agisce in ossequio a regole di diritto comune: ne deriva, come si vedrà più avanti, che eventuali vizi all'interno del procedimento ad evidenza pubblica sono devoluti alla cognizione del *giudice amministrativo*.

Se è vero che nell'ordinamento italiano le norme che disciplinano le procedure ad evidenza pubblica risalgono a svariati anni fa (e tuttavia sono ancora oggi, almeno in parte, in vigore), va nondimeno registrato come da tempo sia il **diritto dell'Unione europea** ad esercitare un ruolo determinante per ciò che concerne tanto i principi generali quanto le procedure da seguire.

Con riferimento ai **principi generali**, in primo luogo già il Trattato di Roma (1957), istitutivo della CEE, faceva riferimento ad un mercato comune, ora mercato unico, che ha comportato la creazione di uno spazio economico uniforme e la garanzia della libera circolazione delle merci, delle persone, dei servizi e dei capitali (c.d. **quattro libertà fondamentali economiche**), realizzata attraverso la graduale eliminazione degli ostacoli e delle barriere (cfr., ad esempio, gli artt. 28-37 del Trattato sul funzionamento dell'Unione europea – TFUE, sulla libera circolazione delle merci, o gli artt. 56-62 TFUE, in materia di prestazione libera di servizi). Queste norme mirano a garantire, da un lato, che il mercato sia in regime di *libera concorrenza*, all'interno del quale, quindi, non vi siano situazioni di monopolio da parte di uno o più operatori economici e, dall'altro, che siano rispettati il *principio della parità di trattamento* e il *divieto di discriminazione*, permettendo così che tutti gli interessati possano partecipare, alle medesime condizioni, alle procedure di affidamento, senza che la stazione appaltante possa legittimamente imporre il possesso di requisiti diversi in funzione, ad esempio, della cittadinanza dell'imprenditore o della sede legale dell'impresa. Alla pubblica amministrazione, in aggiunta, come del resto anche ai giudici degli Stati membri dell'UE, è imposto di *disapplicare* le norme interne qualora siano in contrasto con quelle approvate dalle istituzioni europee: in tali termini è famosa, tra le altre, la sentenza *Fratelli Costanzo* della Corte di giustizia dell'Unione europea (C-103/88).

In secondo luogo, viene in risalto il **principio di trasparenza**, finalizzato alla *comprensione* dell'azione amministrativa attraverso lo stile, il contenuto e la qualità delle informazioni detenute da una pubblica amministrazione: esso mira a garantire una attività amministrativa non eccessivamente complessa per il cittadino, ma che anzi permetta a quest'ultimo di capire ciò che l'amministrazione intende raggiungere per il tramite dei propri atti. Tale principio ha vari corollari: in prima battuta il principio di *pubblicità*, inteso come l'apertura e la rilevanza verso l'esterno dell'attività delle pubbliche amministrazioni (è grazie a tale criterio, ad esempio, che è stato codificato il diritto di accesso ai documenti amministrativi e, più in generale, ai dati e alle informazioni detenuti dalle amministrazioni); in secondo luogo, il diritto degli interessati di *partecipare ai procedimenti* e l'obbligo per le amministrazioni di *motivare i provvedimenti*. Queste regole generali di condotta (sulle quali si veda, a livello nazionale, su tutte, la nostra legge che si applica normalmente ai procedimenti amministrativi: l. n. 241/1990) sono ora contenute, in ambito sovranazionale, anche nell'art. 41 della *Carta dei diritti fondamentali dell'Unione europea* (solennemente proclamata, la prima volta, nel 2000), rubricato *Diritto ad una buona amministrazione*. La c.d. Carta di Nizza è di particolare importanza e ha natura non solo programmatica, dato che con l'entrata in vigore del Trattato di Lisbona (2007) ha acquisito lo stesso valore giuridico dei trattati dell'Unione europea.

Infine, vi sono **altri principi** il cui rispetto è richiesto alle stazioni appaltanti durante le fasi del procedimento ad evidenza pubblica: si tratta, in prima battuta, dei principi di economicità ed efficacia (oltre a quelli derivanti dall'ordinamento comunitario visti sopra) contenuti all'art. 12 del cosiddetto **Codice dei contratti pubblici** (d.lgs. 31 marzo 2023, n. 36), già oggetto di inquadramento (cfr. Cap. IV), che di fatto rinvia ai principi tipici dei procedimenti amministrativi. Il principio di *economicità* mira all'utilizzo ottimale delle risorse nello svolgimento della procedura di selezione del contraente, mentre quello di *efficacia* tende a garantire la congruità degli atti delle amministrazioni rispetto al perseguimento dello scopo e dell'interesse pubblico cui sono preordinati.

In seconda battuta va rilevato che il Codice del 2023, anche su impulso dell'Unione europea, ha introdotto ulteriori principi. Alcuni di essi sono **inediti**, come il *principio di risultato* (art. 1), secondo il quale l'azione della p.a. è volta a raggiungere l'affidamento del contratto e la sua esecuzione con la massima tempestività e il migliore rapporto possibile tra qualità e prezzo, quale attuazione del principio del buon andamento della pubblica amministrazione; ovvero il *principio della fiducia* (art. 2), in base al quale i poteri in materia di contratti pubblici sono esercitati sulla reciproca fiducia nell'azione legittima, trasparente e corretta dell'amministrazione e degli operatori economici; ovvero infine i *principi di solidarietà e di sussidiarietà orizzontale* (art. 6), secondo cui in attività di valenza sociale la p.a. non è obbligata a stipulare contratti pubblici, ma può utilizzare modelli organizzativi di amministrazione condivisa con gli enti del Terzo settore (come le associazioni di volontariato).

Altri sono invece **già noti** nel nostro ordinamento: in particolare il *principio di accesso al mercato* (art. 3), in virtù del quale le pubbliche amministrazioni garantiscono ai privati idonee possibilità di fare ingresso nel mercato, nel rispetto tra gli altri del principio di concorrenza; oppure i *principi di buona fede e tutela dell'affidamento* (art. 5), che si traducono in un generale dovere di correttezza dell'amministrazione, a tutela dei soggetti con i quali interagisce; oppure ancora il *principio di autonomia contrattuale* (art. 8), in ragione del quale nel perseguire le proprie finalità istituzionali le pubbliche amministrazioni possono concludere qualsiasi contratto, anche gratuito, salvi i divieti espressamente previsti dalla legge. Per quanto inerisce alle **procedure ad evidenza pubblica**, invece, le norme in materia – e in particolare, ai fini che qui interessano, la direttiva 2014/24/UE e il Codice dei contratti pubblici – identificano i contratti di appalto o di concessione sulla base del loro importo. Se, nel caso di opere pubbliche, questo è pari o superiore a **5.538.000 euro** (IVA e tasse escluse), il contratto è detto "**sopra soglia**", in quanto raggiunge il limite stabilito dal legislatore a partire dal quale un appalto assume rilevanza per il diritto dell'Unione europea e ad esso si applica la normativa, di origine europea e di recepimento nazionale, che sarà esaminata nei paragrafi che seguono. Se invece l'importo è inferiore a tale ammontare, si usa definire il contratto "**sotto soglia**", per significare che esso è regolato esclusivamente da norme nazionali, come le disposizioni del Codice espressamente dedicate a tali affidamenti (cfr. artt. 48 ss.), su cui si ritornerà più avanti, nel par. 5, ed eventualmente da regole stabilite dalle Regioni o dalle Province autonome.

Tale distinzione, invero, ha perduto, nel corso degli anni, buona parte del suo valore originario. Da una parte, infatti, il legislatore nazionale ha esteso anche alle commesse sotto soglia parte delle regole di matrice comunitaria e gli stessi principi fissati per gli affidamenti sopra soglia; dall'altro, come più volte affermato dalla Corte di giustizia dell'Unione europea, a questi procedimenti si applicano comunque le norme fondamentali e i principi generali del TFUE – e segnatamente i principi di parità di trattamento e non discriminazione a motivo della nazionalità nonché l'obbligo di trasparenza che ne deriva a tutela della concorrenza – qualora siffatti appalti presentino un **carattere transfrontaliero certo**, tenuto conto di determinati criteri oggettivi, quali l'importanza economica e la tecnicità dell'intervento, il luogo dell'esecuzione e le caratteristiche del settore interessato (cfr., tra le varie, CGE, 22 ottobre 2015, *Edilux srl*, C-425/14).

Le soglie comunitarie

Le soglie comunitarie, come si è detto, identificano le procedure ad evidenza pubblica che l'Unione europea ritiene rilevanti (al punto tale da valicare i confini nazionali e acquisire una sorta di *carattere transfrontaliero*), sì che gli atti principali di tali procedimenti sono pubblicati, oltre che nelle forme previste da ciascuno Stato membro, anche nella Gazzetta ufficiale dell'Unione europea (G.U.U.E.), in modo che tutti gli operatori del mercato potenzialmente interessati ne siano informati e possano partecipare alla procedura. Naturalmente, siccome un appalto può avere ad oggetto un'opera (come la costruzione di un ospedale), ma anche un servizio (quale la raccolta dei rifiuti) oppure una fornitura (ad esempio di carburante per i veicoli di polizia), esistono diverse soglie (quella citata di 5,538 milioni vale per le opere pubbliche e le concessioni, mentre per i servizi e le forniture il limite è molto più basso ed è pari attualmente a 221 mila euro, salvi i casi in cui l'amministrazione sia un'autorità governativa centrale, per cui la soglia scende a 143 mila euro, senza peraltro considerare i settori speciali).

Questi importi, previsti dalle direttive in materia di appalti del 2014, **non sono immutabili**. Anzi, dette fonti prevedono che ogni due anni la Commissione europea, normalmente con regolamento delegato, aggiorni le soglie comunitarie, per adeguarle all'Accordo sugli appalti pubblici (AAP) firmato a Marrakech (Marocco) il 15 aprile 1994, di cui anche l'UE è parte. Le modifiche così approvate hanno da subito effetto in tutti gli Stati membri, senza che siano necessari atti interni di recepimento. È comunque importante ribadire come si tratti di importi **imponibili**, al netto cioè di ogni tassa, imposta o onere previdenziale: solo in questo modo questi valori possono essere effettivamente uguali in tutta l'UE, dal momento che i regimi di tassazione variano da Stato a Stato.

Si noti infine che, per i soli contratti di *importo inferiore* alla soglia comunitaria, il Codice richiede alle stazioni appaltanti anche il rispetto del **principio di rotazione degli affidamenti**, che impone alla p.a. che voglia bandire una nuova procedura di non coinvolgere il soggetto che ha vinto l'appalto precedente, con ciò volendo impedire il consolidarsi di rapporti economici solo con alcuni operatori, ma anzi auspicando che la possibilità di essere affidatari di un contratto pubblico sia assicurata a tutti, in particolare alle micro, piccole e medie imprese (che hanno mezzi e risorse inferiori rispetto ad una grande società), pur nel rispetto degli altri principi appena visti. Il rischio sotteso a questo meccanismo, tuttavia, è che vengano lesi altri valori di rango primario: ossia che l'amministrazione, pur di applicare una certa rotazione tra gli affidatari dei lavori pubblici, finisca per agevolare un soggetto nuovo ma poco qualificato al posto del precedente appaltatore – magari in possesso di più referenze – e quindi per ledere la concorrenza ed essere, in definitiva, *di parte*.

2. Le parti delle procedure per l'affidamento dei lavori e la loro disciplina positiva

2.1. La stazione appaltante

Secondo il Codice dei contratti pubblici del 2023, la stazione appaltante è la *persona giuridica*, nella maggior parte dei casi di diritto pubblico, la quale affida ad un operatore economico l'effettuazione di lavori (come anche l'esecuzione di servizi o la fornitura di beni) in cambio di una controprestazione, di solito pecuniaria, definita nel contratto e che è comunque tenuta, nella scelta del contraente, al rispetto del Codice (cfr. Allegato I.1, art. 1, c. 1, lett. *a*). In termini più precisi, come si vedrà, si suole dire che la stazione appaltante *aggiudica* i lavori al soggetto vincitore all'esito di una procedura ad evidenza pubblica, seguendo i criteri indicati dalla legge.

Nel Codice precedente, quello del 2016, era prevista una puntuale ripartizione delle stazioni appaltanti in tre distinti raggruppamenti, che riprendevano in parte la formulazione delle direttive europee del 2014. Il Codice dei contratti pubblici del 2023 ha preferito riferirsi, più in generale, al concetto di stazione appaltante, non presente nei testi delle direttive, che comprende:

a) le *amministrazioni dello Stato* (come i Ministeri, l'Agenzia delle Entrate, l'Avvocatura dello Stato), gli *enti pubblici territoriali* (ad esempio i Comuni, le Città metropolitane, le Regioni), gli *enti pubblici non economici e non territoriali* (quali l'INPS, il CONI e l'Automobile Club d'Italia), gli *organismi di diritto pubblico* (già affrontati al Cap. IV, tra i quali si possono ricordare i Consorzi di bonifica, l'ENAC e l'ANAS), nonché le *associazioni*, le *unioni* o i *consorzi costituiti dai soggetti appena richiamati* (si pensi alle Unioni di Comuni, di cui al d.lgs. n. 267/2000, per l'esercizio in forma associata di determinate attività);

b) le amministrazioni, le imprese pubbliche e, più in generale, tutti i soggetti che svolgono una o più attività nei c.d. *settori speciali* (ovvero quelli che hanno ad oggetto gas ed energia termica, elettricità, acqua, servizi di trasporto, porti ed aeroporti, servizi postali, estrazione di gas o combustibili solidi, disciplinati nel Libro III del Codice, in recepimento della direttiva 2014/25/UE) ed operano in virtù di diritti speciali o esclusivi concessi loro dall'autorità amministrativa competente;

c) i soggetti – normalmente privati, come le società o le imprese – che, a seguito di un accordo diverso dal contratto di appalto o dal contratto di concessione (e in particolare nei casi di *partenariato pubblico-privato*, che si vedranno nei parr. 4 ss.), sono destinatari di fondi o sono comunque tenuti all'osservanza delle norme del Codice.

Il concetto di stazione appaltante che ne deriva è quindi piuttosto ampio e di certo non assimilabile a quello di ente pubblico così come inteso nella accezione del diritto italiano. In realtà, a livello comunitario, la nozione di pubblica amministrazione si allarga o si restringe a seconda delle regole che disciplinano una certa materia, sulla base del **principio dell'effetto utile** (cfr. art. 4, c. 3, Trattato sull'Unione europea), a tenore del quale le norme giuridiche dell'UE devono essere interpretate, di preferenza, affinché si realizzino gli scopi che esse intendono raggiungere (cfr., in particolare, CGE, 12 luglio 1990, *Foster c. British Gas*, C-188/89).

Come già si è visto, la *ratio* di una simile scelta legislativa è – con riferimento al settore degli appalti – di *estendere* il più possibile l'ambito di applicazione delle regole europee, anche a quelle persone giuridiche di diritto privato (o di diritto pubblico) che per il diritto nazionale non sarebbero soggette al rispetto degli obblighi in punto di evidenza pubblica e quindi potrebbero, come in effetti avveniva in passato, aggiudicare i lavori senza particolari formalità, a discapito, oltretutto, del principio di libera concorrenza all'interno del mercato unico europeo.

Per quanto riguarda il diritto italiano, in ogni caso, un *elenco aggiornato* di tutte le amministrazioni pubbliche, centrali e locali, comprensivo degli enti nazionali di previdenza e assistenza, è pubblicato annualmente a cura dell'ISTAT, ai sensi della legge di contabilità e finanza pubblica n. 196/2009. Inoltre, per effetto del d.l. n. 179/2012 (convertito con l. n. 221/2012), presso l'**Autorità nazionale anticorruzione** (ANAC) è stata istituita l'**anagrafe unica delle stazioni appaltanti** (AUSA), alla quale devono essere iscritte tutte le amministrazioni che aggiudicano contratti pubblici di lavori, servizi e forniture, le quali sono anche tenute ad aggiornare annualmente i rispettivi dati identificativi. In caso di mancata iscrizione alla banca dati o di mancato aggiornamento periodico delle informazioni, le sanzioni previste sono la *nullità* degli atti adottati e la *responsabilità amministrativa e contabile* dei funzionari responsabili (art. 33 *ter*, c. 1, d.l. n. 179/2012). Ciascuna stazione appaltante individua un responsabile dell'anagrafe unica (RASA), con il compito di verificare ed aggiornare le informazioni presenti nella banca dati, comprese quelle in materia di anticorruzione e trasparenza previste dalla legge.

Il Codice dei contratti pubblici, agli artt. 62-63, ha reso operativo – ed è questa probabilmente la novità più rilevante in argomento – un **sistema di qualificazione delle stazioni appaltanti**: sempre presso ANAC è infatti tenuto un elenco, suddiviso in tre livelli, delle stazioni appaltanti *qualificate*, che sono autorizzate a concludere contratti di valore superiore a 500 mila euro. Vi sono iscritti *di diritto* alcuni soggetti pubblici (come il Ministero delle Infrastrutture e dei trasporti, l'Agenzia del Demanio e CONSIP), mentre tutte le altre stazioni appaltanti possono essere incluse nell'elenco, *a domanda*, a condizione che risultino in possesso di determinati requisiti inerenti al personale disponibile, alle competenze acquisite e alla professionalità dimostrata. Qualora non li possedessero, tali stazioni appaltanti dovranno ricorrere all'aiuto di altri soggetti qualificati, facendo svolgere a loro le relative procedure.

La funzione principale di tale elenco è di valutare le *capacità tecniche, amministrative e gestionali* delle stazioni appaltanti, così che ciascun soggetto indìca gare e sia capace di controllare l'esecuzione di contratti in relazione alle effettive capacità possedute. Queste capacità sono indicate dal Codice (cfr. Allegato II.4, art. 4) e la qualificazione ottenuta è oggetto di revisione ogni due anni. In particolare, la valutazione ha ad oggetto l'entità e la formazione del personale, il numero di procedure svolte e l'assolvimento degli obblighi di legge in materia di trasparenza. Le funzioni di gestione e controllo sono affidate all'ANAC, che non permette alle amministrazioni non qualificate di avviare procedure per le quali sia richiesta l'iscrizione al registro.

Il Ministero delle Infrastrutture e dei trasporti

In aggiunta all'ANAC, di cui già si sono delineati i profili essenziali nelle precedenti partizioni del testo, un ruolo chiave nelle procedure ad evidenza pubblica (o dei contratti pubblici, come si è soliti definire il settore degli affidamenti di lavori, servizi e forniture da parte delle stazioni appaltanti) è rivestito dal Ministero delle Infrastrutture e dei trasporti (MIT), in particolare da una delle sue articolazioni: la Direzione generale per la regolazione dei contratti pubblici e la vigilanza sulle grandi opere.

Spettano infatti a tale dicastero, ai sensi del decreto del Presidente del Consiglio dei Ministri 11 febbraio 2014, n. 72, sia le **funzioni di indirizzo e regolazione** nazionale in materia (per definire, ad esempio, le norme tecniche di settore, le regole di attuazione dei Codice dei contratti pubblici o gli schemi tipo dei contratti veri e propri) che quelle di **coordinamento delle norme interne con quelle approvate in sede europea**, per evitare che le prime siano in contrasto con le seconde, le quali – come vuole il principio di supremazia del diritto comunitario – sono di rango sovraordinato. Nello svolgimento di queste attività, è molto frequente che il Ministero si trovi a dialogare, scambiare informazioni e raggiungere intese in rappresentanza del Governo con l'Autorità nazionale anticorruzione (ANAC): è per questo motivo che il decreto sopra citato affida la gestione dei rapporti con tale autorità indipendente alla competenza, appunto, del MIT.

Ma è anche lo stesso Codice dei contratti pubblici ad individuare nel Ministero delle Infrastrutture e dei trasporti, in collaborazione con le Regioni e le Province autonome, il garante di una serie di norme finalizzate soprattutto alla **pubblicità** di alcuni atti. In particolare, è previsto che il MIT debba mettere a disposizione un portale internet e ANAC una Banca dati nazionale dei contratti pubblici, nei quali devono essere pubblicati alcuni documenti di programmazione, della procedura ad evidenza pubblica vera e propria e della fase di esecuzione: su questo cfr. gli artt. 19 ss. del Codice.

2.2. Gli operatori economici e i requisiti richiesti per la partecipazione alle procedure

Ai sensi del Codice dei contratti pubblici (Allegato I.1, art. 1, c. 1, lett. *l*), si definiscono **operatori economici** le persone o gli enti, anche senza scopo di lucro, che, a prescindere dalla forma giuridica e dalla loro natura pubblica o privata, possono offrire sul mercato la realizzazione di opere o lavori pubblici (come anche la fornitura di prodotti o la prestazione di servizi) corrispondenti a quelli oggetto della procedura di evidenza pubblica. Di queste figure già si è detto nei Cap. IV e V, quindi in questa sede non resta che aggiungere qualche elemento ulteriore.

Alle procedure di affidamento dei lavori possono dunque partecipare, in primo luogo, gli **imprenditori individuali**, anche artigiani, e le **società**, anche cooperative; ma molto più spesso il singolo imprenditore o la sola società non possiedono *tutti* i requisiti richiesti per gli appalti di opere di particolare complessità: è perciò frequente, in secondo luogo, che vari soggetti si raggruppino, temporaneamente o stabilmente, per la realizzazione dei lavori richiesti dalla stazione appaltante (art. 68, c. 1, del Codice).

È questo il caso dei ***consorzi*** *tra società cooperative di produzione e lavoro* (di cui alla l. n. 422/1909), dei *consorzi tra imprese artigiane* (l. n. 443/1985), dei *consorzi stabili* (tra imprenditori individuali, anche artigiani, società commerciali, società cooperative di produzione e lavoro, formati da non meno di tre consorziati per un periodo di tempo non inferiore a cinque anni), dei *consorzi ordinari* di concorrenti (*ex* art. 2602 c.c.), delle *aggregazioni* tra le imprese aderenti al **contratto di rete** (di cui al d.l. n. 5/2009, convertito dalla l. n. 33/2009), dei contratti di ***gruppo europeo di interesse economico*** (codificati dal d.lgs. n. 240/1991) e infine dei ***raggruppamenti temporanei* di concorrenti** (RTI o ATI, associazioni temporanee di imprese). Quest'ultima, nella pratica, è la fattispecie più ricorrente: viene creato un gruppo di operatori economici (formato da imprenditori individuali, società o consorzi) i cui componenti, al fine di partecipare alla procedura, danno mandato ad uno di essi di rappresentare l'intera formazione nei confronti della stazione appaltante, rendendosi disponibili ad eseguire il contratto congiuntamente. Oppure, come accade molto più di frequente, questo gruppo non esiste ancora come entità giuridica (si parla infatti di *raggruppamento non costituito*) e allora tutti i componenti si impegnano formalmente a crearlo in caso di vittoria della gara.

Anche con riferimento alla *nozione di operatore economico* l'interpretazione fornita dal legislatore (e dai giudici dell'UE) è piuttosto estensiva, per cui pure in tale ambito valgono gli stessi ragionamenti operati nel paragrafo precedente. E, infatti, uno degli obiettivi delle direttive europee in materia di contratti pubblici è costituito, come si è ricordato, dall'apertura alla concorrenza nella misura più ampia possibile, sia nell'interesse dei soggetti che possono partecipare al procedimento sia nell'interesse stesso dell'amministrazione, la quale disporrà di ampi margini di scelta dell'offerta più vantaggiosa e più rispondente ai bisogni della collettività interessata (cfr., ad esempio, CGE, 23 dicembre 2009, *Conisma c. Regione Marche*, C-305/08).

Sulla base di queste premesse, la Corte di giustizia dell'Unione europea ha affermato, tra l'altro, che la disciplina in materia di appalti si applica anche nei casi in cui il soggetto con cui un'amministrazione intenda concludere un contratto sia *a sua volta* una stazione appaltante (cfr. CGE, 11 gennaio 2005, *Stadt Halle*, C-26/03). Analogamente, alle procedure ad evidenza pubblica possono partecipare anche i candidati autorizzati – in base alla normativa dello Stato membro nel quale sono *stabiliti* – ad erogare il servizio in questione, anche se non possiedono la forma giuridica corrispondente ad una determinata categoria di persone giuridiche (cfr. CGE, 18 dicembre 2007, *Frigerio*, C-357/06). Infine, il diritto europeo non richiede che il soggetto che stipula un contratto con un'amministrazione aggiudicatrice sia in grado di realizzare *direttamente* con mezzi propri la prestazione pattuita perché il medesimo possa essere qualificato come imprenditore, ossia come operatore economico: è infatti sufficiente che questi abbia la possibilità di *far eseguire* la prestazione di cui si tratta, indipendentemente dal fatto di essere un soggetto di diritto privato o di diritto pubblico (in questi termini CGE, 12 luglio 2001, *Ordine degli Architetti*, C-399/98).

Se quindi gli operatori economici così individuati possono partecipare alle procedure di affidamento avviate dalle stazioni appaltanti, un catalogo di regole dettate dal Codice dei contratti pubblici stabilisce però stringenti *requisiti* che i concorrenti devono possedere con riferimento a profili di carattere morale, di idoneità professionale e di capacità economico-finanziaria e tecnico-professionale, i quali facciano presumere l'affidabilità che la legge e la stazione appaltante si aspettano dal partecipante.

Con riferimento ai **requisiti morali**, sono esclusi dai procedimenti ad evidenza pubblica gli operatori economici che abbiano riportato *condanne penali irrevocabili* per reati di stampo mafioso o comunque riconducibili ad una organizzazione criminale (come l'art. 416 c.p., che punisce l'associazione per delinquere), per delitti contro la p.a., in particolare quelli integrati dai pubblici ufficiali (come nel caso di corruzione per un atto contrario ai doveri d'ufficio, *ex* art. 319 c.p.) o dai privati nei confronti dell'amministrazione stessa (ad esempio la turbata libertà delle procedure di gara, prevista dall'art. 353 c.p., o anche solo del procedimento di scelta del contraente, di cui all'art. 353 *bis* c.p.), oppure ancora per gli illeciti commessi con finalità di terrorismo, riciclaggio di proventi di attività criminose o sfruttamento del lavoro minorile (si vedano, in proposito, gli artt. 270 *bis* e 648 *bis* c.p. e il d.lgs. n. 24/2014). Ancora, non possono essere ammessi a partecipare gli operatori che siano stati inibiti dal giudice penale della capacità di contrattare con le pubbliche amministrazioni, né quelli che abbiano commesso violazioni gravi, definitivamente accertate, degli obblighi relativi al *pagamento di tasse, imposte o contributi previdenziali* (ovvero per importi superiori a 5.000 euro). Da ultimo – e tra le molte fattispecie previste dagli artt. 94 e 95 del Codice – sono incompatibili con la partecipazione alle procedure di affidamento: le infrazioni gravi e documentate alle norme in materia ambientale e sulla salute e sicurezza sui luoghi di lavoro; lo stato di liquidazione giudiziale, coatta o di concordato preventivo; la presenza di gravi illeciti professionali tali da mettere in dubbio l'integrità o l'affidabilità dell'operatore economico; il tentativo di influenzare indebitamente il processo decisionale della stazione appaltante o di ottenere informazioni riservate a proprio vantaggio; la risoluzione per inadempimento di un precedente contratto pubblico a causa di carenze significative dell'appaltatore; la presentazione in gara o nel corso dell'esecuzione di dichiarazioni o documenti non veritieri.

La presenza di una o più delle ipotesi appena indicate comporta, come anticipato, l'esclusione del concorrente dalla procedura, che può essere disposta dall'amministrazione in ogni momento: il legislatore si è orientato verso questa direzione per evitare che ad essere affidatari di commesse pubbliche – che sono normalmente finanziate con risorse della collettività – siano soggetti che si trovano in situazioni particolarmente gravi e come tali vietate dall'ordinamento giuridico.

Poiché, inoltre, costituiscono motivi di esclusione i provvedimenti che applicano misure di prevenzione antimafia o i tentavi di infiltrazione mafiosa di cui al d.lgs. n. 159/2011, il legislatore prevede l'obbligo per la stazione appaltante di richiedere al Prefetto della Provincia nella quale ha residenza o sede l'operatore economico l'apposita attestazione antimafia: si tratta della *comunicazione antimafia* (per i contratti superiori ai 150.000 euro), relativa alla presenza o meno di misure di prevenzione, o della *informativa antimafia* (per gli affidamenti sopra soglia), che attesta anche la presenza di tentativi di infiltrazione mafiosa tendenti a condizionare le scelte e gli indirizzi del soggetto interessato.

I requisiti di idoneità professionale mirano invece a fissare un *livello minimo di qualificazione* dell'operatore economico, accertato dallo Stato o dai suoi organi attraverso un procedimento abilitativo. Per questo, il Codice richiede a tutti i concorrenti cittadini italiani o di altro Stato membro, ma residenti in Italia, l'iscrizione al *registro delle imprese* tenuto dalle Camere di commercio o agli *albi dei professionisti* curati dagli Ordini professionali, come quelli degli ingegneri, degli architetti o degli avvocati. Ai cittadini di altri Stati non residenti in Italia è richiesto il possesso di un'attestazione in merito all'iscrizione ad albi o registri equivalenti, esistenti presso lo Stato di residenza (art. 100, c. 3). Questo è il requisito minimo richiesto dalla legge: può infatti capitare, per procedure particolarmente complesse o specialistiche, che la stazione appaltante richieda a tutti i partecipanti anche il possesso di ulteriori abilitazioni o certificazioni, a pena di esclusione dalla procedura. In questo caso, come negli altri due requisiti di capacità che subito si esamineranno, l'esclusione avviene perché il partecipante alla procedura non possiede una *idoneità tecnica* adeguata alla commessa che l'amministrazione intende affidare e che queste previsioni, in qualche modo, garantiscono.

La **capacità economico-finanziaria**, poi, intende provare la *solidità economica* del concorrente e può essere dimostrata mediante *dichiarazioni bancarie* o coperture assicurative contro i rischi professionali, presentazione dei *bilanci* o di estratti di bilancio, dichiarazioni concernenti il *fatturato* globale e del settore di attività oggetto dell'appalto. Non sempre, nella pratica, la stazione appaltante fissa dei requisiti di questo tipo, perché molte volte essi sono o si presumono assorbiti dagli altri. Quando però ciò accade, normalmente negli *appalti misti*, in cui oltre ai lavori è richiesto di prestare un servizio o di eseguire una fornitura, ciò che si chiede ai concorrenti è un fatturato globale minimo, realizzato entro un certo termine antecedente la pubblicazione del bando.

Da ultimo, le **capacità tecnico-professionali** hanno l'obiettivo di documentare alla stazione appaltante che l'operatore economico è *effettivamente in grado di eseguire l'opera*, sulla base della natura, della quantità e dell'importanza dei lavori, poiché in passato ha già realizzato lavori simili. Tali capacità possono essere provate attraverso, ad esempio, l'elenco dei *lavori eseguiti* negli ultimi cinque anni, l'indicazione dei *tecnici* o degli organismi tecnici di cui l'operatore disporrà per l'esecuzione dell'opera, l'indicazione dei *titoli* di studio e professionali dell'imprenditore o dei dirigenti dell'impresa, l'indicazione dell'*organico* medio annuo dell'imprenditore e il numero dei dirigenti durante gli ultimi tre anni e simili.

L'art. 100, c. 4, del Codice prevede che, nel caso di lavori pubblici di importo pari o superiore a **150.000 euro** (IVA e tasse escluse), gli operatori economici devono dimostrare, in sede di partecipazione alla procedura, il possesso dei requisiti morali, di idoneità e delle capacità economiche e professionali appena esaminati non allegando documenti, ma dichiarando di possedere un'apposita certificazione rilasciata da una *società organismo di attestazione* (SOA), ovvero un organismo di diritto privato autorizzato dall'ANAC ad accertare e certificare l'esistenza degli standard di qualificazione richiesti dal Codice agli esecutori di un'opera pubblica. Questi organismi, costituiti nella forma delle società per azioni, devono esercitare l'attività nel rispetto del principio di indipendenza di giudizio, garantendo l'assenza di qualunque interesse commerciale o finanziario che possa determinare comportamenti non imparziali o discriminatori, svolgono funzioni di natura pubblicistica, essendo perciò soggetti al giudizio di responsabilità della Corte dei conti, e sono altresì sottoposti al controllo e alla vigilanza da parte dell'ANAC (la quale, nell'ambito di un procedimento sanzionatorio, può anche sospendere o dichiarare decaduta l'autorizzazione precedentemente rilasciata).

La disciplina di dettaglio in materia di SOA e qualificazione degli operatori economici che eseguono lavori è contenuta nell'Allegato II.12 del Codice. Le **attestazioni SOA**, rilasciate dagli organismi appena illustrati a seguito di domanda dell'operatore interessato e conseguente sottoscrizione di apposito contratto, hanno un'efficacia di cinque anni dall'emissione (ma, perché siano valide per l'intero periodo di tempo indicato, vi è l'obbligo di richiedere entro il terzo anno dal rilascio una verifica del mantenimento dei requisiti di ordine generale e di capacità economica e tecnica) e sono emesse dopo che la SOA ha verificato i requisiti di ordine morale, la capacità economica e finanziaria, l'idoneità tecnica e organizzativa, la dotazione di attrezzature tecniche e l'organico medio annuo.

Come funziona il sistema unico di qualificazione nei lavori pubblici

Come si è visto, l'attestazione rilasciata dalla SOA realizza il c.d. sistema unico di qualificazione degli esecutori di lavori pubblici per opere di importo superiore ai 150 mila Euro. Per capire il funzionamento del sistema in concreto, è necessario premettere che il Codice dei contratti pubblici prevede che gli operatori economici siano **qualificati** per categorie di opere generali (OG), di opere specializzate (OS), per prestazioni di sola costruzione e per prestazioni di progettazione e costruzione e **classificati**, nell'ambito di tali categorie, sulla base di una scala di importi. E così il sistema unico di qualificazione individua 52 *categorie di opere* (ad esempio edifici civili oppure impianti tecnologici) e 10 *classifiche di importo* (dalle più basse a quelle più elevante).

L'operatore economico è qualificato a partecipare alle procedure di affidamento sulla base della categoria di opere e della classifica di importo riconosciute e attestate dalla SOA in conseguenza della capacità e dell'esperienza dimostrate all'organismo di attestazione.

Prima di ogni affidamento, le stazioni appaltanti individuano la categoria relativa alle lavorazioni di maggior valore monetario (detta *categoria prevalente*) e le altre categorie, il cui ammontare supera il 10% rispetto all'importo complessivo o comunque raggiunge l'importo previsto dalla legge o che sono di notevole contenuto tecnologico o rilevante complessità tecnica (definite *categorie scorporabili*). La regola generale prevede che chi è qualificato per la categoria prevalente può eseguire direttamente tutte le lavorazioni di cui si compone l'opera, anche se non è in possesso dell'attestazione SOA per le altre.

Alcune categorie sono però definite **a qualificazione obbligatoria**, volendo con ciò significare che possono essere eseguite solo dagli operatori economici che hanno un'attestazione SOA specifica per quella categoria. In alternativa, il concorrente sprovvisto dell'attestazione o dei requisiti potrà partecipare come raggruppamento temporaneo (RTI o ATI), come si è visto, oppure affidare quelle lavorazioni ad operatori già qualificati, attraverso un contratto che prende il nome di **subappalto**.

Sulla base di quanto appena visto, quindi, la documentazione comprovante il possesso della qualificazione richiesta per la partecipazione alle procedure di affidamento non dovrà essere allegata di volta in volta dall'operatore interessato: essa è acquisita d'ufficio dalle singole stazioni appaltanti, attingendo dalla Banca dati nazionale dei contratti pubblici (art. 23 del Codice). In tale archivio, che ha lo scopo di *informatizzare i documenti* necessari a comprovare i requisiti di partecipazione, confluiscono anche le informazioni inerenti alla partecipazione alle gare e all'esito di queste, anche grazie ad un contenitore digitale che raccoglie tutte le informazioni di ogni singolo partecipante alle procedure e perciò chiamato *fascicolo virtuale dell'operatore economico* (FVOE, art. 24 del Codice).

Per quanto riguarda invece la partecipazione a procedure di gara il cui valore complessivo del contratto, al netto di IVA ed altre tasse, **non supera i 150.000 euro**, non è obbligatorio possedere un'attestazione rilasciata da una SOA. Il d.P.R. n. 207/2010 (ossia il regolamento di attuazione del vecchio Codice del 2006), infatti, ritiene sufficiente che i concorrenti possiedano un'adeguata attrezzatura tecnica, abbiano eseguito lavori analoghi – nel quinquennio precedente la data di pubblicazione del bando – di importo non inferiore a quello a base di gara e abbiano sostenuto per il proprio personale dipendente un costo non inferiore al 15% dell'importo dei lavori eseguiti nei cinque anni precedenti (art. 90).

3. L'appalto di lavori

Si può ora iniziare la disamina degli istituti giuridici attraverso i quali la stazione appaltante esegue (o, nella maggior pare dei casi, fa eseguire) i lavori pubblici, iniziando dallo strumento più comune e più diffuso che è il **contratto di appalto**, il quale come già si è notato ha ad oggetto la realizzazione di lavori pianificati dall'amministrazione attraverso il programma triennale dei lavori pubblici aggiornato annualmente e, di regola, il progetto di fattibilità tecnica ed economica.

È importante ribadire che l'*iter* complessivo si compone di due fasi (c.d. *struttura bifasica* dell'attività contrattuale della p.a.): una prima parte, tipicamente procedimentale e ad evidenza pubblica, nella quale è individuato il soggetto contraente, nell'ambito della quale quindi l'amministrazione sceglie chi eseguirà i lavori, ed una seconda parte prettamente negoziale, la quale ha inizio con la stipulazione del contratto: da questo momento, come ha ricordato la Corte costituzionale nella famosa sent. n. 401/2007 (e come si è visto al par. 1) e fino al collaudo o alla verifica di conformità dell'opera, l'amministrazione si pone in una posizione di tendenziale parità con l'operatore economico, che normalmente è un privato: tant'è vero che le norme del Codice dei contratti pubblici per la fase di esecuzione dei lavori ricalcano per molti versi, come si è detto, quelle del codice civile in tema di appalto (v. *supra*, Cap. V).

3.1. L'intento di contrarre e l'avvio della procedura

Perché la procedura abbia inizio è necessario che la stazione appaltante manifesti la *volontà* di addivenire ad un contratto per la realizzazione di determinati lavori pubblici. L'intenzione di stipulare un accordo è esternata attraverso un *provvedimento a contrarre*, che è un atto amministrativo soggetto alla disciplina generale di cui alla già richiamata l. n. 241/1990. Si dice che tale atto abbia *efficacia interna*, per significare che il destinatario non è il pubblico – e in particolare non sono gli operatori economici che svolgono tali attività sul mercato – quanto invece un organo della stessa amministrazione (o quello di un'altra amministrazione, nel caso delle gare *in delega*, ovvero quelle svolte da centrali di committenza per conto di altre stazioni appaltanti), il quale provvederà a manifestare all'esterno la volontà della p.a. in un momento successivo, che ora si vedrà.

In ogni caso, il **provvedimento a contrarre** è redatto in conformità alle norme che regolano l'agire della stazione appaltante interessata e contiene gli elementi essenziali del contratto (quali la forma, il valore economico e le altre clausole ritenute essenziali), assieme ai criteri di selezione degli operatori economici e delle offerte. Per quanto riguarda gli *enti locali* (quali Comuni, Città metropolitane, Province), il testo unico in materia prevede che detto provvedimento sia adottato dal responsabile del procedimento di spesa e indichi altresì il fine che con il contratto l'autorità appaltante intende perseguire (art. 192, d.lgs. n. 267/2000).

Peraltro, si può ricordare che – ai sensi dell'art. 77 del Codice – prima dell'avvio di una procedura di affidamento, le amministrazioni aggiudicatrici possono svolgere **consultazioni di mercato** per predisporre gli atti di gara e per informare gli operatori economici degli appalti da esse programmati e dei relativi requisiti richiesti, potendo anche acquisire consulenze, relazioni o altra documentazione tecnica da parte di esperti, di partecipanti al mercato o di autorità indipendenti. La documentazione così raccolta può essere utilizzata nella pianificazione e nello svolgimento della procedura di gara, purché non siano lesi i principi di libera concorrenza, non discriminazione e trasparenza. E quindi, qualora un operatore economico abbia partecipato alla preparazione della procedura, la stazione appaltante adotta *misure adeguate* a garantire che la partecipazione di tale soggetto alla gara non significhi, di fatto, che la concorrenza è falsata; se il rispetto del principio della parità di trattamento non fosse in alcun modo possibile, prevalgono i principi richiamati e il concorrente è escluso, all'esito di un contraddittorio con il medesimo da parte dell'amministrazione (art. 78).

Entro il 31 dicembre di ogni anno, le stazioni appaltanti rendono nota l'intenzione di bandire affidamenti per l'anno successivo, pubblicando all'interno del proprio sito internet istituzionale un **avviso di preinformazione**, il quale riporta, tra l'altro, i dati identificativi dell'amministrazione aggiudicatrice e dell'attività principale svolta da questa, il sito internet al quale sono accessibili i documenti di gara, una breve descrizione dei lavori e del luogo ove questi devono essere eseguiti. Per gli appalti di importo pari o superiore alla soglia comunitaria, l'avviso deve essere trasmesso alla Commissione europea, affinché lo faccia pubblicare nella Gazzetta Ufficiale dell'Unione europea a cura e spese dell'Ufficio delle pubblicazioni dell'Unione (art. 81).

Una volta approvato il provvedimento a contrarre e pubblicato l'avviso di preinformazione, il procedimento ad evidenza pubblica vero e proprio normalmente inizia nel momento in cui l'organo rappresentativo della stazione appaltante fa pubblicare il **bando (o avviso) di gara** (in alcune procedure sostituito dall'*avviso di indizione di gara*), ovvero un atto amministrativo generale ad *efficacia esterna* con il quale, riprendendo il provvedimento a contrarre, che funge da atto presupposto, sono rese conoscibili le volontà precedentemente formalizzate dall'amministrazione e si indica un termine entro il quale gli interessati possono presentare le proprie offerte. Si è soliti definire tale atto *lex specialis di gara*, in quanto esso contiene le prescrizioni e le regole di scelta del contraente e di gestione dell'intera procedura che la stazione appaltante pone ai concorrenti, al cui rispetto anch'essa si vincola nell'espletamento della gara.

Chi vincola il bando di gara?

Una stazione appaltante indiceva una gara per l'affidamento, tra il resto, dei lavori di messa a norma e ammodernamento tecnologico e funzionale di alcuni impianti di illuminazione pubblica. Il bando di gara prevedeva, tra le altre cose e a pena di esclusione, che tutti i partecipanti fossero iscritti ad un particolare registro (quello dei titoli di efficienza energetica – TEE), tenuto dal Gestore dei Mercati Energetici.

Il vincitore della gara non risultava essere iscritto all'albo, sicché la stazione appaltante, per non annullare l'intera procedura, decideva di non applicare tale clausola del bando (e quindi, come si usa dire nel linguaggio giuridico, *disapplicandola*), sul presupposto che essa fosse sovrabbondante e non giustificata sul piano delle prestazioni richieste all'appaltatore.

Il giudice amministrativo, investito della questione, ha invece censurato l'atteggiamento dell'amministrazione, poiché il bando di gara – per la sua natura di atto amministrativo generale – è vincolante per tutti, **anche per la stazione appaltante**, che non può disapplicarlo neppure quando le regole in esso contenute risultino inopportune o incongrue (cfr. Cons. Stato, sez. V, n. 7257/2020). Si conferma così un principio già noto nel nostro ordinamento: qualora il bando *«commini espressamente l'esclusione dalla gara in conseguenza di determinate prescrizioni, l'amministrazione è tenuta a dare precise e incondizionata esecuzione a dette prescrizioni»* (cfr. Cons. Stato, sez. IV, sent. n. 3297/2004).

Il bando di gara è decisamente più dettagliato e preciso di un avviso di preinformazione. Esso infatti contiene, *oltre agli elementi già indicati per gli avvisi* (Allegato II.6, parte I, lett. *c*, del Codice):

a) una descrizione completa dell'appalto, con riferimento alla natura e all'entità dei lavori, compreso l'ordine di grandezza totale stimato (se l'appalto è suddiviso in lotti, tali informazioni sono fornite per ciascuno di essi);

b) l'ammissione o il divieto di varianti, i tempi di consegna dei lavori, le condizioni particolari cui è eventualmente sottoposta l'esecuzione dell'appalto e, per quanto possibile, la durata del contratto;

c) le condizioni di partecipazione, come ad esempio i livelli minimi specifici di capacità richiesti e i criteri di selezione;

d) il tipo di procedura di aggiudicazione e i relativi criteri (di cui si dirà al prossimo paragrafo);

e) il termine ultimo per la ricezione delle offerte (nonché, se l'appalto deve essere suddiviso in lotti, l'indicazione della possibilità per gli operatori economici di presentare offerte per uno, per più o per tutti i lotti);

f) il termine per la presentazione delle offerte, l'indirizzo al quale queste devono essere trasmesse (ora, come si dirà, esclusivamente in modalità telematica) e il periodo di tempo durante il quale l'offerente è vincolato alla propria offerta.

Anche il bando, come si è anticipato, deve essere **pubblicato**: se l'appalto è di importo pari o superiore alla soglia europea, l'atto è inviato per la pubblicazione all'Ufficio delle pubblicazioni presso la Commissione europea, similmente a quanto visto con riferimento agli avvisi di preinformazione, per esteso in lingua italiana, fatte salve le norme vigenti nella Provincia autonoma di Bolzano in materia di bilinguismo, e per estratto nelle altre lingue ufficiali dell'Unione europea (art. 84). Avvenuta la pubblicazione in sede europea (o comunque decorse 48 ore dall'invio all'Ufficio delle pubblicazioni), si può procedere alla pubblicazione a livello nazionale nel *sito istituzionale* della stazione appaltante e sulla *Banca dati nazionale dei contratti pubblici* gestita dall'ANAC, che ha sostituito le modalità previste nei precedenti Codici dei contratti pubblici come la pubblicazione di estratti in Gazzetta Ufficiale o su quotidiani (art. 85).

Se invece il valore dell'appalto non raggiunge la soglia comunitaria, il bando viene pubblicato *esclusivamente* in ambito nazionale, come sopra specificato, compatibilmente con il tipo di procedura attivata: come si vedrà nel paragrafo che segue, infatti, alcune procedure non prevedono la pubblicazione di un bando di gara. Per la verità esse costituiscono un'ipotesi residuale, ammessa in casi particolari previsti dalla legge; in ogni caso, le norme del Codice stabiliscono che la decisione della stazione appaltante di concludere un contratto sia *resa nota* all'esterno, in virtù dei principi di pubblicità e trasparenza, quantomeno una volta individuato il vincitore della procedura, in modo che chi ritenga che l'amministrazione abbia agito illegittimamente possa contestare la decisione.

Per agevolare l'attività delle stazioni appaltanti, uniformandone le condotte, i bandi da queste emanati devono essere redatti in conformità a **bandi-tipo** predisposti dall'ANAC, i quali contengono tutti gli elementi richiesti dal Codice, nonché uno schema dell'articolato, che spetta all'amministrazione di completare. Eventuali deroghe al bando-tipo fornito dall'Autorità anticorruzione devono essere adeguatamente motivate nella determina a contrarre (art. 83 del Codice).

Il nuovo Codice del 2023 ha recepito una prassi di molte stazioni appaltanti, che per praticità prima predispongono il bando di gara per il successivo invio all'Ufficio pubblicazioni dell'UE (il quale ha un contenuto predefinito per legge, che non è possibile derogare) e poi formano un altro atto – chiamato spesso *bando integrale* o *disciplinare di gara* – nel quale sono riportate, in misura ancora più dettagliata, le informazioni necessarie per i concorrenti e le regole per lo svolgimento del procedimento di selezione delle offerte (art. 87).

Si può contestare il bando di gara?

Il bando di gara, come detto, è un *atto generale*, di regola non impugnabile davanti al giudice amministrativo. Come nel caso del regolamento edilizio di cui al Cap. I, infatti, le ragioni dell'interessato vengono normalmente lese non tanto dal disciplinare di gara, quanto piuttosto da un successivo provvedimento che, dando attuazione alla *lex specialis* di gara, esclude il concorrente ovvero aggiudica l'appalto ad un altro operatore economico, ma magari errando nel calcolo dei punteggi complessivi: avverso tale provvedimento è quindi possibile proporre senz'altro ricorso.

È chiaro che, in tale fattispecie, sarà onere del concorrente escluso di impugnare sì il provvedimento che lo ha estromesso dalla procedura (o la ha aggiudicata ad un altro), ma anche il bando integrale di gara (o, per essere più precisi, la disposizione del bando da cui la stazione appaltante ha tratto la regola per fondare l'esclusione del partecipante). In questo modo, il giudice che ritenga fondata la censura del concorrente escluso potrà decidere anche in merito alla legittimità della clausola del bando oggetto di ricorso. In questo caso, è previsto un termine breve, di **30 giorni**, per impugnare dinnanzi al giudice amministrativo l'atto reputato illegittimo.

Tuttavia, qualora la violazione di una norma sia da ascrivere *direttamente* al bando di gara, perché la lesione deriva in modo diretto e immediato dalle disposizioni di questo (nel senso che è proprio tale atto ad impedire la partecipazione al procedimento e non un successivo provvedimento di esclusione), è ammessa l'impugnazione del bando *tout court*. Si immagini, ad esempio, che un Comune voglia costruire una piscina olimpionica e che il relativo bando richieda ai concorrenti di aver realizzato almeno tre impianti natatori all'interno di una specifica regione. Una società di un'altra regione – con all'attivo ben più di tre piscine – che volesse partecipare alla procedura, non potrebbe farlo e sarebbe quindi costretta ad impugnare il bando. Anche in questa ipotesi il termine per presentare ricorso al giudice amministrativo è di **30 giorni** dalla pubblicazione del bando (sul punto si v. anche il par. 6).

3.2. I meccanismi di scelta del contraente e i criteri di aggiudicazione

L'atto che dà avvio alla procedura di affidamento dei lavori contiene, tra gli altri elementi, come si è visto, l'indicazione del criterio di aggiudicazione scelto dalla stazione appaltante. Il Codice (agli artt. 70 ss.) prevede sei diversi meccanismi: la procedura aperta, la procedura ristretta, la procedura competitiva con negoziazione, il dialogo competitivo, la procedura negoziata senza previa pubblicazione di bando e il partenariato per l'innovazione. Mentre le prime due sono *modalità ordinarie*, sempre percorribili indipendentemente dal valore del contratto d'appalto e dalle ragioni per le quali la stazione appaltante le utilizza, le restanti quattro sono disciplinate più nel dettaglio dal Codice, che elenca le circostanze nelle quali esse sono indicate. Tra queste, solo la procedura negoziata senza bando ha un marcato *carattere eccezionale*: è dunque ammessa nei soli casi stabiliti dalla legge e comporta in capo all'amministrazione l'obbligo di *motivarne* la scelta nel primo atto del procedimento, anche per permettere il sindacato del giudice amministrativo in ipotesi di ricorso.

Quale che sia la procedura seguita, gli appalti sono affidati, normalmente, ponendo a base di gara il *progetto esecutivo*, il cui contenuto garantisce la rispondenza dell'opera ai requisiti di qualità nonché il rispetto dei tempi e dei costi previsti dalla stazione appaltante.

L'affidamento congiunto di progettazione ed esecuzione

Al di fuori di casi particolari (che si esamineranno nel prosieguo), è – o meglio era, come si dirà subito – vietato affidare all'operatore economico, congiuntamente, la progettazione e anche l'esecuzione dei lavori. Con il d.l. 18 aprile 2019, n. 32 – convertito dalla l. 14 giugno 2019, n. 55 – volto a rilanciare, tra il resto, il settore dei contratti pubblici a seguito degli eventi sismici che hanno colpito nel 2016 il centro Italia (comunemente noto come decreto «Sblocca cantieri»), il Governo ha introdotto una vistosa eccezione alla regola appena esaminata, di cui peraltro si era discusso molto anche negli anni passati.

Si tratta della previsione del c.d. **appalto integrato**, ossia quella procedura nella quale la stazione appaltante chiede al vincitore della gara non solo di realizzare l'opera, attraverso le normali qualifiche per categorie ed importi, ma anche di progettarla, per mezzo di servizi di ingegneria e architettura.

Tale previsione è stata ripresa dall'attuale Codice dei contratti pubblici. Ai sensi dell'art. 44, infatti, le amministrazioni possono sempre ricorrere all'affidamento sia della progettazione esecutiva che dell'esecuzione dei lavori, tranne che per le manutenzioni ordinarie, sulla base del **progetto di fattibilità tecnico-economica**, purché motivino la propria scelta con riferimento alle esigenze tecniche che la richiedono. Per partecipare alla procedura, gli operatori economici devono possedere i requisiti richiesti per i progettisti, oppure avvalersi di progettisti qualificati, oppure ancora partecipare in raggruppamento temporaneo di imprese con soggetti qualificati.

Nelle **procedure aperte** (art. 71), qualsiasi operatore economico interessato può presentare un'*offerta*, accompagnata dai documenti richiesti dall'amministrazione per il procedimento di selezione. Agli operatori economici deve essere assegnato un termine per l'invio delle offerte di almeno *30 giorni* dalla data di trasmissione del bando di gara all'Unione europea (riducibile a 15 giorni in caso di avviso di preinformazione o di ragioni di urgenza debitamente motivate, anche se nella pratica questa eventualità è molto rara, preferendo la stazione appaltante, semmai, fissare un termine maggiore rispetto al minimo richiesto). Tali meccanismi, essendo rivolti alla totalità degli operatori interessati, senza distinzioni e per giunta all'interno del mercato unico europeo, assicurano la migliore realizzazione dei principi di concorrenza del mercato e di imparzialità della pubblica amministrazione.

Le **procedure ristrette** (art. 72) si differenziano dalle precedenti in quanto in siffatti casi qualsiasi operatore economico può, una volta trasmesso il bando all'Ufficio delle pubblicazioni – che in tali eventualità può essere sostituito dal solo avviso di preinformazione – presentare all'amministrazione una *domanda di partecipazione*, fornendo le informazioni richieste ai fini della selezione. A seguito della valutazione delle domande ricevute, soltanto gli operatori economici *invitati* dall'amministrazione possono presentare un'offerta.

Rispetto alle procedure aperte (le quali si compongono di due fasi: invio e pubblicazione del bando e presentazione delle offerte), quelle ristrette prevedono *quattro momenti*: invio e pubblicazione del bando, presentazione delle domande, spedizione delle lettere di invito, presentazione delle offerte. Con riferimento agli inviti, peraltro, la stazione appaltante può indicare nel bando il *numero minimo* e anche il numero massimo dei candidati che intende ammettere alla procedura (quando lo richieda la difficoltà o la complessità dell'opera e purché specifichi anche i criteri oggettivi e non discriminatori che intende applicare nella selezione), però il numero minimo di offerenti non può essere inferiore a cinque, salvo che i candidati che soddisfano i criteri di selezione siano di meno, nel qual caso la stazione appaltante può comunque proseguire la procedura (art. 70, c. 6).

Anche nelle **procedure competitive con negoziazione** (art. 73), anche conosciute come procedure negoziate previa pubblicazione di un bando, qualsiasi operatore economico può presentare una *domanda di partecipazione* dopo la pubblicazione di un avviso di indizione della gara, nel quale la stazione appaltante: *a*) individua l'oggetto dell'appalto e le caratteristiche richieste dei lavori; *b*) fornisce una descrizione delle esigenze da soddisfare; *c*) specifica i criteri di aggiudicazione.

Pure in questo caso l'amministrazione invita solo i concorrenti (il cui numero minimo, in tale procedura, è pari a tre) che soddisfano i requisiti minimi indicati nel bando, ma questi, se accettano l'invito, devono presentare una *offerta iniziale*, che costituisce la base per la successiva negoziazione. La stazione appaltante, infatti, contratta con gli operatori invitati i termini e le condizioni dell'appalto per migliorarne il contenuto e così, nell'arco del procedimento, i concorrenti possono modificare le proprie offerte sulla base delle negoziazioni, a parte l'*offerta finale*, che l'amministrazione richiede quando intenda concludere le contrattazioni, sulla quale si basa la valutazione della stazione appaltante per la successiva aggiudicazione.

Nonostante il Codice prescriva espressamente il rispetto del principio della parità di trattamento fra tutti gli offerenti, questa modalità è ammessa, come accennato, soltanto in particolari ipotesi: vale a dire quando le esigenze della stazione appaltante non possano essere soddisfatte senza adottare soluzioni immediatamente disponibili o tutte le volte che esse implichino progettazione o soluzioni innovative, oppure a causa di circostanze particolari relative alla natura o alla complessità dell'oggetto dell'appalto, ovvero ancora quando all'esito di una procedura aperta o ristretta siano state presentate soltanto offerte irregolari o inammissibili (art. 70, c. 3).

Le medesime circostanze appena citate consentono alla stazione appaltante, in alternativa alla procedura competitiva, di seguire la via del **dialogo competitivo** (art. 74). Anche in questa evenienza l'amministrazione pubblica un bando e ciascun operatore economico può presentare una *domanda di partecipazione*. La differenza risiede nel fatto che nei documenti di gara la stazione appaltante fornisce una descrizione delle proprie esigenze e dei requisiti minimi che tutti gli offerenti devono soddisfare, la durata indicativa della procedura, i criteri di aggiudicazione e gli eventuali premi per i partecipanti al dialogo, mentre *manca l'oggetto dell'appalto*, il quale viene definito grazie all'apporto dei partecipanti.

Quello che prende avvio con i concorrenti selezionati (che devono essere, anche qui, almeno tre) è appunto un dialogo, volto ad individuare e a definire i mezzi più idonei a soddisfare le necessità della stazione appaltante, nel quale la p.a. discute con gli operatori economici tutti gli aspetti dell'appalto. Il confronto prosegue finché la stazione appaltante non individua la soluzione o le soluzioni idonee a soddisfare le proprie esigenze. Dichiarato concluso il dialogo, i partecipanti sono invitati a presentare l'*offerta finale* sulla base della soluzione o delle soluzioni presentate e l'appalto è aggiudicato a chi ha proposto quella valutata come la più vantaggiosa.

Quanto al **partenariato per l'innovazione** (introdotto per la prima volta nel Codice del 2016 e ora disciplinato all'art. 75), esso è il procedimento utilizzabile nel particolare caso in cui l'esigenza di sviluppare lavori *innovativi* (e di acquistare successivamente le opere che ne derivino) non possa essere soddisfatta ricorrendo a soluzioni già disponibili sul mercato e quindi l'opera debba essere realizzata espressamente a seguito di specifiche attività di ricerca e sviluppo.

Come nel dialogo competitivo, l'amministrazione definisce nel bando di gara le proprie esigenze e i requisiti minimi che gli offerenti devono soddisfare, in modo da risultare sufficientemente precisi per consentire agli operatori economici di individuare la natura e l'ambito della soluzione richiesta e decidere se partecipare alla procedura.

Chi vi ha interesse può presentare *domanda di partecipazione* dopo la pubblicazione del bando e gli operatori economici invitati (pure in questo caso, almeno tre) hanno facoltà di presentare i loro *progetti di ricerca e innovazione*, che possono comprendere la fabbricazione dei prodotti o la prestazione dei servizi o la realizzazione dei lavori. Segue una fase di negoziazione dei contenuti e delle offerte, fino ad arrivare all'*offerta finale*: sulla base di questa, l'appalto è aggiudicato a chi ha proposto la soluzione economicamente più vantaggiosa.

Le **procedure negoziate senza previa pubblicazione del bando** (art. 76) sono invece ammesse in pochissime e tassative ipotesi previste dal Codice:

a) quando l'amministrazione ha già indetto una procedura (aperta o ristretta), con riferimento alla quale non è stata presentata alcuna offerta o alcuna offerta appropriata, né alcuna domanda di partecipazione o alcuna domanda di partecipazione appropriata, sempre che le condizioni iniziali dell'appalto non debbano essere nel frattempo sostanzialmente modificate. Un'offerta non è ritenuta appropriata se non presenta alcuna pertinenza con l'appalto; allo stesso modo, è inappropriata la domanda dell'operatore economico carente dei requisiti morali o che non soddisfa i criteri di selezione stabiliti dall'amministrazione. Riguardo all'ultima ipotesi, invece, può capitare ad esempio che i documenti di una procedura aperta siano costruiti in modo tale che la realizzazione dell'opera sia tecnicamente impossibile. In tal caso l'amministrazione, che si accorge dell'errore dopo che la gara è *andata deserta* e modifica di conseguenza i documenti, non può utilizzare questo strumento per la successiva procedura, ma uno degli altri sopra indicati;

b) quando i lavori possono essere forniti unicamente da un determinato operatore economico, perché ad esempio la concorrenza è assente per motivi tecnici (normalmente accertata da una preventiva indagine di mercato);

c) quando i termini per le procedure aperte, ristrette o competitive con negoziazione non possono essere rispettati per ragioni di estrema urgenza derivanti da eventi non prevedibili dall'amministrazione.

Si tratta di una modalità *residuale*, vista con poco favore dal legislatore, specialmente quello europeo, dal momento che non prevede, precisamente, la pubblicazione di un bando (perché, come si è visto, o già era stato pubblicato e la procedura non ha avuto esito positivo oppure non ci sono il tempo o le ragioni per farlo).

In tale ipotesi la stazione appaltante, dopo aver *motivato* nel provvedimento a contrarre le ragioni di tale scelta e le caratteristiche dei mercati potenzialmente interessati, individua *direttamente* gli operatori economici da consultare, sulla base di informazioni inerenti alla loro qualificazione economica, finanziaria, tecnica e professionale, e ne seleziona almeno tre (ammesso che ve ne siano almeno tre da poter selezionare) nel rispetto dei principi della fiducia, del risultato e di accesso al mercato e in seguito aggiudica l'appalto al concorrente che ha offerto le condizioni più vantaggiose.

L'obbligo di motivazione nelle procedure di gara

La Regione Piemonte aveva indetto una procedura per affidare i lavori di restauro, valorizzazione e recupero funzionale della Reggia di Venaria Reale, nell'omonimo Comune, e l'appalto era stato aggiudicato ad un raggruppamento temporaneo di imprese (RTI o ATI). Durante la realizzazione dell'intervento, a distanza di circa due anni, una parte di un edificio interessato dai lavori crollava nottetempo. L'amministrazione, anziché affidare direttamente al soggetto aggiudicatario l'incarico di riedificare il fabbricato, avviava una nuova procedura aperta, senza dare conto, nella determina a contrarre, delle ragioni di tale scelta. L'operatore economico che stava eseguendo i lavori impugnava perciò il bando (e la presupposta determina), deducendone la illegittimità.

Il Consiglio di Stato, da ultimo, ha rigettato l'appello chiarendo che, con riferimento all'obbligo di motivazione che graverebbe sulla stazione appaltante allorquando essa decida di indire una procedura aperta «*è appena il caso di notare che, al contrario, è la scelta della p.a. di procedere a trattativa privata* (ora **procedura negoziata senza previa pubblicazione di bando**) *che va adeguatamente motivata in ordine alla sussistenza dei presupposti specifici legali che di volta in volta la giustificano; mentre, qualora l'amministrazione si orienti per la gara pubblica* (l'attuale **procedura aperta**)*, non occorre addurre alcuna giustificazione, rientrando ciò nelle opzioni normali che l'ordinamento considera di per sé preferibili, anche quando si verifichino in astratto i presupposti per aggiudicare l'affare mediante procedura negoziata*» (Cons. Stato, sez. IV, n. 3721/2004).

Se quindi l'obbligo di motivazione è richiesto dalla legge per le procedure previste nei soli casi tipizzati dal legislatore, appunto perché si dia conto dei motivi che inducono la stazione appaltante ad agire in tal modo, ciò non si applica ai bandi delle procedure aperte o ristrette, i quali peraltro sono, come già si è notato, atti a contenuto generale, sottratti dall'obbligo di motivazione per regola generale, ai sensi dell'art. 3 della legge sui procedimenti amministrativi (l. n. 241/1990).

Se questi sono gli ingranaggi che fanno funzionare ciascuna procedura di scelta del contraente, resta ora da capire in che modo sono valutate le offerte presentate dai vari operatori economici, ossia quali sono i criteri di aggiudicazione.

Con l'espressione **criteri di aggiudicazione** si intendono le modalità attraverso le quali la stazioni appaltanti valutano, in modo il più possibile oggettivo e imparziale, quanto i concorrenti hanno proposto in gara e, alla fine di tale esame, scelgono l'*offerta migliore*. Al riguardo il Codice ha previsto due distinte modalità, la cui *ratio* comune è, da un lato, di non attribuire all'amministrazione un potere di scelta illimitato e, dall'altro, di garantire l'effettività del principio di concorrenza.

Qualora l'importo dei lavori da realizzare sia *inferiore* alla soglia comunitaria, la stazione appaltante *può* aggiudicare l'appalto – come si vedrà più avanti – attraverso il criterio del **minor prezzo** (o prezzo più basso, volendo utilizzare la terminologia previgente), ora anche *senza* darne motivazione nell'atto di avvio della procedura, come vuole la formulazione dell'art. 50, c. 4, del Codice.

In tali fattispecie, l'amministrazione indica nel bando il *prezzo a base d'asta*, ovvero il valore stimato per la realizzazione dell'opera in relazione all'andamento del mercato (che poi è l'ammontare massimo che essa è disposta a corrispondere per i lavori) e sceglie il concorrente che, tra tutti i partecipanti, ha offerto l'importo più basso, purché non sia superiore alla base d'asta. In queste ipotesi, quindi, l'operato della stazione appaltante è limitato ad un mero calcolo matematico delle proposte ricevute, senza ulteriori margini di scelta: chi nell'offerta ha proposto il valore minore vince, salvo quanto si dirà nel paragrafo successivo in tema di *anomalia* dell'offerta.

Fino all'entrata in vigore del decreto «Sblocca cantieri» del 2019, questo criterio aveva un'applicazione residuale e doveva essere adeguatamente motivato, perché – nelle intenzioni del legislatore – tra i due metodi utilizzabili era visto come il meno efficace per la tutela degli interessi pubblici delle stazioni appaltanti. Ora invece, come accennato, il Codice del 2023 legittima questa modalità di aggiudicazione, che però non è consentita, oltre che negli appalti sopra soglia, nei casi di appalto integrato, dialogo competitivo, di partenariato per l'innovazione e lavori caratterizzati da notevole contenuto tecnologico o carattere innovativo (art. 108, c. 2).

La regola generale, che *deve* essere applicata in tutti gli altri casi (mentre *può* sempre esserlo in quelli appena visti), è invece l'affidamento dell'appalto secondo il **criterio dell'offerta economicamente più vantaggiosa** «individuata sulla base del miglior rapporto qualità/prezzo o dell'elemento prezzo o del costo, seguendo un criterio di comparazionc costo/efficacia quale il costo del ciclo di vita» (art. 108, c. 1). I *costi del ciclo di vita* comprendono, per espressa previsione normativa, le spese legate all'acquisizione, all'utilizzo e alla manutenzione dell'opera, nonché i costi imputabili a esternalità ambientali, come le emissioni di sostanze inquinanti o gli interventi per l'attenuazione dei cambiamenti climatici (Allegato II.8 al Codice).

Il punto di partenza di questa modalità è che la stazione appaltante, quando affida lavori, non deve focalizzarsi unicamente sui costi e quindi sul prezzo dell'intervento, ma deve considerare altresì la *qualità* dell'opera oggetto di appalto. Di conseguenza, ciò che si realizza in sede di gara è un bilanciamento tra due distinte esigenze: quella legata al risparmio di risorse pubbliche e quella improntata alla qualità del lavoro in favore della comunità.

Il prezzo proposto dal concorrente nell'offerta economica è dunque solo uno dei parametri oggetto di valutazione da parte della commissione deputata alla procedura di gara e, segnatamente, quello premiato con un punteggio minore (di regola fino a 30 punti, sui 100 complessivi a disposizione). Ad esso se ne aggiungono altri, come ad esempio il pregio tecnico dell'opera o le sue caratteristiche estetiche o funzionali, l'impatto sociale e sull'ambiente, le caratteristiche innovative, le condizioni di consegna, le certificazioni di qualità possedute dal concorrente e simili. Si tratta di un novero variegato di profili inerenti ai lavori da realizzare e al soggetto realizzatore; tuttavia essi hanno in comune il fatto che devono poter essere *misurabili*, dato che per ciascuno di essi la commissione valutatrice dovrà assegnare un valore numerico (e quindi dei punti, che possono arrivare appunto fino a 70/100) in ossequio alle disposizioni del bando e dichiarare vincitore il concorrente che avrà totalizzato il punteggio complessivo più alto, salve anche qui le regole in materia di anomalia dell'offerta.

3.3. Lo svolgimento della procedura

Come si è visto, in quasi tutte le procedure (eccettuate quelle negoziate), la stazione appaltante pubblica o fa pubblicare un bando (o un avviso e poi normalmente anche un bando integrale o un disciplinare) di gara, il quale può essere preceduto da un avviso di preinformazione. Sulla base di questi atti – e nei termini da essi previsti, che tuttavia non possono essere inferiori a quanto è stabilito nel Codice – gli operatori interessati presentano un'offerta oppure, a seconda dello schema relativo al procedimento scelto dall'amministrazione, una domanda di partecipazione e, se invitati, una successiva offerta.

Peraltro, in pendenza del termine per la presentazione delle offerte, i potenziali concorrenti possono porre all'amministrazione *quesiti* di natura tecnica (ad esempio sulle modalità di costruzione dell'opera) o amministrativa (per esempio sulla tipologia di documenti da allegare all'offerta), cui la stazione appaltante ha l'obbligo di rispondere entro un certo termine. Si noti che l'obbligo di risposta non è individuale: per non ledere il principio della parità di trattamento, infatti, le risposte sono pubblicate, in modo che tutti gli interessati possano prenderne visione.

Va aggiunto, sul punto, che dal 2018 le comunicazioni e gli scambi di informazioni nell'ambito delle procedure di gara avvengono utilizzando unicamente mezzi di comunicazione elettronici, così come pure il caricamento e l'esame delle offerte. Il Codice del 2023 ha virato ancora più nettamente verso un processo di **digitalizzazione**, previsto tra gli obiettivi del Piano nazionale di ripresa e resilienza (PNRR) approvato dal Governo italiano nel 2021: le stazioni appaltanti hanno l'obbligo di utilizzare piattaforme aperte interoperabili (dal 2025), mentre è stato creato un *ecosistema nazionale di approvvigionamento digitale*, formato dalla Banca dati nazionale dei contratti pubblici, dal fascicolo virtuale dell'operatore economico, da piattaforme di approvvigionamento digitale e da procedure automatizzate (artt. 22 ss. del Codice).

Gli operatori hanno così l'onere di partecipare alle procedure in modalità telematica, attraverso apposite piattaforme di approvvigionamento gestite dalle stazioni appaltanti, inserendo i vari documenti in tre distinte cartelle (o buste):

a) nella prima (**busta A** o allegato amministrativo) sono contenuti i documenti di carattere amministrativo. In questa sede, tra l'altro, il concorrente deve dichiarare se vuole affidare a terzi – attraverso un *contratto di subappalto* – una parte delle lavorazioni previste dal bando o se intende avvalersi dei requisiti di un altro operatore economico, concludendo con questi un *contratto di avvalimento* (art. 104);

b) nella seconda (**busta B** o allegato tecnico, presente solo nelle procedure in cui si utilizza il criterio dell'offerta economicamente più vantaggiosa) è inserita l'*offerta tecnica*, ossia il modo in cui il concorrente si propone di realizzare l'opera (e quindi con quali materiali, attraverso quali tecniche costruttive e simili);

c) nella terza (**busta C** o allegato economico), invece, si trova l'*offerta economica*, ovvero l'indicazione relativa all'elemento prezzo (lo sconto offerto dal concorrente rispetto all'importo a base d'asta, il prezzo unitario di ciascun intervento o materiale previsto e così via).

Ciascun concorrente può far pervenire all'amministrazione **una sola offerta**, la quale è *vincolante* per il periodo indicato nel bando o nell'invito o comunque, in caso di mancata indicazione in tali atti, per un periodo abbastanza ampio di tempo previsto dal Codice (di 180 giorni dalla scadenza del termine per la sua presentazione, con la precisazione che la stazione appaltante può sempre chiedere agli offerenti di posticipare detto termine, quando non sia ancora intervenuta l'aggiudicazione: cfr. art. 17, c. 4).

Una volta scaduti i termini per la spedizione delle offerte, l'intero procedimento prosegue dinnanzi ad una *commissione di gara* (nel caso di procedure con il criterio dell'offerta economicamente più vantaggiosa definita dal Codice, più propriamente, **commissione giudicatrice**).

Nel caso in cui il criterio di aggiudicazione indicato dal bando sia quello del *minor prezzo*, dal momento che le offerte non necessitano di una valutazione tecnico-specialistica affinché si possano attribuire i punteggi, la stazione appaltante individua i componenti del seggio di gara secondo le proprie regole interne, normalmente facendo in modo che i membri siano in numero dispari, abbiano esperienza in materia di procedure selettive e non versino nelle situazioni di incompatibilità previste per le commissioni giudicatrici.

Viceversa, quando il criterio scelto è quello dell'*offerta economicamente più vantaggiosa*, la commissione giudicatrice – che può riunirsi anche a distanza attraverso procedure telematiche che salvaguardino la riservatezza delle comunicazioni – ha il compito di valutare le offerte dal punto di vista tecnico ed economico ed è formata da esperti nello specifico settore cui afferisce l'oggetto del contratto, nella misura di tre o cinque componenti, di cui uno ricopre l'incarico di presidente del collegio, individuati dopo la scadenza del termine per la presentazione delle offerte. I commissari non devono aver svolto né possono svolgere alcun'altra funzione o incarico tecnico o amministrativo relativamente al contratto del cui affidamento si tratta e autocertificano l'inesistenza di cause di incompatibilità o di astensione nei loro confronti previste dal Codice (art. 93). In ogni caso, le stazioni appaltanti hanno l'obbligo di verificare, prima del conferimento dell'incarico, la veridicità delle dichiarazioni rese.

Nella data e nell'ora indicate nel bando o nell'avviso, la commissione procede all'*apertura delle buste*, iniziando solitamente dal plico contenente la **documentazione amministrativa**. In questa prima fase, che di regola è *pubblica*, è verificato il rispetto da parte dei singoli concorrenti delle prescrizioni contenute negli atti di gara: in particolare, si controlla la completezza delle informazioni e dei documenti richiesti, fermo restando che per quelli presenti in banche dati o elenchi pubblici la stazione appaltante può agire d'ufficio.

Diversa è invece la situazione di un concorrente che dimentichi di allegare, nella busta A, la cauzione provvisoria richiesta a garanzia dell'offerta, oppure non indichi le lavorazioni che intende affidare in subappalto ad un altro soggetto: in questi casi, la stazione appaltante non ha modo di verificare da altre fonti i documenti mancanti o le informazioni incomplete. Il Codice ha allora previsto un particolare istituto, chiamato *soccorso istruttorio*, attraverso il quale la stazione appaltante concede al concorrente un termine abbastanza breve (compreso tra 5 e 10 giorni) per produrre la documentazione amministrativa che la commissione ha rilevato essere non completa o comunque non regolare e che era invece prevista a pena di esclusione. Se il concorrente la produce nei termini, è ammesso alla procedura; in caso contrario, è escluso (art. 101, c. 2). Va precisato che il soccorso istruttorio vale solo per il contenuto della busta A; siccome la norma del Codice si riferisce espressamente alle carenze di qualsiasi elemento formale della domanda, le irregolarità riscontrate nelle altre buste non sono sanabili e comportano, spesse volte, l'esclusione diretta del concorrente.

Esaurita questa fase, con riferimento ai candidati non esclusi, la commissione procede ad aprire anche la busta B, di solito in seduta riservata, affinché siano garantite la tranquillità del lavoro dei commissari e la riservatezza delle informazioni fornite dai partecipanti nella redazione delle offerte (ma gli ordinamenti delle singole amministrazioni possono prevedere diversamente). In tale sede la commissione giudicatrice **esamina la proposta tecnica** formulata dal concorrente: normalmente si tratta di una relazione tecnica, nella quale l'operatore economico descrive le modalità di realizzazione dell'opera. I contenuti sono valutati dalla commissione, che assegna i punteggi previsti dal bando di gara al termine di un procedimento a volte anche molto lungo, quando si tratta di valutare tecnicamente allegati e documenti particolarmente corposi e complessi. Può succedere che, per essere ammessi alla fase successiva della procedura, sia richiesto che l'offerta raggiunga un punteggio minimo (è la cosiddetta *soglia di sbarramento*): anche in questo caso, chi non lo consegue è escluso.

Il potere della commissione di specificare i criteri di selezione

L'indicazione degli elementi sulla base dei quali un appalto è affidato (chiamati criteri di valutazione delle offerte) deve risultare dal bando di gara, nel quale sono indicati anche i rispettivi punteggi da attribuire alle offerte pervenute.

Alla luce di un bando non particolarmente dettagliato, in una controversia decisa dal Consiglio di Stato (cfr. sez. III, n. 514/2012), la commissione giudicatrice, nel corso delle proprie riunioni aveva aggiunto dei sub-elementi di valutazione, senza modificare le categorie indicate nel bando quali parametri di valutazione dell'offerta, i quali meglio specificavano i criteri generali stabiliti dalla *lex specialis*.

Tale aggiunta è stata ritenuta illegittima poiché pure gli eventuali sottocriteri devono essere **previsti nell'atto che dà avvio alla procedura**, eliminando ogni margine di discrezionalità in capo alla commissione di gara. E questo sulla base anche del diritto dell'Unione europea, a tenore del quale tutti gli elementi presi in considerazione dall'amministrazione aggiudicatrice per identificare l'offerta economicamente più vantaggiosa devono essere noti ai potenziali offerenti nel momento in cui presentano le offerte, con la conseguenza che la stazione appaltante non può applicare regole di ponderazione o sub-criteri che non abbia preventivamente portato a conoscenza dei concorrenti (cfr. CGE, 24 gennaio 2008, *Nikolaos Vlachopoulos*, C-532/2006).

Si arriva poi all'ultimo allegato, la busta C, che, come detto, contiene l'**offerta economica**: in questa fase non ci sono segreti tecnici o commerciali che giustificano un esame riservato delle offerte e infatti normalmente la seduta di **apertura delle offerte economiche** è pubblica. Il concorrente indica il prezzo offerto per il lavoro o il ribasso percentuale rispetto all'importo a base d'asta e la commissione legge ad alta voce gli importi e, attraverso una formula matematica, attribuisce i relativi punteggi.

Assegnati in tal modo i punti alle offerte dei concorrenti, la commissione può quindi procedere alla **formazione della graduatoria**, nella quale sono collocati, in ordine decrescente di punteggio complessivo, tutti i concorrenti che non hanno subito, durante l'intera procedura, un provvedimento di esclusione.

Indipendentemente dal criterio di aggiudicazione scelto dall'amministrazione, per regola generale tutte le offerte presentate dagli operatori economici non devono apparire anomale, nel senso che esse devono sembrare *congrue*, *serie*, *sostenibili* e soprattutto *realizzabili*. Può però accadere che, in una procedura aggiudicata con il criterio del minor prezzo, un offerente proponga un importo particolarmente basso oppure, nel caso del criterio dell'offerta economicamente più vantaggiosa, prometta la costruzione dell'opera con materiali pregiati, esponendo, ciò nonostante, un costo decisamente irrisorio: è il caso delle c.d. **offerte anormalmente basse** (dette anche *offerte anomale*, di cui all'art. 110 del Codice).

Occorre ricordare, in proposito, che l'obiettivo dell'amministrazione non è soltanto quello di concludere la procedura alle condizioni più vantaggiose, ma anche quello di veder realizzati i lavori a regola d'arte. Per questo, nel caso di offerte anomale, in base alle quali la legge sospetta che l'opera non sia in concreto realizzabile alle condizioni proposte dall'operatore economico, il concorrente è invitato a fornire spiegazioni per iscritto sul *prezzo* o sui *costi* esposti nell'offerta, entro un termine dal ricevimento della richiesta. Queste spiegazioni hanno lo scopo di fornire alla commissione degli elementi ulteriori a sostegno dell'offerta presentata, affinché essa possa arrivare alla conclusione che quanto proposto è congruo.

Quando il criterio di aggiudicazione è quello del prezzo più basso, la congruità delle offerte è valutata sulle offerte che presentano un ribasso pari o superiore ad una *soglia di anomalia* scelta dalla stazione appaltante tra quelle previste dal Codice (Allegato II.2); quando il criterio è invece quello dell'offerta economicamente più vantaggiosa, la valutazione è lasciata nella discrezionalità dell'amministrazione sulla base di elementi specifici. Se la prova fornita dall'operatore economico non giustifica sufficientemente il basso livello di prezzi o di costi proposti, tenendo conto del tipo di offerta presentata dal concorrente, quest'ultimo è **escluso** dalla procedura con provvedimento motivato (art. 110, c. 5); in caso contrario, anch'esso è ammesso alla fase finale del procedimento, ove si verifica l'aggiudicazione.

Si noti, comunque, che tale verifica è *obbligatoria*, secondo quanto previsto dal Codice (art. 54, c. 1), solo nelle procedure sotto soglia aggiudicate con il criterio del minor prezzo e solo se le offerte ammesse alla fase di valutazione sono almeno cinque. In tutti gli altri casi una simile verifica resta *facoltativa*.

Il Codice del 2023, traendo spunto dalle norme emergenziali varate dal Governo in occasione della pandemia da Coronavirus del 2020, ha confermato la possibilità per le stazioni appaltanti, nelle sole *procedure aperte*, di stabilire nel bando di gara che le offerte siano esaminate prima della verifica dell'idoneità degli offerenti (art. 107, c. 3). Questa facoltà, che prende il nome di **inversione procedimentale**, consente all'amministrazione di verificare subito il contenuto dell'offerta tecnica e di quella economica, una volta scaduto il termine per la presentazione delle offerte, e di esaminare in seguito l'assenza dei motivi di esclusione e il rispetto dei criteri di selezione dei concorrenti, normalmente per le sole offerte collocate utilmente in graduatoria (non escluse e non anomale).

3.4. L'aggiudicazione e la stipula del contratto

Sono ammesse alla valutazione da parte della commissione giudicatrice, ai sensi dell'art. 107 del Codice, le offerte che sono *conformi* ai requisiti, alle condizioni e ai criteri indicati nel bando di gara o nell'invito e, in generale, nei documenti di gara e che provengono da *offerenti non esclusi* dalla procedura e *in possesso dei requisiti* richiesti dalla stazione appaltante (di idoneità professionale, capacità economico-finanziaria e capacità tecnico-professionale già visti nel par. 2.2).

Dette offerte vengono valutate utilizzando i criteri esaminati nei paragrafi precedenti. All'esito della valutazione, come si è visto, la commissione stila una *graduatoria* delle proposte ricevute, in ordine decrescente dalla migliore alla peggiore e *propone* all'amministrazione di assegnare i lavori all'offerente collocato nella posizione di vertice, all'esito dell'eventuale sub procedimento di verifica dell'anomalia dell'offerta. Questo passaggio, che chiude la fase dinnanzi alla commissione di gara, viene chiamato **proposta di aggiudicazione** (art. 17, c. 5) ed è solitamente contenuto nell'ultimo *verbale* delle operazioni della commissione stessa, riunita normalmente in seduta pubblica.

La proposta di aggiudicazione, come è evidente, non esaurisce l'*iter* amministrativo: il Codice prevede infatti che essa sia soggetta ad *esame* ed *approvazione* da parte dell'organo competente secondo l'ordinamento della stazione appaltante. In questi casi, l'organo competente, se ritiene l'operato della commissione giudicatrice legittimo e conforme all'interesse pubblico, dopo aver verificato il possesso dei requisiti in capo all'offerente, può decidere di approvare gli atti della commissione e aggiudicare definitivamente l'appalto al miglior offerente, come anche di scegliere un diverso concorrente, ad esempio perché quello al vertice della graduatoria è stato in seguito estromesso perché non in possesso di una autorizzazione richiesta dal bando e dichiarata all'opposto sussistente in sede di offerta oppure perché una verifica avviata su segnalazione di un altro concorrente ha dimostrato l'assenza di uno dei requisiti morali richiesti dalla legge. La possibilità che la stazione appaltante non ratifichi l'operato della commissione è pacificamente ammessa in giurisprudenza, che la considera un «*evento del tutto fisiologico*» (cfr. Tar Campania, sez. I, 3 aprile 2012, n. 1550).

Il provvedimento con il quale la stazione appaltante attribuisce definitivamente l'appalto ad uno degli offerenti, chiudendo quindi la procedura ad evidenza pubblica, è detto **aggiudicazione definitiva**: si tratta, dunque, di un atto non vincolato e nemmeno meramente confermativo, il quale va comunicato all'*aggiudicatario* (ossia a colui cui è stato affidato l'appalto) e a tutti i partecipanti, compresi coloro la cui candidatura o offerta siano state escluse, qualora avessero proposto ricorso avverso l'esclusione o fossero in termini per farlo (art. 90, c. 1).

Può anche accadere che l'organo competente, ricevuta la proposta di aggiudicazione, debba richiedere *chiarimenti* o *documenti* ai partecipanti alla procedura (di regola, al primo classificato), perché agli atti la loro posizione non risulta chiara: in queste ipotesi, l'amministrazione invia formale richiesta agli interessati. Nel momento in cui pervengono i chiarimenti o documenti sollecitati, la stazione appaltante effettua le verifiche e, se queste hanno esito positivo, procede con l'aggiudicazione.

L'aggiudicazione definitiva produce da subito effetti giuridici ed è pertanto, come si usa dire in questi casi, un provvedimento **efficace**. Per espressa previsione del Codice (art. 17, c. 5), infatti, l'aggiudicazione diviene efficace nel momento in cui essa è disposta, anche perché – a differenza di quanto avveniva in passato – la stazione appaltante ha già verificato il possesso, da parte dell'aggiudicatario, di tutti i requisiti richiesti subito dopo la proposta di aggiudicazione: sia i requisiti di ordine morale, quindi, che quelli previsti a dimostrazione della qualificazione e delle capacità tecnica e finanziaria, come pure quelli fissati dalla legge in materia di regolarità contributiva, antimafia e diritto al lavoro dei disabili. La verifica, che è obbligatoria, ha lo scopo di appurare che il soggetto vincitore non abbia falsato la concorrenza dichiarando requisiti non posseduti o producendo documentazione non regolare.

Avvenuta l'aggiudicazione definitiva, la stipulazione del contratto di appalto *deve* avere luogo entro i successivi **60 giorni**, salvo il diverso termine previsto nel bando o nell'invito, ovvero l'ipotesi di differimento espressamente concordata con l'aggiudicatario e motivato in base all'interesse della stazione appaltante. Tuttavia, per effetto della c.d. clausola *stand still*, il contratto *non può* comunque essere stipulato prima che siano trascorsi **35 giorni** dall'invio dell'ultima comunicazione che dà atto dell'aggiudicazione definitiva. Quest'ultima previsione serve a tutelare coloro che hanno impugnato (o hanno interesse ad impugnare) l'aggiudicazione – e quindi, solitamente, il concorrente classificatosi in seconda posizione. Tale termine dilatorio *non opera*, però, nei casi in cui sia stata presentata o ammessa una sola offerta e non siano state proposte impugnazioni del bando o della lettera di invito o questi ricorsi risultino già respinti con decisione definitiva: sarebbe inutile, difatti, posticipare la stipula del contratto per garantire la posizione di controinteressati assenti o che hanno già impugnato, senza esito positivo, gli atti di gara (art. 18, c. 3).

L'offerta del vincitore è considerata *irrevocabile* per tutto il periodo entro il quale l'amministrazione ha la possibilità di addivenire all'accordo, cioè i richiamati 60 giorni. Scaduto detto termine, l'aggiudicatario può, mediante atto notificato alla stazione appaltante, sciogliersi da ogni vincolo, senza però alcun diritto ad indennizzi, salvo il rimborso delle spese contrattuali documentate (art. 18, c. 5).

I termini sopra riportati non si applicano nell'eventualità in cui la stazione appaltante consegni i lavori in via di urgenza, la quale è *sempre* ammessa nelle ipotesi di eventi oggettivamente imprevedibili previste dal Codice all'art. 17, c. 9 (situazioni di pericolo per persone, animali o cose, per l'igiene e la salute pubblica, per il patrimonio storico, artistico, culturale e simili, ma anche nei casi in cui la mancata esecuzione immediata dei lavori determinerebbe un grave danno all'interesse pubblico che sono destinati a soddisfare, compresa la perdita di finanziamenti provenienti dall'UE) e *può* essere disposta per altre motivate ragioni, a discrezione della stazione appaltante (art. 17, c. 8). Ricorrendo queste fattispecie, l'appalto può essere portato ad esecuzione immediatamente, anche prima della stipula del contratto (si tratta della c.d. *esecuzione anticipata dei lavori*). La **stipula** di tutti i contratti avviene, a pena di nullità, in forma scritta avanti ad un notaio, con *atto pubblico informatico*, oppure ad un ufficiale rogante della stazione appaltante (per gli enti locali, di regola, il Segretario o il Dirigente a capo della struttura che si occupa di contratti), che realizza un atto in *forma pubblica amministrativa*, sempre in modalità elettronica, o mediante *scrittura privata*. Solo negli affidamenti diretti o in avviati con procedura negoziata senza previa pubblicazione di un bando è possibile sottoscrivere il contratto mediante corrispondenza secondo l'uso del commercio, consistente in uno scambio di lettere, anche tramite la posta elettronica certificata (art. 18, c. 1).

Le fasi di una procedura di affidamento di lavori pubblici

Provvedimento a contrarre

↓

Bando di gara (ed eventuale previo avviso di preinformazione);
bando integrale o disciplinare di gara

↓

Presentazione delle offerte

↓

Apertura e valutazione delle offerte da parte della commissione giudicatrice

↓

Eventuale valutazione dell'anomalia o della congruità delle offerte

↓

Proposta di aggiudicazione (ed eventuale richiesta di chiarimenti)

↓

Verifiche sull'aggiudicatario

↓

Aggiudicazione definitiva

↓

Stipula del contratto

Come già ribadito, con la stipula del contratto i rapporti tra stazione appaltante ed appaltatore sono disciplinati quasi esclusivamente dal diritto privato. È importante, tuttavia, ricordare che le rispettive posizioni sono regolate da due distinti **capitolati d'oneri** (*ex* art. 45, r.d. n. 827/1924), che si aggiungono al contratto vero e proprio: il primo è il *capitolato generale d'appalto dei lavori pubblici*, che è un atto amministrativo generale previsto dalla legge (contenuto attualmente nel d.m. 19 aprile 2000, n. 45) uguale per tutti gli appalti. L'altro è il *capitolato speciale d'appalto*, il quale è un documento di gara redatto dalla stazione appaltante, definisce i contenuti del futuro rapporto contrattuale con l'aggiudicatario e riguarda nello specifico l'opera da realizzare, contenendo perciò le norme relative alle prescrizioni tecniche e alle clausole contrattuali relative ai lavori in questione (la sua previsione è ora contenuta nell'art. 87, c. 2, del Codice).

4. Le forme di partenariato pubblico-privato

L'appalto è sicuramente, ad oggi, lo strumento più utilizzato dalle stazioni appaltanti che vogliano far realizzare ad altri un'opera pubblica. Esso però non è l'unico: in questo e nei paragrafi che seguono, l'attenzione sarà pertanto dedicata all'analisi delle altre modalità di affidamento dei lavori, iniziando da un istituto che è stato completamente rivisitato con l'entrata in vigore del Codice attuale.

Il partenariato pubblico-privato (PPP) racchiude un **insieme di forme di cooperazione** tra la pubblica amministrazione e gli operatori economici nella realizzazione di un'attività diretta al perseguimento di interessi pubblici, utilizzata quando la stazione appaltante abbia necessità di accrescere le risorse a disposizione, acquisendo competenze e soluzioni innovative relativamente a *lavori tendenzialmente complessi*. Di origine anglosassone e codificazione comunitaria, il fenomeno è noto per racchiudere, in buona sostanza, tutto ciò che non può definirsi appalto.

Infatti, in prima battuta si può notare come, attraverso questo istituto, l'operatore economico non sia semplicemente il destinatario dell'attività amministrativa, ma partecipi ad un rapporto tra soggetti aventi la stessa dignità formale, se è vero che da soggetto privato diviene, appunto, *partner* dell'amministrazione. La cooperazione del privato che ne deriva non si limita ad eseguire (ed eventualmente progettare) i lavori richiesti dalla stazione appaltante, ma implica un ruolo attivo in tutte le fasi, dalla proposizione dell'intervento al finanziamento, dalla progettazione alla gestione dell'opera realizzata.

Questo maggiore coinvolgimento del privato nella realizzazione di opere pubbliche da una parte consente alla p.a. di arricchire le proprie competenze mediante l'acquisizione di conoscenze tecniche e scientifiche e di conseguire notevoli risparmi economici, derivanti dalla riduzione degli oneri di progettazione. Dall'altra parte, esso dà conto del ruolo attuale dello Stato e degli enti pubblici in ambito economico: un ruolo che è ormai divenuto più di regolazione e di controllo (ed eventualmente di organizzazione) piuttosto che di operatore diretto del mercato, come invece avveniva in passato.

Siffatta cooperazione tra il settore pubblico e i privati rappresenta inoltre una manifestazione del **principio di sussidiarietà orizzontale**, di cui all'art. 118, ultimo comma, della Costituzione. La sussidiarietà orizzontale, come afferma la dottrina, si esplica nell'ambito del rapporto tra autorità e libertà – Stato e formazioni sociali – e muove dal presupposto per il quale alla cura dei bisogni collettivi e alle attività di interesse generale provvedono direttamente i cittadini, laddove i pubblici poteri intervengono in *funzione ausiliaria*: di programmazione, di coordinamento ed eventualmente di gestione. Tale principio, con riferimento alle attività di interesse generale, esprime un indietreggiare dell'intervento pubblico e, in sincrono, un avanzamento dello spazio riservato ai privati: in altre parole, a certe condizioni, l'operatore economico si sostituisce all'amministrazione svolgendo una parte delle attività che spetterebbero ad essa, ma che in questo modo possono essere realizzate *meglio*.

Come si rilevava, l'attuale Codice dei contratti pubblici ha profondamente rivisto l'assetto del partenariato pubblico-privato, arrivando a stabilire che si tratta di un'**operazione economica** con la quale si instaura un rapporto contrattuale di lungo periodo per raggiungere un risultato di interesse pubblico. Sulla base di tale rapporto contrattuale, la parte privata ha l'onere di reperire in misura significativa le risorse finanziarie per realizzare il progetto e quindi di realizzarlo e gestirlo, mentre alla parte pubblica spetta di definire gli obiettivi e di verificarne l'attuazione, con la precisazione che il rischio connesso alla realizzazione dei lavori o alla gestione dei servizi è allocato in capo al soggetto privato (art. 174).

Il partenariato pubblico-privato può essere di tipo *contrattuale*, quando la pubblica amministrazione stipula un vero e proprio contatto con l'operatore economico (concessione, locazione finanziaria, contratto di disponibilità ed ogni altro accordo pubblico-privato che abbia i contenuti appena visti, diretto a realizzare interessi meritevoli di tutela), oppure di tipo *istituzionale*, se – al posto di un contratto – si procede a creare un ente partecipato sia dalla parte privata che da quella pubblica (e in tal caso esso è disciplinato, più che dal Codice, dal testo unico in materia di società a partecipazione pubblica: d.lgs. n. 175/2016).

Nella pratica, le pubbliche amministrazioni adottano il **programma triennale delle esigenze pubbliche** idonee a essere soddisfatte attraverso forme di partenariato pubblico-privato. Il ricorso al partenariato pubblico-privato è preceduto da una *valutazione preliminare* di convenienza e fattibilità, che si incentra sull'idoneità del progetto a essere finanziato con risorse private e confronta la stima dei costi e dei benefici del progetto di partenariato con quella che si avrebbe se si affidasse l'opera in appalto per un arco temporale equivalente. Il monitoraggio dei partenariati in tal modo istituiti è affidato alla Presidenza del Consiglio dei ministri (art. 175).

Ecco, dunque, che il Codice individua una serie di modalità di partenariato, che ora si passeranno brevemente in rassegna, con la precisazione che l'elenco è indicativo e può dunque essere ampliato da forme non codificate e definite pertanto *atipiche*.

4.1. La concessione di lavori

Nel diritto amministrativo, la concessione è un provvedimento ampliativo, che attribuisce ad un soggetto, per un periodo di tempo definito, un *diritto* che questi prima non possedeva, in quanto di titolarità dello Stato o comunque di un ente pubblico. Per questo motivo, anche la concessione di lavori, con la quale una amministrazione affida l'esecuzione di un'opera pubblica ad uno o più operatori economici, era intesa, fino all'avvento delle regole in materia di contratti pubblici di stampo comunitario, come un atto di trasferimento di poteri amministrativi ad un privato: il *concessionario* (ossia l'incaricato di eseguire i lavori) si sostituiva all'amministrazione per un tempo determinato, esercitando attività che erano e rimanevano di titolarità di questa. Per effetto di detto meccanismo, le p.a. ricorrevano molto spesso allo strumento della concessione, in quanto in tal modo potevano scegliere liberamente il soggetto al quale affidare i lavori, senza dover seguire le speciali regole dettate in tema di evidenza pubblica.

Oggi questa pratica non è più ammessa. Come si è visto, le direttive europee in materia di contratti pubblici (in particolare – e da ultimo – la 2014/23/UE, dedicata specificamente all'aggiudicazione delle concessioni) e la disciplina nazionale che le ha recepite (per ultimo, il Codice dei contratti del 2023, agli artt. 176 ss.) hanno invero qualificato tali atti di concessione non come dei provvedimenti, ma come dei *contratti*, esattamente come nel caso degli appalti.

Da quanto si è finora esposto, parrebbe che concessione ed appalto siano concetti equivalenti, ma così non è. La **concessione di lavori pubblici**, infatti, è un contratto oneroso, stipulato per iscritto, con il quale l'amministrazione (definita dal Codice *ente concedente*) affida l'*esecuzione* di un'opera ad un concessionario, riconoscendogli a titolo di corrispettivo unicamente il *diritto di gestire le opere* oggetto del contratto o *tale diritto accompagnato da un prezzo*, con assunzione in capo al concessionario del *rischio operativo* legato alla gestione delle opere (Allegato I.1, art. 2, c. 1, lett. *c*). Quest'ultimo aspetto, ossia il trasferimento al concessionario del rischio operativo legato alla realizzazione dei lavori (o alla gestione dei servizi), è stato enfatizzato dal Codice del 2023, che ha chiarito che esso sussiste quando, in **condizioni operative normali**, non sia garantito il recupero degli investimenti effettuati o dei costi sostenuti dal concessionario per la gestione dei lavori o dei servizi oggetto della concessione (art. 177, c. 2). Questo aspetto ricalca molto la struttura del *partenariato pubblico-privato*, come si è visto, ragione per cui, per la prima volta, il legislatore nel 2023 ha inserito le concessioni all'interno di tale più grande categoria, che si distinguono dagli altri contratti appunto perché il concessionario è *effettivamente* esposto alle fluttuazioni del mercato.

Appaiono ora più chiare le differenze tra appalti e concessioni:

a) in primo luogo, non è più possibile ricorrere alla concessione per la mera realizzazione di un'opera pubblica (come avviene con l'appalto), poiché alla fase dell'esecuzione dei lavori deve seguire una fase in cui l'operatore economico interessato *gestisce* l'opera realizzata: e così il concessionario dovrà costruire, ad esempio, la nuova piscina comunale, ma ne avrà anche la gestione per un periodo di tempo stabilito nel contratto ed è proprio la successiva gestione del servizio – e la sua remunerabilità – che indurrà gli operatori economici a partecipare alla procedura;

b) in secondo luogo, mentre nel contratto di appalto l'amministrazione incarica l'aggiudicatario di realizzare un'opera e ne paga interamente il prezzo, così come concordato nell'accordo, nel contratto di concessione le spese supportate dal concessionario non sono sostenute (o lo sono solo in parte, attraverso un *canone*) dalla stazione appaltante, ma dall'operatore economico stesso, il quale vi fa fronte attraverso i guadagni derivanti dalla gestione dell'opera: nell'esempio precedente, tali introiti saranno costituiti dalle tariffe di ingresso all'impianto o di utilizzo degli spazi del medesimo;

c) in terzo luogo, come corollario di quanto si è appena detto, è insita nella natura della concessione la presenza del c.d. rischio operativo (o rischio di gestione): è infatti evidente che il concessionario che esegue i lavori richiesti dall'ente concedente non sa, a priori, se i ricavi, alla fine del periodo contrattualmente previsto, copriranno o meno le spese sostenute. L'opera realizzata, quindi, deve essere in grado, tendenzialmente, di autofinanziarsi, ossia di generare un *flusso di cassa* derivante dalla gestione, che consenta di remunerare l'investimento effettuato: richiamando ancora l'esempio dello stabilimento natatorio, l'operatore economico può solo stimare il numero di utilizzatori o la mole di corsi di nuoto impartiti (e, quindi, i conseguenti guadagni), in funzione anche di eventi imprevedibili come quelli atmosferici, e ciononostante sottoscrive il contratto assumendo il rischio di poter andare in perdita. Nondimeno, com'è evidente, se partecipa alla procedura è proprio perché l'analisi tra i costi da sostenere e i ricavi immaginati è a vantaggio di questi ultimi;

d) in ultima analisi, va evidenziato come – nella maggior parte dei casi – il rapporto che si viene in tal modo a creare non vede la presenza due soli soggetti (stazione appaltante e appaltatore, come nel caso dei contratti di appalto), ma ha *natura trilatera*: oltre all'ente concedente e al concessionario, infatti, compare un terzo soggetto, che è l'utenza destinataria o fruitrice dell'opera. Saranno proprio gli utilizzatori della piscina (come i fruitori di un parcheggio o di un'autostrada), pagando il titolo di ingresso, a ripagare il concessionario dell'investimento effettuato.

Volendo riassumere, riportando una massima attinta dalla giurisprudenza del Consiglio di Stato (cfr. sez. V, 24 settembre 2010, n. 7108), si può affermare che nella concessione l'operatore eroga le proprie prestazioni *al pubblico* e, pertanto, assume il rischio della gestione dell'opera (in quanto si remunera, almeno per una parte significativa, presso gli utenti mediante la riscossione di un prezzo); nell'appalto, invece, le prestazioni vengono erogate non al pubblico, ma *alla stazione appaltante*, la quale è tenuta a remunerare l'attività svolta dall'appaltatore per le prestazioni ad essa rese.

Va però aggiunto che, nella pratica, può accadere che l'ente concedente *intervenga parzialmente* nel rischio di gestione assunto dal concessionario, ad esempio sostenendo in parte il costo di gestione della concessione, al fine di contenere il prezzo delle prestazioni a carico dell'utente finale. Secondo la Commissione europea, questo intervento pubblico è giustificato – e non muta la natura del contratto – se l'importo versato copre solo in una certa misura il costo dell'opera (si pensi al caso in cui il concessionario della piscina applichi una tariffa ridotta a determinate categorie di utenti su richiesta del Comune e riceva a questo titolo una compensazione dalla medesima amministrazione). Se invece l'ente concedente assume *in proprio* l'onere del rischio inerente alla gestione, allora si tratta non di concessione, bensì di appalto, in quanto in siffatta ipotesi non vi è il rischio imprenditoriale della gestione, ma soltanto quello della costruzione (cfr. Comunicazione della Commissione europea del 12 aprile 2000).

Chiarite le nozioni fondamentali, si può ora esaminare la disciplina di dettaglio, ricordando che la direttiva 2014/23/UE ha, per la prima volta, dettato **regole specifiche** in materia di concessioni, alle quali in precedenza si applicavano i soli principi generali di cui al TFUE e alcune regole speciali del Codice del 2006 (d.lgs. n. 163/2006) e, prima ancora, alcune norme nazionali in materia di opere pubbliche.

Anche le concessioni hanno regimi giuridici differenti, a seconda che il loro valore sia superiore o inferiore alla soglia comunitaria. A tal fine, il *valore di una concessione* è costituito non dall'importo dei lavori da eseguire (come avverrebbe in un appalto di opere pubbliche), ma dalla **stima del fatturato totale** del concessionario generato per tutta la durata del contratto (al netto dell'IVA), quale corrispettivo dei lavori oggetto del contratto e delle forniture accessorie a tali lavori (art. 179, c. 1).

Il requisito essenziale, in ogni caso, è che il contratto di concessione deve garantire per tutta la sua durata la conservazione dell'*equilibrio economico e finanziario*, attestato da un documento molto importante in questo tipo di procedure: il **piano economico e finanziario** (PEF) della concessione. Da tale atto, predisposto dalla stazione appaltante prima dell'avvio della procedura, devono risultare sia la *convenienza economica* che la sostenibilità finanziaria dell'opera: con la prima si intende la capacità del progetto dell'opera di creare valore nell'arco di efficacia del contratto e di generare un livello di redditività adeguato al capitale investito, mentre per *sostenibilità finanziaria* si intende la capacità del medesimo progetto di generare introiti sufficienti a garantire il rimborso del finanziamento. Quando sono contemporaneamente presenti le condizioni di convenienza economica e quelle di sostenibilità finanziaria dell'opera, la concessione è in equilibrio, poiché i ricavi attesi del progetto sono in grado di coprire i costi operativi e i costi di investimento (art. 177, c. 5).

Appunto per raggiungere l'equilibrio appena descritto, l'ente concedente può stabilire di versare un contributo pubblico al concessionario oppure di cedergli un bene immobile; analogamente, il verificarsi di fatti non riconducibili al concessionario che incidono sull'equilibrio del piano economico finanziario *può* comportare la revisione del medesimo, rideterminando le condizioni di equilibrio. Altrimenti, in condizioni operative normali, il rischio di gestione collegato alla concessione non incide sull'equilibrio del piano economico finanziario ed è quindi a carico del concessionario.

La procedura prende avvio, come nel caso dell'appalto, con la pubblicazione di un **bando di concessione** (e dell'allegato piano economico e finanziario), il quale contiene, tra il resto, la descrizione della concessione, i requisiti tecnici e funzionali dei lavori da eseguire, le condizioni di partecipazione, i criteri di aggiudicazione e gli eventuali requisiti minimi da soddisfare (Allegato IV.1). Anche in questo caso gli interessati possono, a seconda della procedura, presentare un'offerta o chiedere di essere invitati a partecipare al procedimento. L'ente concedente verifica le condizioni di partecipazione relative alle capacità tecniche e professionali e alla capacità finanziaria ed economica dei candidati o degli offerenti, sulla base di certificazioni, autocertificazioni o attestati che devono essere presentati come prova e le offerte vengono quindi valutate secondo le regole già viste con riferimento agli appalti (art. 183).

Il procedimento prevede che l'ente concedente ponga a base di gara almeno un progetto di fattibilità, mentre il vincitore (l'aggiudicatario) provvede alla predisposizione del successivo livello progettuale. Le concessioni sono aggiudicate sulla base di criteri oggettivi, tali da assicurare una valutazione delle offerte in condizioni di concorrenza effettiva, in modo da individuare un vantaggio economico complessivo per l'ente concedente, di regola secondo il *criterio dell'offerta economicamente più vantaggiosa*. Si tratta, invero, di fattispecie complesse, nelle quali il criterio del minor prezzo non avrebbe una sostanziale utilità: per questo il Codice prevede che la stazione appaltante elenchi i criteri di aggiudicazione e i parametri di valutazione in ordine decrescente di importanza (art. 185, c. 3). Nel caso di *concessioni sotto soglia*, invece, l'ente concedente può procedere mediante procedura negoziata senza pubblicazione di bando, previa consultazione, ove esistenti, di almeno 10 operatori economici (art. 187).

La **sottoscrizione del contratto** di concessione ha luogo dopo l'approvazione del progetto presentato dall'aggiudicatario e la produzione, da parte del medesimo, di documentazione idonea inerente al finanziamento dell'opera. Per agevolare l'ottenimento di tale finanziamento, i documenti di gara sono definiti in modo da assicurare la reperibilità sul mercato di risorse proporzionate ai fabbisogni, la sostenibilità di tali fonti e la redditività del capitale investito (art. 182, c. 5). Questo accordo ha una *doppia finalità*: da un lato concede i lavori, come farebbe un provvedimento amministrativo, e dall'altro regola i rapporti patrimoniali tra stazione appaltante e concessionario, come accade in ogni contratto, quali ad esempio il corrispettivo eventualmente dovuto all'operatore economico, i termini e le modalità di gestione, l'eventuale subappalto a terzi e simili. La *durata* del contratto è limitata ed è determinata dall'ente concedente nel bando di gara in funzione dei lavori richiesti al concessionario. Essa è commisurata al valore della concessione e alla sua complessità organizzativa; per espressa previsione normativa (art. 178, c. 2, del Codice), nel caso di contratti con durata maggiore di cinque anni, la durata della concessione non supera il periodo di tempo in cui si può ragionevolmente prevedere che il concessionario recuperi gli investimenti effettuati nell'esecuzione dei lavori o dei servizi, insieme con un ritorno sul capitale investito, tenuto conto degli investimenti necessari per conseguire gli obiettivi contrattuali specifici come risultanti dal piano economico e finanziario.

Come gli appalti, anche le concessioni possono avere natura *mista*, nel senso di avere ad oggetto sia l'esecuzione di lavori che la gestione servizi: si immagini l'esercizio di un vecchio distributore di benzina, che l'ente concedente affidi in concessione con l'onere di ristrutturarlo. Tali contratti sono aggiudicati seguendo le regole previste dal Codice per il tipo di concessione che caratterizza la prestazione principale del contratto, ossia quella più impegnativa (art. 180).

4.2. La finanza di progetto e le ulteriori ipotesi previste dal Codice dei contratti

La **finanza di progetto** (o *project financing*) è uno strumento introdotto verso la fine degli anni Novanta del secolo scorso, inizialmente con lo scopo di stimolare i finanziatori privati ad investire capitali nella realizzazione di lavori pubblici o di pubblica utilità inseriti nei piani triennali di programmazione dei lavori adottati dalle singole amministrazioni.

L'idea di fondo sottesa a tale istituto è quella di finanziare la realizzazione di un'opera pubblica sulla base di un progetto (di provenienza pubblica o privata), individuando nel mercato l'operatore economico in grado di attuarlo. Questa tipologia di affidamento ha avuto, negli ultimi anni, un utilizzo sempre maggiore nel nostro Paese a seguito, su tutti, dell'approvazione del PNRR del 2021, in ragione del quale le amministrazioni si sono trovate a gestire ingenti somme di denaro da utilizzare in tempi molto ristretti.

Attraverso tale modalità, gli operatori economici che lo desiderano (definiti, in questi casi, *promotori*) possono presentare agli enti concedenti **proposte** relative alla realizzazione in concessione di lavori o servizi. Ciascuna proposta contiene un progetto di fattibilità, il piano economico-finanziario (come nelle concessioni), una bozza di convenzione (ossia un contratto) e la specificazione delle caratteristiche del servizio e della gestione. L'ente concedente, ricevuta la proposta, valuta la fattibilità della medesima, invitando se necessario il promotore ad apportare al progetto le modifiche necessarie per la sua approvazione: se il promotore non apporta le modifiche richieste, la proposta è respinta; in caso contrario, esso viene approvato dall'ente concedente ed inserito tra gli strumenti di programmazione (art. 193, c. 2).

Una volta approvato il progetto di fattibilità del proponente, prende avvio la **procedura di gara** vera e propria, che inizia con l'emanazione di un bando: esso riporta i criteri e i parametri di valutazione delle offerte, in base ai quali si procede all'esame comparativo delle diverse proposte. I concorrenti interessati in possesso dei requisiti previsti dal bando, compreso il promotore, presentano un'offerta contenente un proprio piano economico-finanziario, la propria specificazione delle caratteristiche del servizio e della gestione e le migliorie che intendono apportare al progetto di fattibilità posto a base di gara (art. 193, c. 5).

L'ente concedente, valutate le offerte pervenute nei termini, redige la graduatoria e nomina aggiudicatario il soggetto che ha presentato la migliore offerta; quindi, procede ad approvare il progetto elaborato dall'aggiudicatario (art. 173, c. 7). Il progetto in tal modo approvato dà la possibilità all'ente concedente di procedere alla *stipula del contratto*. È importante sottolineare che la finanza di progetto, in sé, non è un contratto, ma un procedimento al cui esito favorevole è sottoscritto il contratto. Peraltro, per gli affidamenti sopra soglia comunitaria, l'aggiudicatario deve costituire una *società di scopo* in forma di società per azioni o a responsabilità limitata (art. 194, c. 1).

Se il promotore non risulta aggiudicatario, esso può esercitare il *diritto di prelazione* e divenire aggiudicatario se dichiara di impegnarsi ad adempiere alle obbligazioni contrattuali alle medesime condizioni offerte dal concorrente vincitore: in questo modo, al proponente è data la possibilità di realizzare in ogni caso il progetto che ha proposto.

Si noti che con la finanza di progetto – a differenza di quanto accade negli appalti di lavori – le spese per la progettazione (e quelle ulteriori per recepire le eventuali richieste successive dell'ente concedente) sono interamente a carico del partecipante alla procedura e non dell'amministrazione. Per ovviare a questa situazione, il Codice prevede che, nel caso in cui risulti aggiudicatario un soggetto diverso dal promotore, quest'ultimo abbia diritto al rimborso di una parte dei costi sostenuti, peraltro a carico dell'aggiudicatario (art. 173, c. 8).

Va aggiunto, in conclusione, che anche l'ente concedente può *solleci-*

tare i privati a farsi promotori di iniziative volte a realizzare i progetti inclusi negli strumenti di programmazione del partenariato pubblico-privato: anche in queste ipotesi il procedimento sarà analogo a quello appena illustrato.

Il Codice dei contratti pubblici del 2023 ha introdotto – e qui se ne fornirà solo un rapido cenno – altri istituti riconducibili all'alveo del partenariato pubblico-privato.

Il primo è la **locazione finanziaria** (o *leasing*, per utilizzare l'espressione con cui tale contratto è conosciuto da tempo nel diritto privato), che ricorre nelle ipotesi in cui sia necessario, per l'ente concedente, avere liquidità per la realizzazione, l'acquisizione e il completamento di opere pubbliche o di pubblica utilità. In tali casi sono presenti tre soggetti: la società di locazione finanziaria (di solito un istituto di credito o un intermediario finanziario, chiamato *locatore*), la pubblica amministrazione (ovvero l'ente concedente, che prende il nome anche di *utilizzatore*) e un privato (ossia un operatore economico). Lo schema dettato dall'art. 196 del Codice prevede che la società di locazione finanziaria acquisti da un operatore economico un bene esistente o da realizzare e lo ceda in godimento, per un determinato periodo di tempo, alla pubblica amministrazione, a fronte del pagamento di un canone periodico. L'aggiudicazione del contratto avviene ponendo a base di gara almeno un progetto di fattibilità, comprensivo del piano finanziario, mentre l'aggiudicatario predispone i successivi livelli progettuali ed esegue l'opera.

Il secondo è il **contratto di disponibilità** (art. 197), con il quale un operatore economico si obbliga, in cambio di un corrispettivo e con organizzazione dei mezzi necessari e gestione a proprio rischio, a compiere e a far godere all'ente concedente un'opera, destinata all'esercizio di un pubblico servizio. L'operatore economico garantisce il miglior godimento dell'opera, mantenendola in stato da servire all'uso convenuto ed eliminandone a proprie spese i vizi, anche sopravvenuti. Il contratto può prevedere il trasferimento in proprietà all'amministrazione dell'opera, verso il pagamento di un corrispettivo ulteriore. Nella procedura di gara l'ente concedente redige, unitamente al bando, un capitolato speciale contenente le caratteristiche specifiche dell'opera.

Il terzo è il **partenariato sociale** (art. 201), inteso come forma di collaborazione tra i privati e la pubblica amministrazione per la realizzazione di fini di interesse generale e, dunque, di *sussidiarietà orizzontale*. Si tratta di fattispecie che perseguono un fine socialmente utile per i cittadini e la collettività territoriale di riferimento, attraverso le quali i privati, anziché pagare delle imposte in denaro, assolvono ai loro obblighi tributari realizzando lavori pubblici, mentre l'amministrazione, anziché finanziare con denaro un'opera, compensa con il privato un proprio credito tributario. I contratti in tal modo stipulati possono avere ad oggetto la gestione e manutenzione di aree riservate al verde pubblico urbano, di immobili di origine rurale destinati ad attività sociali e culturali e di piazze e strade, come anche gli interventi di decoro urbano e di recupero di aree e beni immobili inutilizzati e il compimento di opere di interesse locale, da acquisire al patrimonio indisponibile dell'ente concedente, sulla base di progetti presentati da cittadini, singoli o associati.

Da ultimo, ai sensi dell'art. 202 del Codice (che disciplina la c.d. **cessione di immobili in cambio di opere**), il bando di gara può prevedere a titolo di corrispettivo totale o parziale il trasferimento all'affidatario o ad un terzo da questi indicato della *proprietà* di beni immobili appartenenti alla p.a., già indicati nel programma triennale per i lavori, i quali non assolvano più funzioni di pubblico interesse, sulla base del loro valore di mercato. La norma di fatto demanda alla discrezionalità dell'ente concedente (in fase di pubblicazione del bando) e delle parti (in fase di stipula del contratto) gli aspetti di dettaglio della disciplina, come ad esempio le modalità di individuazione degli immobili da cedere, sulla base di appositi bandi tipo predisposti dall'ANAC.

5. Gli affidamenti sotto soglia e a contraente generale

Come si è visto, il legislatore nazionale si è preoccupato di disciplinare anche le modalità di affidamento delle opere pubbliche sotto soglia comunitaria (artt. 48 ss. del Codice) e ha subito precisato che, in tali fattispecie, devono comunque essere rispettati i *principi* già esaminati (par. 1), in particolare quelli del risultato, della fiducia e dell'accesso al mercato, come anche quelli in materia di trasparenza e di digitalizzazione del ciclo di vita degli affidamenti.

Del resto, sempre per espressa previsione normativa, ai contratti di importo inferiore alle soglie di rilevanza europea si applicano le *disposizioni generali* del Codice, a meno che non siano derogate da norme particolari. Non solo: quando la stazione appaltante accerta l'esistenza di un *interesse transfrontaliero certo*, anche se l'importo non supera la soglia comunitaria è necessario in ogni caso seguire le regole ordinarie viste per le procedure sopra soglia (art. 48).

Quale che sia la disciplina applicabile, nei contratti sotto soglia è richiesto – e assume una notevole importanza – il rispetto del *principio di rotazione*, in base al quale, in caso di due successivi appalti uguali (cioè nella stessa categoria di opere), è vietato affidare il secondo a chi si è aggiudicato il primo. Questa regola ha, in realtà, vistose eccezioni, dal momento che in casi motivati con riferimento alla struttura del mercato e alla effettiva assenza di alternative o di accurata esecuzione del precedente contratto, l'operatore economico uscente può essere reinvitato o essere individuato quale affidatario diretto. E nei contratti di più esiguo valore (meno di 5mila euro), la stazione appaltante può derogare a tale principio anche senza necessità di motivazione (art. 49).

Il Codice dei contratti pubblici del 2023 – semplificando la disciplina previgente – ha previsto, con riferimento ai lavori, procedimenti distinti a seconda del valore del contratto da affidare, sempre calcolato al netto di imposte, tasse e contributi previdenziali.

A) Qualora i lavori siano di importo **fino a 150.000 euro**, l'amministrazione, in alternativa al ricorso alle procedure ordinarie, possibilità che è sempre ammessa, può utilizzare la via dell'*affidamento diretto*, che si verifica ogniqualvolta i lavori sono assegnati ad un operatore economico scelto non all'esito di una gara, ma discrezionalmente dalla stessa p.a. (ossia dal responsabile del procedimento, eventualmente all'esito di una ricognizione del mercato, normalmente con un avviso o una richiesta di preventivi). Sul punto il Codice non prescrive che siano consultati più operatori economici, limitandosi a richiedere che siano scelti soggetti in possesso di documentate esperienze pregresse idonee all'esecuzione delle prestazioni contrattuali (art. 50, c. 1, lett. *a*).

Questa modalità semplificata ha l'obiettivo di assicurare un procedimento più rapido e più snello per acquisire lavori di importo non troppo elevato, nei casi in cui il ricorso alle ordinarie procedure di gara potrebbe comportare un rallentamento dell'azione amministrativa, oltre ad un notevole dispendio di tempi e di risorse, ma è caratterizzata da due obblighi in capo all'amministrazione: il *rispetto dei principi* visti al par. 1 (dall'economicità alla correttezza, dalla trasparenza alla rotazione) e un accentuato obbligo di *motivare la scelta* dell'affidatario.

La procedura che sfocia nell'affidamento diretto inizia, come nelle altre ipotesi, con una *determina a contrarre*, la quale contiene l'oggetto del contratto, l'importo e *il contraente*, i requisiti di carattere generale e, se necessari, quelli inerenti alla capacità economico-finanziaria e tecnico-professionale. In questi casi, quindi, la determina a contrarre (o atto equivalente) diviene il provvedimento con cui la stazione appaltante decide di *stipulare il contratto* con un dato operatore economico e fornisce la necessaria motivazione di tale scelta. Per questo motivo, in tale provvedimento sono motivate *adeguatamente* le ragioni della scelta dell'operatore economico affidatario, mentre la stipula del contratto può avvenire anche mediante scambio di lettere, pure per il tramite della posta elettronica certificata, secondo gli usi del commercio (art. 18, c. 1).

B) I lavori di importo **pari o superiore a 150.000 euro, ma inferiore ad un milione**, non possono essere oggetto di affidamento diretto, ma vanno aggiudicati attraverso una *procedura negoziata senza la preventiva pubblicazione del bando*. Anche questo procedimento, di cui all'art. 76 del Codice, implica che la p.a. adotti una *determina a contrarre*, contenente gli stessi elementi appena citati, meno l'indicazione del contraente, che evidentemente ancora manca. Successivamente, la stazione appaltante deve selezionare (di regola non tramite sorteggio) almeno **cinque concorrenti**, ove esistenti, individuati in base ad indagini di mercato o tramite elenchi di operatori economici (c.d. *elenchi dei fornitori* o *elenchi delle imprese*). Una volta attinti gli operatori economici di interesse, la stazione appaltante provvede ad invitarli alla procedura, nel rispetto dei principi di non discriminazione e di rotazione, e a richiedere la formulazione di un'offerta, sulla base di una serie di indicazioni relative ai lavori contenute nella richiesta (che prende il nome di invito, o come più frequentemente si usa dire, *lettera di invito*). L'opera è affidata a chi ha presentato la migliore offerta e il contratto è stipulato, anche in questo caso, tramite scambio di corrispondenza (art. 50, c. 1, lett. *c*).

C) Infine, per i contratti di importo **pari o superiore ad un milione di euro** (ma sempre inferiore alle soglie comunitarie), l'affidamento avviene mediante la medesima *procedura negoziata senza bando* appena illustrata, previa consultazione, però, di **dieci operatori economici**, sempre che ne esistano dieci, individuati attraverso indagini di mercato o elenchi gestiti dalle singole stazioni appaltanti (art. 50, c. 1, lett. *d*).

In tutti questi casi la stazione appaltante può procedere all'esecuzione anticipata del contratto appena ultimate le verifiche sull'aggiudicatario ed ha un termine di 30 giorni per la stipula del contratto medesimo: non si applica, quindi, la clausola di *stand still*, che nelle procedure sopra soglia impone alla stazione appaltante di attendere almeno 35 giorni prima di addivenire al contratto (art. 55).

L'ultima modalità che resta da esaminare è l'**affidamento a contraente generale** (o *general contractor*), istituita con la c.d. *legge obiettivo* (l. n. 443/2001), che il Codice del 2023 ha vistosamente ampliato rispetto alla formulazione precedente, collegandola all'affidamento di *servizi globali*, con lo scopo di snellire e accelerare, tra il resto, i tempi di realizzazione delle opere pubbliche strategiche.

L'affidamento di servizi globali si realizza mediante la conclusione di contratti con i quali si chiede all'operatore economico di perseguire un *risultato amministrativo* mediante prestazioni professionali e specialistiche, in cambio di un corrispettivo determinato in relazione al risultato ottenuto e alla attività normalmente necessaria per ottenerlo (art. 203). E così, l'assegnazione dei servizi globali al contraente generale si realizza mediante la conclusione di un contratto che obbliga l'operatore economico a realizzare un'opera e a perseguire un determinato obiettivo indicato nel bando di gara, con organizzazione e gestione *a proprio rischio*, in cambio del pagamento di un prezzo predeterminato (art. 204).

In buona sostanza, il contraente generale è il soggetto che assume su di sé le funzioni di *progettista*, *costruttore* e in parte anche di *finanziatore* dei lavori da realizzare, facendosi carico del rischio economico dell'opera e impegnandosi a fornire il lavoro a prezzi, termini di consegna e qualità determinati contrattualmente, attraverso quella che in locuzioni giuridiche si configura come una *obbligazione di risultato*. In altre parole, il *general contractor* si obbliga a realizzare l'opera con qualsiasi mezzo, prefinanziandola in tutto o in parte, se necessario dopo aver acquisito direttamente anche le aree di sedime, sulla base di un progetto esecutivo da questi redatto e approvato dalla stazione appaltante, a fronte di un corrispettivo pagato in tutto o in parte dopo l'ultimazione dei lavori.

La procedura ad evidenza pubblica inizia con una *determina a contrarre*, la quale motiva l'affidamento a contraente generale in ragione della complessità o di altre esigenze sottese all'opera interessata.

Al provvedimento a contrarre segue la pubblicazione di un *bando*, che individua il progetto di fattibilità tecnico-economica e indica, in relazione alle caratteristiche e alla complessità dell'opera e del risultato da perseguire, il numero minimo e massimo di concorrenti invitati, assicurando in ogni caso una effettiva concorrenza.

L'*aggiudicazione* avviene secondo il criterio dell'*offerta economicamente più vantaggiosa*, il quale tuttavia tiene conto altresì di elementi ulteriori rispetto a quelli generali previsti dal Codice, come ad esempio il maggiore prefinanziamento offerto dal concorrente rispetto a quello indicato nel bando (art. 205).

6. I rimedi nei confronti degli atti illegittimi (cenni)

Quale tutela offre l'ordinamento giuridico a chi voglia contestare davanti ad un giudice la legittimità di una procedura ad evidenza pubblica?

Dovendo necessariamente schematizzare un discorso che sarebbe invece molto più ampio, si può iniziare con l'osservare che gli atti effettivamente lesivi delle prerogative di un soggetto privato – e come tali passibili di impugnazione – sono sostanzialmente tre: il *bando di gara* (o l'atto equivalente), l'atto con il quale un operatore economico è *escluso* da una procedura e il provvedimento di *aggiudicazione*, che chiude l'intero procedimento di gara.

Relativamente al **bando**, già si è detto *supra* al par. 3.1: esso è un atto a portata generale e pertanto può essere impugnato, da solo, unicamente da chi sia stato effettivamente e direttamente leso dalle disposizioni in esso contenute (è il caso dell'operatore economico che vorrebbe prendere parte alla procedura, ma non può farlo a causa di un requisito previsto dalla stazione appaltante, che egli ritiene illegittimo). In tutti gli altri casi, il concorrente potrà proporre ricorso avverso al bando solamente impugnando l'atto che ad esso dà attuazione: è chiaro che, in tale fattispecie, sarà onere del concorrente escluso di impugnare sì il provvedimento che lo ha estromesso dalla procedura, ma anche il bando di gara. In questo modo, il giudice che ritenga fondata la censura del concorrente escluso potrà decidere anche in merito alla legittimità della clausola del bando oggetto di ricorso.

Si può ora aggiungere che, qualora sia *mancata la pubblicazione del bando*, il ricorso deve essere proposto entro *30 giorni* dal giorno successivo alla data di pubblicazione dell'avviso di aggiudicazione, se questo contiene le ragioni per le quali l'amministrazione ha inteso affidare il contratto senza previa pubblicazione del bando; in mancanza di tale motivazione, il termine per ricorrere è di *sei mesi* dal giorno successivo alla stipula del contratto (art. 120, c. 3, c.p.a.).

Gli **atti di esclusione** adottati durante la procedura (all'esito della valutazione dei requisiti morali, se effettuata in gara, ad esempio, come anche per carenze documentali non sanabili o per mancato raggiungimento della soglia di sbarramento in sede di offerta tecnica) vanno impugnati entro *30 giorni* dalla loro comunicazione all'interessato, a mezzo posta elettronica certificata, da parte della stazione appaltante, ovvero dalla pubblicazione all'interno della piattaforma di gara. Ha interesse a proporre ricorso avverso l'esclusione il destinatario del provvedimento, ovviamente, ma questo è anche un suo preciso *onere*, nel senso che l'omessa impugnazione nei termini non è di regola sanabile: la procedura prosegue con i concorrenti rimasti in gara e nella graduatoria finale non vi sarà menzione degli esclusi.

Con riferimento invece alla fase dell'**aggiudicazione**, l'unico provvedimento impugnabile è quello con cui l'organo competente adotta l'aggiudicazione *definitiva* (la proposta di aggiudicazione, infatti, è considerata priva di lesività). A livello teorico, qui ha interesse a proporre ricorso, di solito, colui che in graduatoria occupa la seconda posizione, in quanto, se i motivi di cui si duole fossero accolti dal giudice, egli potrebbe diventare l'aggiudicatario o subentrare nel contratto. Nella pratica, tuttavia, accade di frequente che anche il terzo e magari pure il quarto in graduatoria impugnino il provvedimento finale, lamentando non tanto che il primo dovesse essere escluso, quanto piuttosto che l'attribuzione dei punteggi in loro favore, soprattutto alle offerte tecniche, non sia avvenuta correttamente.

Anche in questo caso, il termine per impugnare è di *30 giorni* dalla comunicazione di aggiudicazione della procedura o dalla messa a disposizione di tale atto nella piattaforma (art. 120, c. 2, c.p.a.).

Come regola generale, tutti questi atti sono di competenza *esclusiva* del giudice amministrativo. Essi possono essere contestati (e quindi impugnati) tramite ricorso al *Tribunale amministrativo regionale* (Tar) competente per territorio o per materia, sulla base delle regole generali (artt. 13 ss. c.p.a.). In caso di ulteriore contestazione, essi possono essere appellati, in secondo grado, al *Consiglio di Stato* (al Consiglio di giustizia amministrativa per la Regione siciliana vanno invece depositati gli appelli avverso le pronunce del Tar Sicilia). Il giudizio segue un rito abbreviato, nel quale tutti i termini processuali ordinari sono dimezzati, ed è definito con una sentenza in forma semplificata, il cui deposito avviene entro 15 giorni dalla decisione (o entro 30, nei casi di motivazione particolarmente complessa), sempre che l'intero giudizio non possa essere deciso direttamente all'esito della fase cautelare (art. 120, c. 5, c.p.a.).

La previsione di un termine per ricorrere pari a 30 giorni è accompagnata dal divieto per la stazione appaltante – tranne il caso in cui sia stata presentata una sola offerta e non pendano ricorsi nei confronti del bando – di stipulare il contratto, come si è visto, prima che siano trascorsi *35 giorni* dall'aggiudicazione: è la cosiddetta clausola di *stand still*, che impedisce alla stazione appaltante di stipulare il contratto mentre sono ancora pendenti i termini per contestare l'aggiudicazione. A ciò si aggiunga che, in seguito all'entrata in vigore del Codice del 2023, se è presentato ricorso con richiesta al giudice di una **misura cautelare**, il contratto non può essere stipulato fino a quando non si è deciso in giudizio sull'istanza cautelare (art. 18 del Codice).

Quanto ai poteri del giudice, si può segnalare che oltre all'*annullamento* del provvedimento, Tar e Consiglio di Stato possono (e in certi casi devono) *dichiarare l'inefficacia* del contratto illegittimamente stipulato – precisando se la declaratoria è limitata alle prestazioni ancora da eseguire o se essa opera in via retroattiva – e perfino *ridurre la durata residua* del contratto medesimo o condannare la stazione appaltante al pagamento di una *sanzione pecuniaria* di importo variabile dallo 0,5% al 5% del valore del contratto (artt. 121 ss. c.p.a.).

Si possono derogare le regole sui contratti pubblici in circostanze eccezionali?

La situazione di emergenza venutasi a creare nel nostro Paese a partire dal mese di febbraio del 2020, in ragione della diffusione del virus SARS-CoV-2, ha indotto il Governo ad adottare una serie di provvedimenti, aventi **natura transitoria**, anche nel settore dei contratti pubblici (ci si riferisce in particolare al d.l. 16 luglio 2020, n. 76, c.d. decreto «Semplificazioni», che il Parlamento ha poi convertito nella l. 11 settembre 2020, n. 120, recante una serie di misure dichiaratamente temporanee per accelerare l'esecuzione delle commesse pubbliche).

Ad esempio, nelle procedure sopra soglia, le stazioni appaltanti potevano utilizzare, oltre alle procedure ordinarie, la **procedura negoziata senza bando** – nella misura strettamente necessaria, previa pubblicazione dell'avviso di indizione della gara e rispettando il criterio di rotazione negli inviti – quando, per ragioni di estrema urgenza derivanti dagli effetti negativi della crisi causata dalla pandemia da Covid-19 o dal periodo di sospensione delle attività determinato dalle misure di contenimento adottate per fronteggiare l'epidemia, i termini delle procedure ordinarie non potevano essere rispettati. In ogni caso l'aggiudicazione della procedura doveva avvenire entro **sei mesi** dalla data di adozione dell'atto di avvio del procedimento.

Nei casi di urgenza appena visti e nei settori dell'edilizia scolastica, universitaria, sanitaria, giudiziaria e penitenziaria, delle infrastrutture per attività di ricerca scientifica e per la sicurezza pubblica, dei trasporti e delle infrastrutture stradali, ferroviarie, portuali, aeroportuali, lacuali e idriche (c.d. appalti anticrisi), le stazioni appaltanti, per l'affidamento delle commesse – compresa la progettazione – e per l'esecuzione dei relativi contratti, potevano operare **in deroga ad ogni disposizione di legge** diversa da quella penale, salvo il rispetto delle leggi antimafia e delle misure di prevenzione, nonché dei vincoli inderogabili derivanti dall'appartenenza all'Unione europea (art. 2, c. 4).

Per le procedure avviate entro il 31 dicembre 2021, inoltre, era sempre autorizzata la **consegna in via di urgenza** dei lavori: il concorrente aggiudicatario, quindi, poteva iniziare l'opera prima che fossero terminate le verifiche nei suoi confronti e fosse stato sottoscritto il contratto con la stazione appaltante. Ancora, tali procedure erano legittime anche se avviate in mancanza di una specifica previsione nei documenti di programmazione già adottati, purché essi fossero poi aggiornati in ragione degli effetti dell'emergenza da Coronavirus (art. 8, c. 1).

Bibliografia essenziale

M. AMITRANO ZINGALE, *Il principio di rotazione in materia di appalti pubblici*, in *Urb. e appalti*, 2019, 98; A. BOTTO-S. CASTROVINCI ZENNA, *Diritto e regolazione dei contratti pubblici*, Giappichelli, Torino, 2020; B. BRUNO-M. MARIANI-E. TOMA, *La nuova disciplina dei contratti pubblici*, Giappichelli, Torino, 2023; A. CANCRINI-F. VAGNUCCI, *Le procedure di scelta del contraente e la selezione delle offerte*, in *Giorn. dir. amm.*, 2023, 325; R. CANTONE, *Il sistema della prevenzione della corruzione*, Giappichelli, Torino, 2020; R. CARANTA, *I contratti pubblici*, in F.G. SCOCA-F.A. ROVERSI MONACO-G. MORBIDELLI, *Il sistema del diritto amministrativo italiano*, Giappichelli, Torino, 2012; M.P. CHITI, *Il decreto "Sblocca cantieri": ambizioni e limiti*, in *Giorn. dir. amm.*, 2019, 719; M.P. CHITI, *Il sistema delle fonti nella nuova disciplina dei contratti pubblici*, in *Giorn. dir. amm.*, 2016, 436; M.P. CHITI, *Partenariato pubblico-privato*, in M. CLARICH-G. FONDERICO (a cura di), *Dizionario di diritto amministrativo*, Il Sole 24 Ore, Milano, 2007; A. CIANFLONE-G. GIOVANNINI-V. LOPILATO, *L'appalto di opere pubbliche*, Giuffrè, Milano, 2018; M. CORRADINO, *La riforma dei contratti pubblici*, Giuffrè, Milano, 2023; A. CROSETTI, *La disciplina delle opere pubbliche*, Maggioli, Santarcangelo di Romagna, 2007; A. CROSETTI-A. POLICE-M.R. SPASIANO, *Diritto urbanistico e dei lavori pubblici*, Giappichelli, Torino, 2007; R. DE NICTOLIS, *Appalti pubblici e concessioni dopo la legge «sblocca cantieri»*, Zanichelli, Bologna, 2020; F. DI CRISTINA, *Il partenariato pubblico privato quale "archetipo generale"*, in *Giorn. dir. amm.*, 2016, 482; S. FANTINI-H. SIMONETTI, *Le basi del diritto dei contratti pubblici*, Giuffrè, Milano, 2019; A. FIORITTO (a cura di), *Nuove forme e nuove discipline del partenariato pubblico privato*, Giappichelli, Torino, 2016; E. LEONETTI, *Gli operatori economici e i requisiti di partecipazione*, in *Giorn. dir. amm.*, 2023, 332; M. MACCHIA, *I contratti di concessione*, in *Giorn. dir. amm.*, 2016, 476; A. MASSERA, *Le procedure sotto soglia*, in *Giorn. dir. amm.*, 2019, 730; F. MASTRAGOSTINO (a cura di), *Diritto dei contratti pubblici*, Giappichelli, Torino, 2021; G. NAPOLITANO, *Il nuovo Codice dei contratti pubblici: i principi generali*, in *Giorn. dir. amm.*, 2023, 287; M. NICOLAI-W. TORTORELLA (a cura di), *Partenariato Pubblico Privato e* project finance. *Nuove regole giuridiche, finanziarie e contabili*, Maggioli, Santarcangelo di Romagna, 2022; M. NUNZIATA, *Le stazioni appaltanti e il RUP*, in *Giorn. dir. amm.*, 2023, 311; L. PRESUTTI, *Il precontenzioso e il rito accelerato nelle procedure per l'affidamento di contratti pubblici*, in *Urb. e appalti*, 2017, 301; P. RUBECHINI, *Appalti pubblici e diritto di accesso*, in *Giorn. dir. amm.*, 2020, 232; A. SALVATORE ROMANO, *L'affidamento dei contratti pubblici di lavori, servizi e forniture*, Giuffrè, Milano, 2011; M.A. SANDULLI-R. DE NICTOLIS-R. GAROFOLI (a cura di), *Trattato sui contratti pubblici* (sette volumi più indici), Giuffrè, Milano, 2008-19; A. Travi, *Lezioni di giustizia amministrativa*, Giappichelli, Torino, 2023; A. Varlaro Sinisi, *L'impatto dell'emergenza Covid-19 sulle procedure e sull'esecuzione dei contratti pubblici*, in *Urb. e appalti*, 2020, 317; R. Villata (a cura di), *L'appalto di opere pubbliche*, Cedam, Padova, 2004; L. Zanghi Buffi, *Il partenariato pubblico-privato: le concessioni e la finanza di progetto*, in *Giorn. dir. amm.*, 2023, 364.

Finito di stampare nel mese di febbraio 2024
nella Rotolito S.P.A. – Via Sondrio, 3 – 20096 Pioltello (MI)